KYOTO
UNIVERSITY
PRESS

櫻井正一郎

# 京都学派　酔故伝

学術選書 083

京都大学
学術出版会

# 京都学派　酔故伝◉目　次

# 目次

まえがき――「京都学派」について　1
「まえがき」のまえがき／哲学者たちの「京都学派」／東洋学者たちの「京都学派」／今西グループによる「京都学派」／文学研究にも「京都学派」が／あとになった人物論／京大の内側から／「守成は創始より難し」

**第Ⅰ部……實事求是――文学研究の京都学派**

序……17

**第1章……實事求是とは……19**
東洋学と文学の学風を一括／實事求是の慣用／實、實事、是／モットーとして／清朝考証学派の方法／移入と鼓吹／伝授／小林秀雄

**第2章……一次資料を読みきる――實事求是の核心……32**
上田敏の「細心精緻」／宣長とペイター／一次資料に対して

第3章……学風の啓蒙――内から外へ……44
学外への啓蒙／現代批評理論の先駆／深瀬対御輿
第4章……深瀬基寛と学統……49
深瀬の方法／御輿の方法／深瀬の「講釈」／社会に提供
第5章……今西学の登場……60
強力なライヴァルとして／「自然学」というライヴァル／實事求是から見ると／学問も探検――
今西学から学ぶ
第II部……第二期の特徴
序……73
第1章……ヨコ社会――第二期の土壌……74
共同研究と塾／タテ社会あってのヨコ社会／酒という潤滑油

**第2章……教養主義——ヨコ社会の理念……79**
リベラリズムの影響／アカデミズムへの批判勢力
**第3章……独自なもの……83**
日本のために／京の町／登山、探検、フィールドワーク／好き勝手
**第4章……第二期と出版社……93**
弘文堂と創文社／筑摩書房／岩波書店その他／京都大学学術出版会
**第5章……学風の見取り図……100**
草創期にあった二極／変化していった二極
**第6章……第二期の事柄……103**
大学共同利用機関と京都学派／京都学派と文章／守成から隆盛へ

**第III部……京都学派人物列伝**

序……115

**第1章……第二期を率いた三巨頭……119**

序……119

1 **吉川幸次郎**──壮絶な人と酒と学問 120

「もう無茶苦茶だよ」／第二期の二極分化／酒とイギリスの大学・社会／酒と人と学問が／なぜ酒が飲めたのか／「吉川さん」二話

2 **桑原武夫**──第二期を造った仕掛け人 133

酒とうまく付合う／生産性を高める酒／酒を伴った第二期／独自な見方と「あほくさ」／脱専門領域と共同研究／愛嬌／聖恩禽獣に及ぶ

3 **今西錦司**──京都学派の新しい学風 154

「バンザーイ」と酒／教養主義／「今西塾」／ヨコの関係／長かった浪人時代／仮説を早く──学風（一）／「直観の賜」──学風（二）／本流に加わる／ロンドンでの雄姿

## 第2章……第二期人物列伝……180


序……180

1 **深瀬基寛**──詩人と教養主義者 181
居酒屋／逸脱／学会への反感／両輪／チンチン電車

2 **大山定一**──自由の「純粋な象徴」 199
一番の酒豪／ぬきさしならない関係／放埒なほどの自由／美しい文章／町の人が

3 **古田晁**──京都学派の心柱 213
並外れた酒漢／気の弱さ／窮地／寂しい男／京都学派の本を出す／最期

4 **富士正晴**──侠気と絶望 229
竹林の酒仙／竹内勝太郎／人生の二つの目的／危険／司馬遼太郎の不思議な文章／棲み家の跡

5 **高橋和巳**──『人間にとって』へと向かって 252
お茶屋と待合／酒乱二話／独酌／酒悲／新しい小説？／「自己解体」／『人間にとって』こそ／
近所に居た高橋

6 **小岸昭**──受難への旅 278
どんぐり橋／相乗／火花から始まる／弱いマラーノと詩人／体感／「呑ん兵衛の旅人」

**第3章**……草創期の三傑……296
序……296
1　**原勝郎**――都に落ちた雷　297
京都嫌い／人馬一体／武士道と京の文化／書生同士／都の勝利
2　**九鬼周造**――遊里と遊離　316
遊里／風流人／天心の酒乱／「ルミナス・ヘイロゥ」／グローバリズム／九鬼邸の跡地／墓碑の
ゲーテ詩／もう一つの物語
3　**青木正児**――「遊心」の逸楽　346
大酒三景／仙境の酒／真の在／敗戦時／戦後の変節を嫌う／学問、酒、仙境／最期／住まいと墓
／青木という フィナーレ／学派を造った空気
精神の灯を伝える――観望の記　立本成文　377
謝　辞　389
出典一覧／図版引用出典リスト　409
人名索引　414

## まえがき――「京都学派」について

### 「まえがき」のまえがき

人から聞いたり自分で経験していることだが、今の若い人たちに向って「吉川幸次郎が」「桑原武夫が」といって話を始めても、どういう人なのか分かってもらえないときがでてきた。それもそのはずであろう。「第二期」の人々が亡くなってからもう四半世紀以上が経った。

「京都学派」は「草創期」と「第二期」とに区別されている。「第二期」は「新京都学派」の時代ともいわれている。それが吉川(図15参照)、桑原(図16参照)、今西錦司(図17参照)の時代だった。まだときどき書かれる今西は別にして、彼らについて書かれた本が出たのもほぼ一九九〇年代までであった。新しい世代の人たちには、京都学派の人々について語る新しい本が必要になっている。

ひとくちに「京都学派」といっても、それには色々があった。哲学者たちの「京都学派」が良く知られている。文学研究の分野でもそれがあったと見られる。この見方はまだ定着していないが、本書はそれを定着させようとしている。

## 哲学者たちの「京都学派」

「京都学派」ということばが当てられた分野は複数あった。

一つは、しばしば語られてきた哲学者たちによるそれであった。

「京都学派」ということばが初めて使われたのも哲学の分野だった。一九三二年、戸坂潤が「西田＝田辺の哲学——京都学派の哲学」と書いた。西田（図1）の哲学は田邊（図2）という継承者、批判者をえて初めて西田哲学となり、また「京都学派の哲学」となりえたとした。また、「最近三木清氏（図3）の三木哲学が、急速に西田学派の有力な継承者となりつつある」と見て、あくまでも副次的に、三木哲学にもまた、田辺哲学が果したのと同じ役割を果してほしいと期待した。戸坂のこの論は「京都学派の哲学」として、『現代哲学講話』（一九三四）に収められている。収められた年の三四年に、中国学者内藤湖南（図4）が亡くなった。東洋学で学派のようなものが意識されたのは、あとで述べる

**図1**●西田幾多郎、1916

**図2**●田邊元、1958

**図3**●三木清、1944

ように内藤が明治三九（一九〇六）年に京大に招かれたときより以前だった。だから哲学で戸坂が初めてそのことばを使ったのは、東洋学でそれを意識した時期よりもずいぶん遅かった。そのうえ、哲学で「京都学派」がよく使われるようになるまでには、さらに二七年という長い歳月があった。

太平洋戦争中の昭和一七―一八年に、京都の哲学者たちが参加した二つの座談会が行われた。一つは、のちに単行本『世界史的立場と日本』（一九四三）（図5）となったもので、高坂正顕、西谷啓治（図28参照）、高山岩男、鈴木成高（図12参照）によって行われた。他の一つは、のちに単行本『知的協力会議　近代の超克』（一九四三）となったもので、京都から前記の西谷、鈴木と新たに下村寅太郎との三名が、他の文学者などの一〇名のなかに加わって行われた。他の一〇名とは河上徹太郎、亀井勝一郎、小林秀雄らだった。二つの座談会では太平洋戦争の意義が語られた。たとえば座談会「近代の超克」では、一致した結論ではなかったものの、ヨーロッパが築いた「近代」を、日本と東亜の普遍的な価

図4●内藤湖南

図5●中央公論社、1943

図6●狩野直喜

値によって「超克」するのを目指すのが、この戦争だと説かれた。戦争を正当化し、結果として戦争に協力したとして、終戦後に「京都学派」がその責任を問われた。そのときに「京都学派」の呼称が使われた。

その呼称が最もしばしば使われたのは、終戦から一四年が経った昭和三四（一九五九）年になって、竹内好が「近代の超克」をとり上げて、問題を再燃させてからだった。それを境にして、「京都学派」という呼称が頻繁に使われだした。その竹内は、冨山房百科文庫版『近代の超克』のわずか二頁（三二〇—三二一頁）のなかで、「京都学派」を八回使った。関心は海外にも及んだ。座談会「近代の超克」で論じられた西と東の問題が、海外の日本研究家の関心を引いて、彼らもまた「京都学派」をしばしば論ずるようになった。

国内で変化が起こった。学派直系の人々が、「京都学派」を政治的な問題意識から切り離して、学派の諸家がそれまでに到達した思想を解明しようとした。解明する試みの一つとして、乱用されがちだった「京都学派」を定義しようとした。定義はまず、下村寅太郎『遭逢の人』の、西田についての解説に含まれていた——西田は京都在住三〇年に及び、人間的にも学問的にも幅が広い人だったから、多士済々な人材が集まった。彼らは西田の説を教条とはせず、「画一的に統制されてはいなかった」。したがって「京都学派」とは、「専ら西田博士の学問的雰囲気、或は寧ろ思索態度によって強くインスパイァーされた学究の集団であって、必ずしもそれ以上の統一性はない」（一九六五年頃）と定義された。それからおよそ三五年後に定義がようやく更新された。すなわち、「京都学派」とは「西田・田辺の両者を中心に、その学問的・人格的影響を直接的にうけた者たちが、相互に密接に形成し合った知的ネットワークの総体」（竹田篤司、二〇〇一）と定義された。「知的ネットワーク」のなかには相互批判が含まれていると指摘された（藤田正勝）。相互批判は思想の内容が前提になっている。思想の内容に踏み込んで、「京都学派」とは「〈無〉の思想をベースにした―（中略）―グループ」であるとした、宗教哲学への傾斜を明記している定義も試みられている（大橋良介、一九九〇、二〇〇四）。

定義として、次第に西田単独から離れ、思想の内容が問われていった経過が垣間見えている。その経過は戸坂自身がその後にたどった経過でもあった。

## 東洋学者たちの「京都学派」

二つ目は、東洋学者たちによる「京都学派」があった。

哲学者たちによる「京都学派」では思想が意識されつつあるが、こちらの「学派」では学風が意識された。のちに京大に招かれた内藤湖南が、まだ大阪朝日の記者だった頃、明治三四（一九〇一）年の社説で、「京都にできる文科大学の学風は科学的な實事求是でなければならない」と求め、さらに、「京大は撲学（考証学）の士を養成するのを天職とせよ」とも求めた。このように、「学派」は哲学よりも先にまず東洋学で意識されていた。内藤が京都に求めた「實事求是《じつじきゅうぜ》」とは、中国清朝の実証的な学問の方法であり、将にこの方法を、内藤と狩野直喜（図6）が鼓吹しまた唱導した。もう一人の草創期の東洋学者桑原隲蔵《じつ》、この学者の実証への希求はさらに高く、清朝の考証学でさえ不十分とするほどであった。東洋学で実証的な学風は一貫して保持され、わずかに小島祐馬（図22参照）が実証への過度な傾斜を批判した例外はあったが、それも西田と田邊のあいだにあった思想上の相互批判のように根本に関わるものではなかった。

東洋学者たちは「京都学派」ということばを自分たちで創ったのではなかった。哲学者たちに対して用いられた呼称を借用したのだった。二人の東洋学者が用いたこの呼称の用例のなかから次を選んでみると——

1「桑原は内藤とともにいわゆる京都学派を育成した」（礪波護、一九八三）

2「宮崎市定は、唯物史観に対抗する、いわゆる京都学派の中心的存在だった」（礪波、一九九六）

3「（中国学派と東洋史学派が）二大潮流となって研究と教育につとめ、国内外から〈京都学派〉と呼ばれる精密な学風を形成し、今に至っている」（礪波、一九九七）

4「（狩野直喜は）清朝考証学を機軸とする、いわゆる京都学派の領袖（だった）」（高田時雄、二〇〇二）

京都学派に「いわゆる」を付け、また引用記号〈〉を付けて、借用であるのを示している。しかし「京都学派」が哲学者のものだけではなく、自分たち東洋学者のものとしてもあったと、はっきりと強く語っている。

東洋学者が「京都学派」を使った用例は哲学におけるほどに多くはない。それには次のような理由があったであろう。かつてこの呼称を創った戸坂は、西田、田邊、三木という異質の哲学者を「京都学派」で一括りにしなければならなかった。それに対して東洋学者たちは学風において親族であり、一つのことばによって敢えて括られる必要がなかった。普段は「京大東洋史学の（学風）」（礪波）というだけでも過ごせた。さらに、哲学者たちがそうだったように、「京都学派」を使って他者から攻撃されるような状況がなかった。彼らは学風の一致だけを、人口に膾炙した呼称を借りて、折にふれて誇りを持って、開示したのだった。

哲学の場合は中身よりも「京都学派」ということばが先行したが、東洋学の場合はことばよりも学派を成している中身が先行した。

## 今西グループによる「京都学派」

今西錦司とそのグループも、「京都学派」だといわれてきた。

今西学は学内からも学外からもしばしば批判された。主に学外から批判されたときに、激しい反感を籠めて、「京都学派」の呼称が用いられた。

他方、今西は自分の学風を登山と探検から習得したので、その学風には早い時期に立てる壮大な仮説と、直観による決断とがあった。この学風は文献学に属する東洋学者たちの、厳格で慎重な学風とは異なり、また純正な自然科学者たちの、やはり厳格で慎重な方法とも異なっていたので、両陣営はお互いに批判し合うことになった。今西はおよそ次のようにいって、今西を批判した文献学者たちを批判した――「文献学者たちが仮説を立てず決断もしないのは彼らが研究で生命をかけるような冒険をしていないからだ」（要旨）。

この今西学もまた「京都学派」の名で呼ばれるようになった。批判されるときも肯定されるときもその名で呼ばれるようになった。今西の「京都学派」はしばしば登山と探検のやり方をとり入れているという含意を持つようになった。「京大は登山の大学だ」、「探検の大学だ」といわれてきた。その伝では、京大は「学風が登山の大学だ」となる。実証的な学風で有名だとはいえ、他方では学風においても「登山の大学」になったのだった。

このようにして、「京都学派」は今西学の登場によってそれまでにない新しい局面を迎えた。

考古学にも「京都学派」があったといわれている。角田文衛《つのだぶんえい》編『考古学京都学派』がある。この「学派」については本書の「第Ⅰ部」で少し触れている。

様々な「京都学派」があった。

## 文学研究にも「京都学派」が

さて、本書が課題にしている「京都学派」は、文学研究の分野におけるそれである。

文学研究においても「京都学派」があったのかと問われるだろう。確かに、それがあったという見方はまだ確立されてはいない。けれども、それがあったという感じは、これまでに多くの人がいだいてきたはずだ。中国文学者吉川幸次郎がいた。吉川には清朝考証学者の学風を継いだ精緻な学問があった。その吉川とドイツ文学者大山定一（図26参照）による『洛中書問』（一九四六）（図7）があった。広く読まれ、これこそが京都の学問だという定評があった。桑原武夫はフランス文学者だった。それなのに草創期の東洋学者たちの人と学問をお手本にしていた。桑原の『人間素描』（一九七六）はその時代のたくさんの東洋学者たちを敬仰して描いている。

東洋学の影響が見え透いている。東洋学という「学派」からの、分派というべき「学派」が、文学研究の分野にもあったのではあるまいか。

調べてみると、東洋学者が保持してきた実証的な学風が、文学研究のかなり広い領域にまで及んでいた。いい替えれば、実証的な学風が共通する学風になっていた「学派」のようなものが、京大の文学研究にも形成されていたと見受けられる。

**図7**●『洛中書問』
秋田屋、1946

それだけではなく、哲学にも東洋学にもない、このあとすぐに示すような、文学研究者だけに独自な空気、雰囲気のようなものが出来上がっていた。

共通する学風と共通する空気、これら二つを根拠にして、本書は文学研究の分野にも「京都学派」があったと提唱している。感じとしてあった学派を、はっきりあったと見ようとしている……（1）。

そのうえで、実証的な方法としてこれまで東洋学者たちが特定してきた、「實事求是」と呼ばれている学問の方法を、文学研究にも共通していた方法として、提唱しようとしている……（2）。
（1）と（2）を試みているのが本書である。
したがって、「第Ⅰ部　實事求是——文学研究の京都学派」と「第Ⅱ部　第二期の特徴」とが本書の中心を成している。

## あとになった人物論

次に「第Ⅲ部　京都学派人物列伝」について説明させていただく。

京都には先人たちの人物論を書く伝統がある。人物論とは学問の背後にある人と学風についての論である。人物論を書く伝統は、草創期の中国学者狩野直喜と内藤湖南に始まった。「第二期」になって、狩野の直弟子吉川と、父親が東洋史学者だった桑原とが、その伝統の頂点を築いた。その伝統は、文人富士正晴（図31参照）や歴史家松尾尊兊《たかよし》などに及んだ。

本書は人物論をあとに置いている。実をいうとそれを先に置きたかった。「第二期」の特徴を知るには、先に抽象的な結論によってそれを案内されるよりも、まず生きた人物という具体によってそれを体感していただくのが本来の順序であるが、しかし書いた人物論の頁数が多すぎたので、人物論が主だと受けとられかねなくなった。主は学風と特徴についてであって、人物論はそれらに至る資料である。やむをえず人物論をあとに置いたが、読者諸賢におかれては、人物論から「第I部」と「第II部」を振り返るようにしていただきたい。生きた具体が持っている力は大きいのである。

考え直してみると、人物論をあとに置いたのは、それはそれで良かったのかもしれない。本書の人物論は学風と特徴のためにあるだけでなく、それぞれの人のためにもある、つまりは独立性を持っている。この独立性からすれば、人物論は前にあっても構わないし後にあっても構わない。

「第二期」を代表した文学研究分野の人物たち、九名をとり上げる。すなわち吉川、桑原、今西、深瀬基寛（図21参照）、大山定一、古田晁（図29参照）、富士、高橋和巳（図35参照）、小岸昭（図37参照）。この人物たちにはある共通していた特徴があった。いずれも酒人だった。「第二期」になると酒が学問に入ってきた。草創期にはそうではなかった。わずかにいた草創期の酒人または擬似酒人、すなわち原勝郎（図41参照）、九鬼周造（図43参照）、青木正兒《まさる》（図48参照）を、「第二期」の人々と比較するために加えている。

こうして諸人を知って行くうちに、「第二期」に醸成されていた雰囲気、空気のようなものが伝わって来る。人々は偉ぶらずに愛嬌があり、とにかく独自の見方が尊重され、「あほくさ」という評語が飛び交った。酒のせいでもあった。

文学研究における「第二期」は、かくのごとくに独特だった。独特だったものは抽象のなかでよりも人物という具体のなかでこそはっきりしている。

## 京大の内側から

近年、京都大学に勤めておられなかった外の方たちが京都学派について盛んに書かれるようになった。学派のなかの西田幾多郎や九鬼周造らについて書かれるようになった。個人についてばかりでなく、学派の部分や全体についても、たくさんの外の方が書かれている。学派のほぼ全体について最近に書かれた一〇冊のうち、五冊までを外の人が書かれている（一〇冊は巻末の「出典一覧」に掲げた）。京都学派に関心を持っている人が拡がってきたのだった。

しかし、内にいた人の方が書きやすいテーマがあった。学風も、人も、文章も、酒も、内部の人の方が書きやすかった。文章をいったが、文章が明晰で簡潔でないと京都学派はありえない。本書は所々で先人たちが後進に良い文章を書くように指導した諸例を紹介している。酒も、内部の人だったからこれまでそれを遠慮なく面白おかしく語れた。私は学生時代からほとんどずっと京都大学にいた。本書はそれぞれの光景を近くで見ていた、私自身を含めた内部の人たちの証言を集めて記録している。

## 「守成は創始より難し」

「守成は創始より難し」と桑原武夫がいった。最初が立派過ぎるとあとが困る。立派すぎた様態は本書がとり上げた三人からも窺える。「草創期」の壮大を維持するのは壮大を創るよりも難しいと桑原はいったのだった。この切迫した意識が、「第二期」の隆盛をもたらせた。

現在の我々は、壮大だった「第二期」に対して、桑原らが草創期に対してとったのと同じ態度で臨むのが望まれる。守成ができるかどうか、これを次の世代の人たちが意識してほしい。この願いもまた本書の目的を形造る。

守成ができるかどうかは、狭い京都盆地のなかだけの問題ではないはずだ。それぞれの地にそれぞれの、盛んだった「第二期」があったことを知っている。学問の世界だけではなく、大きな文化のなかのそれぞれの分野にも、学問の世界にあった「第二期」と同じ隆盛期があったのを承知している。どの地にもどの分野にも、尻に火をつけてくれるような先人たちがおられた。

ただし、本当の守成は守だけでは終わらない。守、破、離といって、破（批判）と離（自由）を含む。破、離、は守から始まり、離が終ってから再び守に戻る。桑原の守は破と離に移って、草創期にはなかった六つの大きな共同研究を組織した。学風とは動くもの、新しくなってゆくものでもある――これは礪波護『京洛の学風』（二〇〇二）の結語でもある。また本書の「跋」の結言でもある。

本当の守ができるかどうか、それが問われている。どの大学でも、どの社会でも。

第Ⅰ部

# 實事求是——文学研究の京都学派

## 序

学風といっても、京都学派はいくつもあったから、それぞれの分派にそれぞれの学風があった。これからとり上げる学風は東洋学研究と文学研究にあった学風である。西田がいた有名な哲学の学風、また自然科学の学風は本書の圏外にある。

文学研究の学風が東洋学の学風と一致していた。この文学研究には西洋文学研究を含める。まずこれらについて説明しておかなければならない。

「哲学や東洋学ならいざ知らず、西洋文学に京都学派などというものはまだない」と、かつてフランス文学者桑原武夫がいった。この言い分はそのままには受けとれない。訳があったのだ。桑原と親しい間柄だった大岡昇平が、『桑原武夫傳習録』（一九八一年）で桑原をいささか無遠慮に語った。生島遼一が大岡に、桑原には内緒で「桑原は単純やで」と評した。その評言を大岡がそこで公開してしまったのだった。大岡は深く考えずに、その文章に「京都学派」というタイトルを付けた。桑原が大岡の語り方につむじを曲げた。腹いせに「西洋文学にそういうものなどまだない」と難癖をつけたのだった。

本心では無碍に「まだない」と否定してはいなかった。「学風がないことは決して自慢にはならない。……学風のない学問、学校はまだ本物ではないのである」といい出したのち、自分は西洋文学者であるが、「あとで考えてみると、私は京都学派の影響を気分的にはかなり受けているようだ」と本音を出して、草創期の梵文学者榊亮三郎の思い出をこころをこめて語っている（『人間素描』）。思い出のなかの、「フィロローグ（注――言葉を愛する人、言語学者）の常として、榊さんは形而上学が大嫌いだった」という一条は読み落とせない。桑原はいっていたのだ――自分は西洋文学者だが、東洋学者榊先生の学風を身近に感じていた、と。身近に感じていたのは榊だけではなかった。『人間素描』のなかの「人間」には、草創期の東洋学者たちが多かった。

文学部には哲学科、史学科、文学科があったが、もしこの桑原が、文学科に学風があったかどうかを聞かれたなら、きっと「東洋学の学風以外にはまだない」と冷静に答えていたであろう。文学科のなかにあった、榊がいた梵文学専攻は、中国文学専攻などとともに、東洋学（オリエンタル・スタディーズ）の一分野であった。

本書は文学科の、西洋文学を含めたかなり広い部分まで、東洋学で重んじられていた考証学の学風が及んでいたと見ている。

学風というものは大きな問題である。本書の試みが叩き台になるのを望んでいる。

# 第1章……実事求是とは

## 東洋学と文学の学風を一括

「實事求是」ということばをご存知だろうか。京都の東洋学者たちがこれをよく唱えた、東洋学の学風だった。それは中国清朝の学問を特徴づけた学風だった。この「實事求是」によって、文学研究の大きな部分が説明できるのではないか。説明してみようというのが本書である。これによらないと説明できないのではなく、他のなにかがよりよく説明するのなら他のものでもよい。大事なのは説明してみることである。

学派の学風は複数あり、これまでにそれぞれが別のものとして意識されてきた。東洋学の学風、西田哲学の学風、今西学の学風、などとして意識されてきた。そのなかの東洋学の学風は、草創期の文学部のなかで大きなものになっていた。一つには、東洋学の勢力が強かった。より根本的には、東洋学が唱えた「實事求是」の学風が、どの学科にも通用する普遍的なものだったからである。

## 實事求是の慣用

いよいよその「實事求是」であるが、このことばにはちょくちょくお目にかかる。以下はいずれも京大関係者の発言である。

まず、当然のこととして、清朝の学問を受け継いだ狩野直喜と内藤湖南がこのことばを重用した。「狩野と内藤が主として清朝風の実事求是の方法で行こうとした」(礪波護『京洛の学風』)からであった。内藤が京大に赴任する以前、朝日新聞社にいたときに書いた社説に、「学問の研究は科学的な實事求是でなくてはならない。京都に文科大学が出来るならばその研究はこの方針を以て進まれんことを望む」と書いた。この社説を、狩野が内藤を追悼したときわざわざ引用した(「内藤君を偲ぶ」、『讀書籑餘』)。

吉川幸次郎は狩野の直系であり、この四文字の意味と初出とを『儒者の言葉』(一九五七年)で説明した。後輩小川環樹がこの吉川を語って、「吉川博士の学問のモットウは『実事求是』の四文字であった」とし、「吉川博士は清朝の学者の用法に従って、実証を重んじ、証拠のないことを信じない態度を、この四字に寓せられた」と説いた(「経学から文学への道程」、『吉川幸次郎』)。

国文学者だった野間光辰は、「生涯、實事求是を教えて倦《う》まない」人だったと、同学の上野洋三が寸描した(野間『談林叢談』「解説」)。吉川が嘱望した高橋和巳は、このことばが好きでよく使った。例えば、島崎藤村の小説には「理論空論を排除」し「徹底した事実記述の尊重があった」、すなわち「實事求是」があったと述べた。野間と高橋の用例は、この四文字が東洋学という領域を越えて用いられていたのを示していた。

「考古学は實事求是でなければならない」と、樋口隆康が口癖のようにいった。『樋口隆康　実事求是　この道』（二〇〇二）は、樋口についての伝記の表題である。

最近の用例では、二〇一六年九月、静岡県庁での講演で「實事求是」がとり上げられた。話者は人間文化研究機構長の立本成文さん、京大の学風としてではなく学問論一般としてそれがとり上げられたが、立本さんは京大出身の文化人類学者である。本書ではご存命の方だけに「さん」をつけている。「實事求是」は元来は古典を研究するときの文献学の方法だった。考古学者樋口と文化人類学者立本がそうしたように、モノを研究するときの方法としても、この理念が用いられるようになった。

**實、實事、是**

「實事求是」の説明に移る。まずそれを分解して説明してみよう。

「實」は、目や耳で正しくとらえられる事象のことである。アリストテレスがいう「質料」と「形相」のなかの「質料」に当たる。

「實事」は一つの纏まったことばである。同じ意味でもある「實」と「事」を重ねている。二つは中国音も同じで「shi shi」という。ただし日本では「事ヲ實ニシテ是ヲ求メル」と訓読されてきた。「實ニスル」は「稔ラセル」にもなるので、訓読のほうがかえって「實事求是」全体の趣意を良く伝えるという功徳があった。

次は「是」である。「實事求是」が初めて用いられたのは漢代であった。正しい政治を説く経書の解釈の仕方としてこの語句が用いられた。この場合、「是」は政治の正しいやり方のことであり、「是」の元の意味は「正しい」であった。日（太陽）ほどに正しいものはない、の正しいをいうときに「是」が用いられた。しかし政治を説かない、内外の古典一般などに対して使われるようになると、「是」は、意味、理念、抽象になった。アリストテレスでは「形相」に当たる。漢代よりのちに「實事求是」が多く用いられたのは清代であった。その頃はそのような広い意味で「是」が用いられるようになっていた。

「實事求是」は毛沢東が用いたから現代の中国でも知られている。一九四〇年代始めから第一次「整風運動」が行われて、そのなかで、「学風」と「党風」と「文風」が整えられた。「学風」だけをとり上げると、主観的で教条主義的な「学風」から、実証的な「實事求是」の「学風」へと整えられた。「實事求是」は毛沢東が興したスローガンになった。もう一つのスローガンは「調べないでものをいうな」であった。「学風」を整えた目的は、党員に正しい党活動を行わせるためだったから、毛沢東は「是」を正しい政治のあり方という漢代の意味に戻したことになる。

## モットーとして

毛沢東ではスローガン（合言葉）だったが、一般の学問の世界ではモットー（標語）だった。あくまでも「實事」を通じて「是」を求めよ、意味を求めよ。それが正しい学問である。その反対、すなわち意味が先にあるのは正しい学問ではない。ただし詩文では別であった。詩文では、先に風景を描写して後に感興、意味を語る「前實後虛」という順序と、その逆の「前虛後實」という順序との両方があった。その両方があったと青木正兒が教えている（「詩文書畫論に於ける虛實の理」、『支那文學思想史』）。ここでいう「虛」は「是」であって、空無ではない。二つの順序があるけれども、二つがあってもよいのは詩文においてであって、学問においては「前實後虛」という順序だけがある。すなわち「實事求是」という順序でなければならない。

モットーはさらに続く。「實事」に向かうときは万全であれというモットーが含まれている。事象に向かうときには事象を「熟視」しなければならないと吉川幸次郎が説いた（「私の信條」、『儒者の言葉』）。「實事」を「事ヲ實ニスル」と訓読すると「熟視」が現われてくる。「視る」を徹底してそこで自分を出してはいけない。事象にただ従わなければならない。たとえば訓詁によって、あるいはフィールドワークによって、事象に従いきらなければならない。そうしてはじめて「事」は稔ってくる。

これらの個所では、「實事」ということばを、實事に向かう行為、という意味ででも用いる。例えば「實事を徹底する」というようにも用いる。そのように用いられてきたのだった。

この「實事求是」が実践されたときに、「實事求是」のなかの「實事」に、傾斜した時代があった。傾斜とは重点を置くという意味である。「求是」よりも「實事」を重んじた時代があった。それが清の時代であった。それでは清の学問とはどのようなものであったのか。しばらく中国の学問の歴史を辿らなければならない。

## 清朝考証学派の方法

中国の学問は変化していった。清の学問は変遷のなかの一局面だった。そもそもの中国の学問は、古典への解釈として成立した。古典のなかでも経典は、正しい政治を示していた。この経典を解釈する方法として、初期の頃の「實事求是」があった。漢の時代に、初めてこのことばが使われたとされている。細かくなるが、漢の武帝の兄の、ある地方の王（河間の献王）についての伝記のなかに、このことばが初めて見えるという。その四文字に対して、顔師古という注釈者は「事実を得んことを務め、つねに真の是を求るなり」と注した。後世にこの四文字を使ったのは顔師古のような注釈者だったから、献王伝の筆者という立ち位置と、後世の注釈者という立ち位置とは整合しない。そのせいもあってか、ただことばの初出としてだけとり扱われているようである（吉川「私の信條」および小川「経学から文学への道程」）。

本筋に戻る。清の学問はどういうものであったか。経典への解釈には、時代によっておよそ三回の変遷があったのが知られているという。そのなかに清の学問があった。変遷について、宮崎市定の説明に依ると（大意）、「第一は漢から唐までの経典の読み方で、それは（訓詁による）正統的な読み方であった。第二は宋代に興った朱子等の新学派による読み方で、経典に新しい解釈を施して経学を一変させた。第三が清の時代に栄えた考証学派の読み方で、宋の時代の読み方を排して、漢代に行われた正しい読み方に戻ろうとした」（狩野直喜『御進講録』への宮崎の解説）。

この説明を展開してみよう。漢の時代の経典の解釈には「實事求是」が行われていた。しかし宋の時代になると、朱子学等には「是」の結論が先にあった。吉川によると、宋の学者は「予想された哲学の体系に応じて古典を読む結果、古典個々の言語の解釈は、往々にして恣意による解釈をまぬがれなかった」（「清朝の学問」、『吉川幸次郎遺稿集』1）。つまり宋では、「實事」は「是」をいうためのただの手段になっていた。それに反対したのが清の学問で、「實事」という行為を独立させた。その行為に学問としての専門性をもたせたのだった。その過程で、「實事」を「求是」よりも重視して、「實事」に傾斜した。吉川は事象を「熟視」せよと説いたが、そのときの吉川はこの傾斜の上に立っていた。といっても、清の学問でも「求是」が軽んじられないように留意されたとされている。これは覚えておきたい。

以上が私に出来る範囲での「實事求是」への説明である。

## 移入と鼓吹

いよいよ場所が中国から日本の京都に移る。この清の「實事求是」が、中国学の狩野直喜らによって京都に移入され、鼓吹された。狩野はのちに文学部になる文科大学の学風を造った中心人物だった。狩野の周辺には文科大学の学長狩野亨《こう》吉が中心になって、東京に雷同しない実証を重んじた学者たちが集められた。中国学の内藤湖南、東洋史学の桑原隲蔵らが招かれた。すでに紹介したように、内藤は招かれる前に「京都の学問は科学的な『實事求是』でなくてはならない」と述べていた。また、京大は「撲學」（考証学）の士を養成するのを天職にすべきだとも述べていた。桑原も清に留学していたほか、「科学的な」フランスのシナ学にも接していた。桑原は清朝の実証ですら生ぬるいとするほどだった（礪波『京洛の学風』）。このようにしてこの清朝の学問の方法、「實事求是」が、京都に集まった東洋学者たちの学問の機軸になった。先に述べたような理由で、やがては哲学を除いた文学部の学者たちの学問の機軸になったと見られる。理科の科学的な学問の仕方とも共鳴しあったのであろう。

「哲学を除いた」と書いたが、西田幾多郎も実は、「物の真実に行くと云うことは、己を空くして物の真実に従ふことでなければならない」と述べてはいた。しかしすぐあとで、「物の真実に徹することは、何處までも己を尽すことでなければならない」（『日本文化の問題』）と続けていた。主体性を持って求是を行えといっていた。西田の重点は求是にあった。

ここで立ち止まっておきたい。東洋学の「實事求是」の学風が、哲学科を除いた文学部の学風に拡大したと見られるが、東洋学の他に西洋学があったので、この分野の学風も考えておかなければならない。西洋学の一つ、私が専攻する英文学の場合は、後で述べるように、初代の主任教授上田敏（図8）が唱えた「細心精緻」の学風が、「實事求是」と完全に一致していた。他の分野の例えば近接する独文学と仏文学の場合は、独文の初代教授藤代禎輔と成瀬無極ら後継者たちの学風も、また仏文の初代教授太宰施門と後継者たちの学風も、「實事求是」とは相反しないと、おおむね見当は付くが、厳密にはそれぞれを専攻する方々の証言をえなければならない。京大西洋史学については、鈴木成高が紹介した「ドイツ実証史学者」レオポルト・フォン・ランケの学風が、また日本史学については、草創期の学者三浦周行（図9）の「資料実証主義」と称される学風が、「實事求是」と同類であったであろうが、ここでも専攻する方々の証言をえなければならないこと、先の分野についてと同じである。

本書の試みは大まかなもので、実証を重んじた学風を「實事求是」で括ってみようとしている。

図 8 ●上田敏、1911

図 9 ●三浦周行

図 10 ●厨川白村
（58 頁参照）

## 伝授

これからはいよいよ、筆者のフィールドワークに入ってゆく。以上のようなものだった「實事求是」を、京都の先人たちは学生たちに熱心に説いていた。「實事」をいい加減に済ませようとする学生を、先人たちは叱りつけた。誠心誠意叱りつけた様子をしばらく見ておこう。その様子はいずれもすでに書物に収められている。

「實事求是」によって文学研究における京都学派を一括りにしてみよう――これが本書の立場である。そもそもこの立場に立ったのは、多くの事例をフィールドワークによって集めたことから出発したのだった。ここでの事例は以下の「小林秀雄」まで続いている。

仏文科の学生だった杉本秀太郎が、雋蔵の子息で仏文学者だった桑原武夫に叱られた。杉本がヴァレリーについての卒業論文の最後に、「こう説明するのは簡単である」と書いた。「求是」が簡単にできたと書いたことになった。桑原が卒論の試問のときにこう諭した――「狩野直喜先生て知ってますか。あの先生はでっせ、一寸ぐらいあるこんな本書いてやで、最後に説明だけなら簡単であると、書いておられる。君のは、たった三〇枚や。しかも最後に君も、説明するだけなら簡単やと書いている。こんなこと、書いてはあきまへん」(杉本「慈愛の言」、『石榴塾瑣事』、のち杉本編『桑原武夫』)。狩野の『支那學文藪』初版(一九二七年)は四四六頁あった。杉本の卒論は「實事」の営みが足りなかった。

英文学の安田章一郎さんも叱られた。安田が相当の年齢になってから、書いた論文を旧師の京大教授石田憲次に読んでもらった。石田はそのとき、薄眼で天井を仰いでからポツンといわれた――「これは負け嫌いな男が立ちおくれたときに書く論文だ」(安田『老いの繰り言』)。安田はのちに述懐された――あのとき自分は「竹馬に乗っていた」。足が地に着いていなかったのだろう。その論文は今も読める(「文芸批評の一面――文学と宗教」、『T・S・エリオット研究』)。「求是」を急いでいると石田は受けとったに違いない。

「實事」が足りないのに主観に基づく批評を入れてしまうと、石田の後任中西信太郎が叱った。演習で学生に発表させたとき、学生が対象を断罪する judgment を加えると、怒られた――「まず理解することだ。理解していないのにはねつけると、自分が駄目になる」。物腰が柔らかい人なのにひどく怒られたので、筆者など学生たちはびっくりしたものだった。

**小林秀雄**

京都はあの小林秀雄に厳しかった。小林は京大の学生ではなかったけれども、以下の話を入れておく。小林は青山二郎から影響を受けて、批評家として完成したといわれている。骨董好きの青山が骨董を見たときは、いわゆる眼利きの眼、直観によった。小林も評論を書いたとき、直観と、自分の論理によった。対象に虚心に従ったものではなかった。小林の文章を入試問題にしない方がよいと、故人の丸谷才一がいわれた(『木星とシャーベット』)。文章に飛躍が多いという理由からだった。「實事」が不十分のままに批評に向かったから飛躍になったのであろう。仏文学者だった桑原武夫が小林に厳しかった。「小林君いうたら無学でっせ」。小林は仏文の出でランボーを訳していたが、小林の訳を見較べながら教室でむずかしい顔をしてランボーを読んだ。これも仏文学者だった生島遼一も小林に厳しかった。杉本が生島の家で小林を褒めると、生島は「きみたちは小林小林というけど、彼はぼくや桑原君みたいにはフランス文学は知りませんよ」、というなり杉本に出していたカステラをとり上げて、窓を開けてカステラを犬に食わせた（『京都綾小路通』）。桑原も生島もまず小林の翻訳を問題にした。小林はやがて青山から離れて本居宣長に心服するようになる。宣長は批評家でなくて学者だった。小林がそれで変わったかどうかはあとで見る。

怒った人、桑原、石田、中西、生島は、みんな文学科の人だったが、「實事求是」の精神は文学科全体に及んでいたと察せられる。田中美知太郎は文学科ではなく哲学科だったが、その人の退官講義を私は鮮明に覚えている。前回の授業の続きをされた。「今日はテキストの何頁、何行から」といわれて、講読をされた。それが退官講義だった。田中は「哲学は寝言ではない」と主張し続けた。「實事求是」と同じ精神が田中にどのような経路を経て入ったのだろうか。

フィールドワークというものをとりわけ京都学派は重視した。農学部の出身だった今西錦司がいた。「實事求是」のためにフィールドワークはある。芝居を研究するときのフィールドワークは、俳優と劇場に関わること、つまり芝居を観ることである。英文学の喜志哲雄さんが、研究書を熱心にとり上げているあるシェイクスピアの研究会でいわれた――「上演のしかたを変えるような研究書でないと意味がない」。芝居についてフィールドワークをやっている人の発言だった。演劇研究における「實事求是」はどのように行われるかを述べたものだった。やはり英文学の山本修二も、菅泰男も、よく芝居を観た人だった。山本は京都から夜行列車で東京に出かけて芝居を観て、その日のうちにまた夜行列車に乗って翌朝京都に帰って授業をした。

# 第2章 一次資料を読みきる
## ——實事求是の核心——

### 上田敏の「細心精緻」

次に、「實事求是」を行うときにはどのような方法がとられるのだろうか。一次資料を重んじることと、その扱い方についての話に移りたい。

「細心精緻《さいしんせいち》」ということばがある。上田敏がいった。上田は京大英文科の初代の主任教授だった。上田の文章は——

「学風に細心精緻を尚（たっと）び、研究に遡源を唱え、文芸に清新婉美を喜ぶかたわら、祖国の人文を保育し、趣味の改善を企図せむとするは、著者の微意にして……」（『文藝論集』「自序」）

まず「細心」だが、これは用心深さのことである。他人がいったこと、二次資料に拠らないで、元のテキストに拠る。一次資料へと「遡源」して、間違いをしないようにする。それが「細心」である。

重箱の隅をほじくるのではない。「細心」にしてこそ、「精緻」な、正確な理解になる。この「細心精緻」は、「實事求是」と重なる。一致する。これは重要な前提になる。上田が求めた一次資料に拠ることを、「實事」は常に行った。上田の文章にはもう一つのポイントがあった。他方で「祖国の人文を保育し、趣味の改善を企図」しようとした。「趣味」の意味は現代のそれの意味とは違っていた。「文化」という大きいものをさえ表わしていた。あとで述べるように、「求是」にも、「是」をもって社会を改良するという目的があった。

上田の「細心精緻」を、私が学生として接した先生方は、京大英文科の公式な学風とみなしていた。中西信太郎は、退官前の最後の年の大学院での授業に、上田だけをとり上げて、高価だった『明治文学全集』の『上田敏集』(一九六六)を学生に教科書として持たせた。『同集』の編者矢野峰人が、たまたま中西を客として訪れたとき、中西は自分の授業の全時間を当てて、大きな講義室を用意して、矢野に上田について学生たちに語ってもらった。個人的なことだが、そのとき初めて見た矢野の、本物の学者の姿を私はいまだに忘れることができない。上田の没後五十年を記念した講演会があり、演者の一人になった中西は講演を次のように結んだ――「上田敏を初代の教授として持ったことは、わが京大の英文科の大きい誇りであります。／われわれは、偉大な創始者の業績を回顧し、追慕して、今後のわれわれの歩みに資するところがなければならないと思います」(「上田敏と英文学」、『シェイクスピアの世界』)。ただの虚言に聞こえるかもしれないが、中西が本心からこれをいったのを、中西に習っていた当時の学生たちは知っていた。菅泰男に向って私が「上田敏は」と語り始めると、菅は「柳村先生か」といい直して、自分の敬意を伝えている風だった。御輿員三《おごしかずぞう》は、自分の研究室の書棚に改造社版の『上田敏全集』を揃えていた。日焼けしたケースに入っていたから私費で買われたのだろう。

そのように、京大英文科の学風は「細心精緻」によって説明されてきたが、つい先に示したような理由で、「實事求是」によっても説明できる。これは本書の重要な論点の一つである。なお、上田は京都で孤立していて、狩野直喜らの東洋学派と交流しなかった。だから「細心精緻」が「實事求是」から影響を受けたのではなかった。もともと「細心精緻」を、上田は京都に招かれる前から唱えていた。唱えていたから招かれたかどうかは分らない。まず漱石が招かれて断ったあと、上田が招かれた。

## 宣長とペイター

一次資料に拠れというのは、私の話の前段であって、後段は、文章の意味とはどういうものか、から始める。

先ほど本居宣長が出てきた。その宣長は、上田と、吉川とに繋がっている。宣長は考えた。意味というものは語り方によって決る。語り方から独立している意味というものはない。むしろ、語り方が意味なのだ。「道の事（わざ）」から道理をつかむときの方法と、「哥の事」から和歌のこころをつかむときの方法とは、同じだと、宣長は考えた。どちらも言（ことば）、いい方に依ったのだ。上田の考えが、宣長のこの考えと同じだった。この考えを、上田はウォルター・ペイターから学んだのだったが、ペイターを友人の平田禿木から知ったのと同じように、宣長も禿木から知って読み始めたのかもしれない。まだ証明されてはいない。吉川の方は、実家から京都に帰るとき、阪急「夙川」駅前の書店で宣長と「邂逅」して、熟読していた。宣長を読む以前に、この考えを段玉裁らの清の学者たちから習得して自分のものにしていた。その吉川の考えが、宣長の考えと瓜二つだった。吉川は瓜二つなのに「驚嘆」して、宣長について熱心に語るようになった。吉川には『読書の学』という名著がある。宣長に感激していたころにそれは書かれた。

上田はこの考えをペイターから学んだ。ペイターの考えを説明しておきたい。ペイターは意味と語り方の関係を、生物の肉体と肉体の外観との関係で説明した。元はフローベールがした説明だった。肉体には体色、輪郭、体長などの目に見える姿がある。その姿なしには肉体はありえない。姿を無視すると肉体は精気のような概念（イデア）だけになってしまう。そのように、芸術作品の意味も表現の仕方から切り離せない。表現のお蔭で意味が出来ている。意味とは表現の仕方のことである（「文体について（*Style*）」、『鑑賞批評集（Appreciations）』、一八八八）。また、「すべての芸術は音楽の状態にたえずあこがれる」とペイターはいった（「ジョルジョーネ論」、『ルネッサンス』）。これは有名な命題である。音楽では「作品の内容、主題と、作品の表現形式とが、互いに浸透し合っている（interpenetrate）」。音楽が表わそうとしている意味、テーマは演奏と一体になっている。良い（good）演奏があってこそ意味が生まれる。

音楽において最も明白なこの意味と表現の一体化を、すべての芸術がたえず目指している。音楽と同じように文学作品でも、意味は文体と一体になっている。文体が意味なのだ、とペイターはいった。この主張では表現の方に重点が置かれている。この論が出ている前出のエッセイの題は「文体について」だった。ところが、文体によって語られる方、つまり意味の内容、中身は、そこで問われていない。ペイターはこの落ち度を知っていた。自分で分っている、芸術作品はまず内容が高く(great)なければならないと、そのエッセイの最後で補正している。清朝の考証学が「實事」に傾斜していて、それへの自戒があったのと符合している。

清朝の考証学、宣長、ペイターが一線に並んだ。ペイターは上田を通して京大の英文学に影響を与えたわけだが、それと自覚されたペイターからの影響は、ある時期まではたしかに京大のなかに辿れる。上田はペイターを一八九五(明治二八)年に『帝国文藝』で日本に初めて紹介した。京大出の矢野峰人が上田の関心を継ぎ、同じく京大出の石田幸太郎、山川鴻三などが続いた。ペイターに親しんでいた工藤好美が短い期間だったが英文科の教授に招かれた。御輿員三も、「ペイターは印象批評ではないかと軽んじられるが、印象批評すらできないようでは駄目だ」といい続けてペイターを守った。現在は、ペイターの影響と自覚されないままに、テキストの読み方を重んじる点で、その影響は現在の京大英文科(相当)に及んでいる。

一九世紀末の人ペイターの、作品の造りを重視した批評は、'aesthetic criticism'と呼ばれている。「芸術主義批評」と訳されるべきで、定着している「耽美主義批評」という訳は誤解を招きやすい。

ペイターのその批評が英米と日本で今日までにどのように生き続けてきたかについても見ておきたい。ペイターと、それと同系の学風は普遍的なものである。

まず、ペイターの批評はそのままの形で、今日に至るまで依然としてかなり厚い層で尊重され続けてきた。一例を挙げると、京大が招聘したことがある、ハーバード大学で教えたヘレン・ヴェンドラーというアメリカの学者・批評家が、長年やってきた自分の仕事を回顧し総括して、それは「注解(commentary)」だったともいえるし、ペイターがいった「芸術主義批評」だったともいえると、ペイターとその批評の名前を明言した(Helen Vendler, *The Ocean, the Bird and the Scholar*, 2015)。

ペイターのその批評は現代の諸批評の大前提になっていた。一九六〇年代から始まったいくつもの新しい批評は、表現の仕方をとり上げる点で共通していた。それらの新しい批評が立っていた共通の地盤、大前提が、ペイターのその批評だった。つまりは、ペイターの批評は新しい批評の祖だったと見られてきた(ヒリス・ミラー、ハロルド・ブルーム)。狩野直喜が、作品という鐘は鐘を叩く人の叩き方によって音が変わる、といっていたのが思い出される。清朝の学者たちと狩野は、ペイターと同じように、新しい批評にとって祖に当ったのだった。このことはすぐ後でもとり上げる。

日本に移ると、日本で初めてのペイター全集が、筑摩書房の都合で計画よりも遅れて二〇〇二年に刊行された。ペイターへの関心が日本でも続いていた。その全集は東大の富士川義之さんと東大出の多数の訳者諸氏によって成った。ペイター支持の中心が京大から東大に完全に移った。ペイターを熱心に読んでいた矢野峰人は、英文学における京都学派を造った人のなかでも重要な人物だった。富士川さんは矢野も読んでおられて、富士川さんが中心になって『矢野峰人選集』全三巻が刊行された。三人の編者のなかに京大出身者はなかった。かつて東大出身の二人のある有力学者が、匿名で上田敏の耽美主義を揶揄し、矢野がやはり匿名で反論したことがあったけれども、それも昔の出来事になった。

## 一次資料に対して

元に戻ろう。清朝の考証学者、宣長、ペイターが一線に並んだ。三人が理解した意味と文章との関係はそういうものである。意味とは文章のことである。それを土台にして、一次資料にどう相対していくか、に移っていきたい。一次資料で筆者がこうだといっている意味は鵜呑みにはできない。一次資料にも色々がある。いっていることをそのまま受けとってよいものがある。受けとってはいけないものもある。いけない資料は、こちらがよく読まないと真実に至れない。たとえば、シェイクスピアの時代に書かれた手紙がそれである。そのころの手紙は、人を動かそうという目的があって書かれた。当面の目的を果たすために、事柄を捏造した。私掠を報告した文章もそうだった。私掠(privateering)とは、国家が個人に許可を与えて行われた海賊行為のことである。「掠」は掠奪の掠。私掠によって、イギリスは大国スペインに対抗した。一六、一七世紀に盛んだった。私掠に参加した船長の報告文では、自分の船の活躍が誇張された。掠奪品の横流しが隠された。そういうたちの資料を読むには、二つのことが必要である。一つ目は、事柄についての知識である。二つ目は、いいかたを読む力、文章のひだを読む力である。嘘をいっているときは文章に現れる。事柄についての知識では、我々日本人は向こうの学者にかなわない。もう一方の、テキストのひだを読む力——言葉の選び方とか、リズムとか、ポーズのあり場所とか、それらに注意して文章を読む、この方の力では、日本人は向こうの学者と太刀打ちできるのではないか。もちろん向こうにも強者《つわもの》はいる。クリストファ・リックス、ヘレン・ヴェンドラー、それに初期のグリンブラットがそうだった。かつては御輿員三に影響を与え、従って京大英文科の学風に影響を与えたウイリアム・エンプソンがそうだった。いわゆる「精緻な読み」(close reading)について、その系譜を述べた近著もある(Helen Thaventhiran, *Radical Empiricists*)。しかし、概していえば日本人も太刀打ちできるのではないか。ここが文学を研究しているものの出番である。我々は文章を読む修練を経てきた。歴史学を専攻している人々よりも文章が読める。文学の研究者が歴史研究に越境してゆくときは、文章を読む研究者として越境したいものである。

一次資料を読むには、事柄についての知識と、読む力とが要った。その二つを駆使しての一次資料の読み方を教えることが、京都が行った教育の大きな部分を占めた。読み方を教わったのは、私のような文学の研究者だけではなかった。吉川への追悼集のなかで、こう書いた人がいた。その人は御牧克己さんといって、仏教学の研究家である。「本当の意味で完全にテキストを読みきる力を持つようになることが、長年のご教示に対する最大の恩返しになる」(桑原、富士編『吉川幸次郎』)。御牧は杜甫を読む会「小読杜会」で吉川から教わっていた。

「本当の意味でテキストを読みきる」、これを重んじて、学問の柱にした学者を、吉川と同世代のたくさんの学者のなかから三人だけとり上げておきたい。三人だけをとり上げるのは良いことではないが、私の知見は限られている。

とり上げる一人は東洋史学の宮崎市定である。宮崎は「史料を徹底的に読み抜」いた。宮崎自身のことばである。自分はそういうやり方をする点で、内藤湖南よりも「桑原隲蔵に近いかも知れない」と述べた(『アジア史研究 第一』「はしがき」)。宮崎は内藤に近いと見られていた。内藤の、近世は宋代から始まったとする時代区分に、宮崎が賛同したからだった。それでも自分は桑原の方に近いと宮崎がいったのは、学問の成果よりも、方法を、言外に優位に置いていたからだった。宮崎にとってまた桑原にとって、「徹底的に読み抜く」方法はそれほど重要なものだった。

次に英文学の御輿員三をとり上げる。宮崎のように広く知られなかったが、英文学界には知られていた。上田敏が唱えた「細心精緻」をときどき口にされただけだったが、読みきり読む抜く方法が血肉化していた。あとで示すように、学界に向って物申す敢言の士だったが、著書は少なく、真骨頂は教室での授業を受けた学生だけが知っていた。二つの異なった解釈があるときには、作品が面白くなる方を採ればよいとされた。この御輿は吉川に毎週一回、吉川の研究室に出向いて英詩について「ご進講」し、講じた作品は一〇〇篇に及んだ（「吉川先生と英詩」、『吉川幸次郎』）。テキストを読みきるという点で、西洋文学派と東洋学派とはもともと繋がっていたが、繋がっていた接点を、御輿は吉川との交歓によって固めた。吉川は御輿のことを書物で褒めた。

もう一人は、西洋古典学の岡道男である。岡は同学の先輩中村善也の態度についてこう語った――「中村さんは、つとめて事実をして事実を語らせるという態度をとり続けることにより、論争の次元を完全に乗り越えておられました。ある考えが先にあって、後から、これに当てはまるような箇所をテクストから拾い集め、その考えを証明するというのではなく、はじめにテクスト自体を綿密に観察し、観察の結果を丹念に集め、もしそこから何らかの結論を導き出すことが可能ならば、その時には一つの結論を引き出す――こういうのが中村さんの採られた態度でもありました」（『ぶどう酒色の海』）。岡の周辺に大きな論争が起こっていたので、自分自身の本当の拠りどころを中村のそれを借りて吐露したものだった。

テキストを読みこんだ人を三人に限ってしまったが、教室でテキストを楽しんで読んでおられた先生方は多数おられた。それらの方々が京大の教育を支えておられた。本城格《いたる》（一九一六―一九九一）の楽しげな様子を山田稔さんが語っている。モーリヤックの小説『テレーズ・デスケルー』、夫を毒殺しようとしたテレーズが、裁判で無罪になって、馬車で夜道を自宅に帰る――「夜道の描写のなかの、

『積み上げられた石に馬車の影がくずれる』(Les piles de cailloux détruisent l'ombre de l'équipage.) のところや、テレーズの夢のなかに姿を現わす予審判事の描写、『彼の顔が左から右へ動く』(Sa tête remue de gauche à droite.) のところで、本城さんが寒さでいっそう白くなった顔に深い感動の表情を浮かべ「うまいですねえ」と口ごもるように呟く声が、いまも耳に聞こえてくるような気がする」(山田稔『特別な一日』)。'détruisent' の荒く長く「破壊する」長い音、'de gauche à droite' の「左から右へと」事態が進展するかもしれない決然とした強い音が、テレーズのおびえを作り上げていた。私も本城さんから習った。「いいですねえ、うまいですねえ」とやはり感慨に耽られた。「これだな、大事なことは」と良い実物教育になった。

一転して、私の身辺から、テキストを読むのに特化した研究会を二つあげておきたい。

英詩人イェイツを読む会(「イェイツ研究会」)が、故大浦幸男名誉教授、佐野哲郎名誉教授、故長谷川年光名誉教授の下で一九七三年に始められた。毎回一、二篇の作品を読んで、研究発表などはなかった。やがて学外者が多い大きな会になり、専ら佐野さんが世話されて長年続き、今日いまだに続けられている。大事なのは作品を読むことだ、教えられるのは作品を読むことだけだ——京大で行われていたこのやり方を、他大学から参加した若い人たちに伝え続けている。他大学から参加していたある学部学生が、この会で「言葉の力の秘密を垣間見て」、大学院は京大に入り、今は京大で教えている。

次に、現代の英米詩を読んで英語で討論する会（「モダン・ポエトリ・セミナー」）があった。一九八八年に始まり、私が二〇年間お世話した。そのときの場所は私の研究室だったが、三人掛けの長椅子の隅に座っていた、ヨーク大学から来ていたジョン・ロウ博士が、「ここは極東にあるのに不思議な一隅だ（a strange corner in the Far East）」と感想を漏らした。ただテキストを読みこむだけの会に、英米の実績がある研究者たちが集まった。他大学からもグレアム・パリ、スティーヴ・クラークなどが集まったが、京大からは、八〇年代後半から多数の英米人学者が京大に招かれるようになって、彼らの多くがこの会に集まった。やはり招かれたジョン・ホロウェイ教授、ヘレン・ヴェンドラー教授などがこのセミナーの一〇周年記念論集 *The View from Kyoto* に寄稿した。

七〇年代までは英語・英文学担当の外国人教師は一名だけだった。日本の経済力が上昇し、「創立七〇周年記念後援会」から援助を受けるようになり、八二年から外国人を正式の教員に任用できるようになって、多数の外国人学者が入洛した。彼らが参加したモダン・ポエトリ・セミナーも新しい時代の産物だった。

# 第3章……学風の啓蒙
## ——内から外へ——

### 学外への啓蒙

「テキストを読みきる」、この核心の、様態についての話に移りたい。

先ほど、桑原武夫らが自分の学生たちに、「實事求是」という方法を熱心に教えこもうとしたのを見た。先人たちはこの方法が、京大以外の研究者にとってもお手本になってほしいと望んだ。以下に外への啓蒙がなされた三つの事例を見ておく。

まず上田敏である。当時の学問に対して上田は強い反感をいだいていて、その反感が自分の方法を説く動機になった。上田は嘆いた——今は高山樗牛などのいわゆる「西洋かぶれ」、「大言壮語派」がもてはやされている。彼らは間違っている。先ほど読んだ上田の文章、その後半はこうなっている

——

「伝統ある自国の文化に浴せず、みだりに異俗の皮相を模倣せむとする大言壮語派をこのまざる」。「異俗」の「異」はさすがに明治のことばである。しかし、「皮相を模倣する」のはいつの時代にも起きうる。例えば以下のようにして、皮相が模倣されてきた。私掠について、それを讃美する誤った見方がイギリスに長く続いていた――「私掠が大英帝国を造った。だから私掠は素晴らしいものだった」。これがあのリチャード・ハクルートの見方だった。この見方を多くのイギリスの学者たちが踏襲した。日本人のイギリス学者は大英帝国の一員ではなかったのだから、大英帝国を礼讃したイギリスの学者たちの尻馬に乗って私掠を称讃しなくてもよかった。誤りすなわち「皮相」を見抜けていてもよかった。それなのに、「皮相」を長い間「模倣」し続けてしまった。ハクルートなどのテキストを日本の学者が「細心精緻」に読みきってさえいれば、「模倣」が防げていたはずだった。模倣してはいけないと、上田はいったのだった。

外に向って啓蒙する一環として、京都は小林の方法を批判した。小林への批判をここでもう一度とり上げておきたい。小林が対象に向ったとき、いつも対象に感動していた。また、対象を客観するだけでは駄目だ、対象と「交わり」なさいと説いた。小林は自分の感動、希求、つまりは主体を入れて、対象に肉迫したのだった。主体を入れるのを、京都は戒めた。もともと対象に備わっていない主体を外から対象に入れると、対象がその人個人のものになってしまう。対象が宣長なら小林の宣長になってしまう。ここが大切である。主体というものは、対象を呼び覚ますものではない。対象によって呼び覚まされるものである。狩野直喜がそのことを説いた——思弁は書物の外で行われるものではない、「思弁はすなわち読書そのものの中にある」（吉川「折り折りの人」、『音容日に遠し』）。

狩野を尊敬していた桑原武夫が同じことを説いた——作品から思想を捉えるには、「作品の外で見つけた思想命題を作品のなかにもち込むのではなく／（作品のなかに語られている）経験を再経験する以外に思想はとらえられないのです」（『文学入門』）。

田中美知太郎も同じことを説いた。ヘラクレイトスについて論文を書いた学生だった梅原猛さんに向ってこう説いた——「君の論文は面白いが、古典を研究するには、こういう態度ではいけない。梅原君のほうは、hineinlegen こちらの思想を向こうへ、つまりヘラクレイトスの方へ投げて、彼を解釈している。しかし本当の解釈は auslegen 向こうから、思想が出てくるものでなければならない」（梅原『学問のすすめ』）。狩野、桑原、田中は、「實事求是」の要諦を説いたのだった。田中に諭された梅原は、『本居宣長』を書いた小林に嚙みついた。要約してみると——小林は宣長の「生きるポーズ（姿勢）」に感動しているけれども、それはあくまでも小林の問題である。宣長の古典解釈が正しかったかどうかという、肝腎なことは語っていないではないか——。

「實事求是」を重んじなかった小林を、京都は何度も反面教師にした。桑原、生島、梅原がそうしたのだった。

## 現代批評理論の先駆

大切なことを補足しておきたい。「思弁は読書そのものの中にある」と狩野は説いた。狩野はまた、読書の仕方によって著者の心理の深部に入れるとも説いた。そのことを狩野は、「論語は譬へば知恩院の大梵鐘の如く叩く人の力量如何により其反響に大小あるが如し……論語は此れを読むひとの器量若しくは境遇により夫々特別なる感興を與ふ」（「論語研究の方法に就いて」、『支那學論藪』）と説明した。叩く人すなわち読み手の力量次第で鐘すなわち作品の響きが変わるといった。読み手の力量を重視する現代批評理論の先駆だった。吉川の読み方がニュー・クリチシズムの読み方に似ているといわれたとき、吉川は「私の方が先ですよ」と答えた。御輿の読み方は現代の批評家ド・マンの読み方に似ているると、ド・マンを読んでいた人が指摘した（『英語青年』）。作品に二つの読み方があるとき、作品が面白くなる方の読み方を採ればよいと御輿はいっていた。御輿もまた、鐘は叩きようで大きくも小さくも響くといったことになる。

作品の意味は文体によって決まるといったのはペイターだった。鐘は叩きようによってといったのは狩野だった。ペイターと狩野が同じことをいっていた。このことは後でもう一度とり上げたい。

## 深瀬対御輿

これから移っていくもう一つの事例では、京都の人が同じ京都の人を批判したが、実は外に向って、京都の学風を啓蒙しようとした面があった。

あの深瀬基寛は三高の出身で、三高と京大教養部とで教えた。『エリオットの詩学』（一九五二年）などの広く読まれた本があった。深瀬はそのとき亡くなっていたが、同じ京大の文学部で教えていた前出の御輿員三が、深瀬のその本に含まれていたある誤読を指摘した。エリオットが引用したドライデンの詩に対する誤読だった。御輿は説いた——その誤読は、「ドライデンのみならずエリオットをも裏切ることになりかねない。……深瀬氏によって伝えられたエリオット像が、たとえどれほど興味深いものであるにせよ、そこにもしいくらかでも歪みがあるならば、おのおのの責任においてその矯正につとめることも、われわれが日本の文学の将来にたいして負わなければならない義務のひとつであろう」（『日本の英学一〇〇年』「昭和篇」）。「日本の文学」のことはこのあとすぐ明らかになる。この事例は私が専攻している英文学でのそれであるから、これだけでは終えないでおく。

# 第4章 深瀬基寛と学統

## 深瀬の方法

深瀬のやり方はどのようなものだったのだろうか。

深瀬自身によると――「エリオットの詩観に含まれたいろいろの課題をわれわれ自身の課題として受けとり、それに自己流の解釈をほどこす」(『エリオットの詩学』角川文庫版「あとがき」)やり方だった。エリオット作の『荒地』についてこうもいっていた――『荒地』の「体内組織」を観察するだけでは駄目である。「なにが『荒地』を書かしめたか、『荒地』のどこが英詩の伝統を新しくスタートさせたか」というような、「外在的な諸問題」を追求しないのなら、なんのために「体内組織」を観察したか分らないではないか(『現代の詩心』「あとがき」)。

深瀬が主張したこのようなやり方は、実は「實事求是」の本来のあり方だった。清朝の考証学のあり方がそうだった。清朝の考証学は、朱子学の「實事」には反撥したが、他方で、朱子学が目的としたものはそのまま引き継いた。その目的とは、「当時の社会にもっとも適切な理論を提供する」(小島祐馬『中国思想史』)ことだった。この目的を、上田敏も「細心精緻」の目的に含めた。

世界に目を移すと、同じ目的を大規模に行う、学問のパラダイム・シフトが今勧奨されている。このシフトは、一九七〇年代に唱えられ始めて、その後ますます盛んに唱えられているようである。しばらく本筋を離れて、最新の研究方法を見ておく。

今までにはなかった現代の状況に対処するには、新しい研究方法が要るとされている。複雑系(complex system)が研究の対象として登場してきた。また、従来のノーマルな論理を脱する理論を持つ量子力学が出現した。量子力学と同じように世の中自体も変わって、矛盾や混乱や分裂が当たり前になってきた。これまでとは打って変わった状況のなかで、学問のパラダイム・シフトが行われているのだと説明されている。いままで行われてきた、専門の間の垣根を取り外す「インターディシプリナリー(Interdisciplinary)」な方法だけでは足りないとされている。学者が研究組織の外にまで出て、外で得られた成果を持ち寄って「統合」(consilience)しなければならないとされている。今まで学問の外にいた実践者、利用者が、学問の設計と実行に参加するように奨励されている。社会への貢献が、学問そのものの変質をもたらそうとしている。そのようなやり方(パラダイム)には、「トランスディシプリナリー(Transdisciplinary)」(「超学際的」または「超学科的」)、ということばが用いられている。このやり方が掛け声どおりに実現するかどうかに関心がもたれる。このやり方が行われやすい研究機関は、大学共同利用機関の一つの「国際日本文化研究センター（日文研）」であろう。「大衆文化の通時的・国際的研究による新しい日本像の創出」が、「日文研」を拠点とする共同研究のテーマになっている。「大衆文化」は桑原武夫が創設した「現代風俗研究会（現風研）」の研究テーマだった。

深瀬の話に戻ろう。小島がいった「当時の社会にもっとも適切な理論を提供する」は、まるで深瀬がこれをいったように聞える。そのように考えた深瀬は、伝統論を含むエリオットの詩観が、当時の日本の詩と文化に影響をあたえるようにと望んだ。影響をあたえたのだった。山本健吉、唐木順三らの批評家が、エリオットの詩観からなんらかの影響を受けた。西田幾多郎、田邊元らの哲学者が、深瀬が紹介したエリオットの伝統論に関心をいだいた。西田は「T・S・エリオットと伝統主義」（一九三四）という特別講演を、京大で開催された日本英文学会で行った。大江健三郎が、深瀬が訳したオーデンの詩の文言、例えば「見る前に跳べ」に感心した。草野心平らの詩誌『歴程』が、深瀬の追悼号を出した。もっとも、山本、唐木、大江への影響は部分的限定的な影響にとどまったようだった。草野らへの影響については、エリオットが与えた影響だったのかそれとも深瀬の人間味が与えた影響だったのか、よく分らないところがあった。それでも、かなりたくさんの人たちになんらかの影響を、深瀬が紹介したエリオットなどが確かに与えた。形としては、また結果としては、草野らの実作者を巻き込んだので、「トランスディシプリナリー」な方法が少しだけ始まっていた。深瀬は単独でそれだけのことをやったのだった。

## 御輿の方法

このような深瀬のやり方と所作に対抗しうるものとして御輿が提示したものが、京都の先人たちが重んじてきたテキストを正しく読むことだった。二人の対立がこの話の本筋である。御輿も「實事求是」の本来のあり方を頭では分っていた。朱子学の要素を引き継いだ、学問の成果を社会に提供するというあり方である。それは「細心精緻」の本来のあり方でもあった。だから御輿は深瀬に敬意を表した。日本の英文学者は深瀬のようになっているべきだったと反省した。しかし自分は深瀬にはなれない。その代わりに正しく読むやり方を守ろう。このようにして御輿は深瀬と対立したのだった。求是に励む側と實事に励む側とのあいだにやむなく出来る対立だった。

御輿は別の面でも対立した。御輿は深瀬をこう見た——「問題を自分自身に引き寄せて、ひたむきに追求するあまり、ときとして『自己流の解釈』に淫するきらいがないでもなかった」。あの丸谷才一も御輿と同じように深瀬を批判した。深瀬の「伝統の成立」という文章を分析したのち、丸谷は深瀬をこう見た——「ここにゐるのは、つまらぬことを勿体ぶった口調で言っているうちに、自分でも何を書いてゐるのかわからなくなった男である。あるいは、エリオットの伝統論（それは明晰なものだ）の口真似をしてゐるうちに、余計なことをゴタゴタ付け加へたくなって、そのせいで生じた混乱を自分の思索と勘ちがひしてゐる男である」（「深瀬基寛の思索を排す」、『木星とシャーベット』）。丸谷のいい方が激しかったのは、東大が深瀬のこの文章を入試問題に採用したことに、同氏が強く反発したせいもあった。いい方は違っていたが、御輿と丸谷は同じことをいったのだった。深瀬の「求是」がエリオットに即していないといったのだ。

### 深瀬の「講釈」

ところが、深瀬の方は、即さないのを身上にしていた。エリオットの内側から外に出て、日本人として、自己流に、エリオットを翻案した。深瀬のことばでは「講釈」した。丸谷が「余計なことをゴタゴタ付け加へ」ているといったのは、「講釈」についてだった。「講釈」が深瀬を深瀬たらしめた。

深瀬は和訳のときも同じだった。原文を翻訳ではなく自己流に翻案した。"Mistah Kurtz—he dead" は、エリオット作「うつろな人々」のエピグラフ（題辞）である。コンラッドの小説『闇の奥』に出ているセリフを引用している。コンゴにやってきた文明人クルツが現地で死んだ。その死を現地アフリカの黒人ボーイが仲間に知らせている。ボーイはこのセリフを「吐き捨てるような口調で」いったとコンラッドは書いている。"he is dead" ではなく "he dead" と「吐き捨てた」のだった。「ミスター・クルツ、あいつめ、死んだ」とでも訳される。そこで、深瀬の訳を見てみると、「クルツさァ——はァ死んだだよ」となっている。ボーイではなくて老いた田吾作がいったようだ。円やかで完全ないい方になっている。深瀬にとっての自然人の典型は田吾作だったようだ。コンゴの地に日本人の田吾作が突然登場したのだった。田吾作を登場させて、深瀬はこのセリフを自分流に納得した。主体的に納得した。原文のセリフ“he dead”には、クルツが代表するヨーロッパと、黒人ボーイが一員であるアフリカとの、対立が凝縮しているが、田吾作のセリフには、その対立が反映されていない。「講釈」したときも和訳をしたときも、深瀬は原文に忠実に従う学者よりも、自分が納得したことだけを表現する創作家だった。ここに事柄の核心がある。エリオットの詩のなかのある女性のセリフを、京都弁にするとどうなるかを深瀬から聞かれたことがあると、京都人の依田義賢が披露した（依田「喰ってかかったあの宵」、『大山定一』）。イギリスの女性を京おんなにしようとしていた。訳者は自分が納得したものを自分が納得するように表現するのだ、すなわち訳者はときに創作家になる——この考えは、詳しくは書かないが、深瀬だけの考えではなく、三高で教えていた人たちにある程度は共通していた。大山定一の考えもそれにほぼ近かった。大山の考えは吉川幸次郎とのあいだで交わされた『洛中書問』のなかで述べられている。やはり三高で教えていた深瀬の考えは同種の考えのなかで極端だった。

余談になるが、先に訳者深瀬は創作家だったとして詩人だったとはしなかった。エズラ・パウンドは二〇世紀アメリカの詩人だった。詩人だったから翻訳するときに原詩の韻律と音とに敏感だった。本書の「九鬼周造」でいずれ触れる古代英詩の‘The Seafarer’（「航海者」または「海のさすらい人」）を、パウンドが現代英語に訳したときに、原詩の結論の部分にあるキリストへの賛歌を除外した。その部分の韻律と音とが、本体の部分のそれらから外れているから、作者とは別人がその部分を書き加えたと見た。この訳者には韻律と音は重大だった。パウンドが日本人だったら、“Mistah Kurtz—he dead”を深瀬が訳したように柔らかには訳さないで、原文の強い音を訳出していただろう。

深瀬が「講釈」したときに戻る。「内側にいるようなもののいい方をすることは馬鹿げている」といった。さらに、「了解の種類には対象的理解と主体的了解の二種類あって、ほんとにものがわかるためにはこの主体的了解、つまり各自の生活体験を深めてゆくより外には絶対に道はない。／われわれは英語を理解するのではない。実は英語を通じて自己を了解しつつあるのだ」ともいった（「英語勉強の思い出」、『童心集』）。深瀬の立場がよく表れている。対象を自分のものにするのを第一とした。ここに深瀬の根本があり、その根本を譲らなかった。田吾作になっても京女になってもそれでよかったのだった。ここにおいて深瀬と御輿は再び対立した。

狩野直喜、桑原武夫、田中美知太郎らは、内側に入りきるのを要諦とした。また、深瀬のいう「主体的了解」を、深瀬のように先導させてはいけないと説いた。「対象的理解」を深瀬は排したが、狩野らにとって、「實事」の営みはどうしても「対象的理解」に依らなくてはならなかった。それらの要諦を堅守して、泰山のような学統を形成していた。それはアカデミズムの学統だった。御輿はこの学統のなかにいた。御輿と深瀬とははっきり違っていた。

「主体的了解」を深瀬は尊重したが、実は狩野らにとってもやはり、それはなくてはならないものだった。それは「實事」にこそあってはいけない。けれども、「求是」にはないといけないものだった。主体の「生活体験を深めてゆく」のが「求是」だった。深瀬は「求是」を「實事」のなかに割り込ませてしまった。その結果、深瀬にあっては、「實事」が厳密でなくなり、「求是」が重く大きくなった。そもそも「求是」を重んじるのは教養主義の立場である。しかし完全な教養主義は、深瀬のいう「対象的理解」を排除しないで、それを徹底する。そのうえで、「求是」の営みを尊重した。完全な教養主義に向かった人として、大山定一と西谷啓治が、私が知っている範囲で思い出される。

完全な教養主義と、「實事求是」を守る完全なアカデミズムとは、同じであるはずである。あるいは、同じであるのをそれぞれの理想とするはずである。しかし、ときに、事実として、実際の教養主義は「實事」が疎になり、実際のアカデミズムは「求是」が疎になった。深瀬と御輿の対立は、実際の教養主義と実際のアカデミズムの対立だったといえよう。

話を前に進めよう。それでは、深瀬は学統からまったく外れていたかというと、そうではなかった。深瀬もまた、先人たちを振り返らせてくれる。

京都学派の先人たちにとって、世界の歴史のなかでの東と西の問題は極めて重要な課題だった。西田幾多郎は次のように語った――「(今日の日本文化にある問題は)東洋と西洋が一つの世界となった今日、東洋文化が如何なる意味に於いて世界文化として、将来の世界文化に貢献するかと云うことであろう」(『日本文化の問題』、初出一九三八(昭和一三)年)。この西田の問題意識から、前出の有名な二つの座談会での発言が生まれた。太平洋戦争中に、戦争の意義について京都学派の哲学者たちが発言したのだった。

東が西にどうやったら対抗できるか、この課題を解決するには過去から学ぶだけでは駄目で、つまり「實事」を徹底するだけでは駄目で、学んだ内容を受容者のなかで徹底的に考え抜き主体的に決断しなければならない。いわば「求是」を徹底しなければならない。これを徹底する場所こそ、深瀬がいった「講釈」だった。「講釈」する営み自体は、哲学における京都学派にとって欠かせなかった。西田の哲学も田邊の哲学も、それらが生まれたのは、文献学のレヴェルの解釈からではなかった。西田は講義のとき教壇を歩き廻りながら「講釈」していた。田邊はヘーゲルやキリスト教や親鸞などを身を切るようにして「講釈」して、自分流のヘーゲルやキリスト教や親鸞らを探り当てた。自分のものにした。彼らの哲学はそして京都学派の哲学は、「講釈」から生まれた。今西錦司の自然学も「講釈」から生まれた。今西は「自分の目で見て、考えたことだけを信じろ」と説いた。考えて信ずる、すなわち自分の哲学に至った。考えた場所が「講釈」だった。私はすでに京都学派の哲学には「實事求是」が当てはまらないのに触れた。西田らの哲学は「實事」から「求是」に移るときに飛躍があった。対象のなかにある対立、あるいは対象と自分との対立を、直観によって止揚した。飛躍させ止揚させたのが「講釈」という場だった。「講釈」は「求是」にはなくてはならなかった。深瀬はこの点で哲学科における京都学派の態度を身に付けていた。「是」を求めて「講釈」するのが深瀬の身上だった。「實事」に傾斜する文献学者の「實事求是」を自分の身上にしなかった。

アカデミズムの側は、深瀬が「講釈」するときは、「対象的理解」をまず正しく行ってからにしてほしいと、深瀬に求めたのだった。

### 社会に提供

深瀬はまた、以下のように先人たちを振り返らせてくれる。「是」を「社会に提供」した先人たちである。

英文科の先人たちでは、上田敏が訳詩集『海潮音』などによって「祖国の人文を保育」した。厨川白村（図10）（本書27頁）は『近代の恋愛観』などによって西欧近代の新しいモラルを日本に移入した——「わずかなりとも世道人心を益し、新世界の建設に何等かの貢献をなし得る確信がある故に、わたしは此書を世に公にするのです」（『近代の恋愛観』「序」）。石田憲次の読者は限られていたが、ジョンソン博士などがいた一八世紀の地味な文学を中心にして、英文学全般を静かな口調で紹介し続けた。矢野峰人は世紀末英文学を紹介しながら、訳詩集と自作詩集を刊行し、雑誌『水甕』で短歌を詠んで、敬愛した上田が望んだ「祖国の趣味を改善」した。

他学科に目を移すと、前出のようにいわゆる「京都学派」の面々が、太平洋戦争の意義を巡って発言した。西田らと接触した海軍の高木惣吉がその頃をふり返って、「学者は高い講壇の上から白い手袋をはめたまま、どんな立派な議論をしたところで、どれほどの力になりますか」といった（岡崎満義『人と出会う』）。自分が西田らと接触したことへの高木の弁明だった。高木にいわれなくても西田らは、京都学派の任務として、「是」を「社会に提供」するのを心がけていた。この任務のことを、提供したことが招いた不幸な結果を追及する人たちは分っていなければならない。英文科に戻ると、深瀬の方はすでに見たように、エリオットらの「是」をとり出して「社会に提供」しようとした。深瀬はこの面で、数々の先人たちの列に加わった人だった。著書が学界の外の、一般社会の多くの人に好まれた点では、白村以来の人だった。深瀬はこのように位置づけられる。

深瀬はまた、学界のなかでも、安田章一郎らの英文学者たちに慕われた。生涯を無頼派の三高学生のままで生きたような人だった。出棺のとき仲間たちが棺に向って、三高寮歌「紅萌ゆる」を低唱して別れを惜しんだ。それは深瀬個人への挽歌だっただけでなく、本書の「深瀬基寛」で書くように、そのころすでに滅びつつあった教養主義への挽歌だったように聞える。没年は一九六六年だった。

「實事求是」の学風を説明するために深瀬と御輿の対立を見てきた。この対立は、上田ら英文科草創期の先人たちなどのあいだでは生まれにくかった。「實事」は誰がやった、「求是」は誰がやったという分業ではなく、「實事」と「求是」の両方を、同じ一人の先人たちがやっていた。それが「實事求是」の本来のあり方だった。そのあり方を、矢野峰人を含めた先人たちが身に付けていたのには感嘆させられる。京都学派が求める大学者とは、「實事求是」の本来のあり方を基準にすると、両方を一人で身に付けている学者であろう。

# 第5章……今西学の登場

## 強力なライヴァルとして

今西錦司（図17参照）も深瀬とは別のやり方で従来からのアカデミズムに挑戦した。本書からすれば實事求是の方法と態度とに挑戦した。彼の挑戦に対して、あれは学問ではないとして、今西学をただ無視する態度が今西の周辺にあった。反対ならなぜ堂々と反対しないのかと、今西学を知るために来日した、スコットランド出身の古代生態学者L・B・ホールステッドが不思議がった。本書は今西学の挑戦をありのままにとり上げる。とり上げる方が實事求是のためになるからである。

とり上げ方は二段構えにしたい。一段目で、實事求是とどう違うかを見たい。二段目で、にもかかわらず挑戦が實事求是のためになるのを見たい。

吉川幸次郎が梅棹忠夫と大喧嘩をしたことがあった。西堀栄三郎にも喰ってかかった。それらの喧嘩を第Ⅲ部の「吉川幸次郎」でいずれご披露する。梅棹と西堀は登山、探検という背景が今西と同じだった。吉川が梅棹、西堀と喧嘩したのは今西と喧嘩したのと同じだった。吉川は「お前は古典を読まないから駄目だ」といって二人に喰ってかかったが、その罵言は今西に向って、過去の研究を踏まえるべき「實事」の営みが不十分だと、警告したことになっていた。

たしかに今西の「實事」は、「實事求是」派が守っている厳密な基準からすれば不十分なものだったらしい。

カゲロウ幼虫の棲みわけについて、調査がまだ途中の段階で、直観によって仮説を立てた。仮説というものは「實事求是」の「是」を先取りする。「是」を早くつかみたい意志が今西にはあった。かなりの量の調査があと付けになった。先に結論があって調査があとになったのは朱子学だった。朱子学には清の考証学が反対した。中国の学問にあったこの対立が、今西と吉川の対立の一つの起源だった。

「實事求是」派は清の考証学者の直系だから、「實事」の営みに厚く、「實事」への関心が「求是」への関心よりも強い傾きがあった。今西学の方は逆に、「是」を早めに求めたから、「求是」の営みに厚かった。今西学は實事求是派とは正反対だった。

今西学は「實事求是」のライヴァルとして登場したのだった。このライヴァルの所作はしかし一貫してはいなかった。一貫して「實事」が不十分だったわけではなかった。今西と継承者たちの、仮説から出発したフィールドワークは、たくさんの発見をもたらせた。「實事求是」派の「實事」の営みが机上のそれだったのに対して、今西派のそれは広大な地域でのフィールドワークだった。「實事求是」派のライヴァルとしての今西学は、機動力がある強力なライヴァルだった。

## 「自然学」というライヴァル

今西学が實事求是派に向って攻めてきた武器はもう一つあった。それは「自然学」という武器だった。今西学は個を研究する（アトミズム）のでは終わらずに、自然という一つの全体社会についての自分の見方を構築した（ホリズム）。構築するときには直観と仮説、さらに説明の放棄があり、あれは自然科学ではなくて哲学だと批判された。今西の方は誇りを持ってそれを認めた。「進化は変るべくして変ってゆく」とあちこちで語り、その聲明について「自然科学者であるのを廃業したものの言葉として、味わっていただきたい」（『自然学の提唱』）と開き直った。

實事求是派にとって思弁的な哲学はライヴァルである。ところが今西が登場したころの京都の哲学には、西田、田邊のような独自で思弁性が高い哲学はなかった。欧米の哲学を解釈し、西田、田邊の哲学を解釈するのが当時の京都の哲学の主流だった。そこにまるで場外からのように登場したのが、今西の「自然学」だった。實事求是派は本気になって「自然学」を批判しなかったが、客観的に見て「自然学」は實事求是派のもう一つのライヴァルになった。

深瀬基寛は實事求是派から攻撃された。深瀬は今西学を知らなかったが、もし知っていれば強い援軍をえたと喜んだであろう。二人はともに教養主義の上に立っていた。対象を前にして、實事求是派のように自己を滅却せずに、主体性を持って対象を自分が納得するように再構築しようとした。深瀬はエリオットのなかのイギリス女性のセリフを京おんなのことばにしたがった。今西も進化論を日本人に合った平和で穏やかなものにした。

## 實事求是から見ると

一つの段階として、實事求是から今西学を批判してみよう。どこがいけないと、實事求是派は思ったか。

實事求是は早い時期に直観によって仮説を立てるのを戒める。といっても、対象が人類の起源というような長大な昔の出来事である場合は、どうしても仮説を立てる以外にない。そういう仮説は必要であると認めなければならない。認めたうえで、仮説を立てるときの慎重さ厳密さを實事求是派は求めた。今西が立てた一つの仮説、カゲロウ幼虫の平和的な棲みわけについては、川の垂直すなわち上流下流においては、今西が否定した種間競争があるのが分かっていると聞く。仮説を立てたとき厳密ではなかったことになる。

今西は個だけを見ずに眼を全体に移してゆく。實事求是派は出来るだけ長く個だけを凝視して個のなかに全体を見る。そうしているうちに細部のなかに宿っている神を見る。それは實事求是を重んじた清朝の学問の方法だった。宋の朱子学は實事求是に反していたが、その朱子学でさえ、吉川幸次郎によれば、是すなわち道理に至るには「物」を見ることを重んじた（西谷、吉川『この永遠なるもの』）。イギリスに移ると、個と細部をよく見たのがウォルター・ペイターであり、ウィリアム・エンプソンであった。この二人の方法は京大英文科の学風の祖である。ペイターを初代主任教授上田敏が吸収し、エンプソンを第二期の御輿員三が吸収した。上田も御輿も實事求是派であった。今西の全体主義（ホリズム）については、次のように説明できるであろう——森の木を見るとき、實事求是派は森のなかに留まって、木を近くから平行に見る。今西は頂上に登ってそこから下にある木を見る。今西の『採集日記　加茂川1935』では、観察と採集以外の、川の環境、天気、人の往来についての記述が多い。そのことから判断して、今西は高い視点から川のなかのカゲロウ幼虫を見ていたのではなかろうか。鳥瞰、俯瞰、あるいは移動への性向が今西にはあり、その性向が水面下の細部に長く留まり続けるのを困難にしたのであろう。

思想性が強い今西の「自然学」について、それは多くの一般読者に感銘を与えてきた。しかし、多くの實事求是派の受け皿には乗らなかった。「自然学」を今西は信じた。實事求是派は信じなければならないほどのものなら不可知のままに措けとする。

## 学問も探検——今西学から学ぶ

これまでに今西学と實事求是派のあいだにあった三つの相反を見てきた。すなわち仮説を巡って、個と全を巡って、思想性を巡って。これからは第二の段階として、今西学が實事求是派にもたらせているはずのプラスの面について見ておきたい。

まず仮説である。ここで初めて、仮説の立て方を批判する側への、今西自身の弁明を聞こう。年下の仲間藤田和夫と石毛直道さんとの対談のなかで、仮説というものについてこう弁明した——

「僕は仮説をつくりすぎると悪口いう人もあるが、未知の領域に入っていくときにはね、近距離目標さえつかめんことがある。そういうときにどうするのや。この方向でまちがいなしということどうしてきめるのや。学問の場合にはそこで仮説をたてるんや。仮説に磁石の役目をさすのや。仮説立てながらまようてることになるわな。大学の教授なんかには、仮説を作らん人ほど偉いというまちがった考えの人もいるかもしらんが、そんなことという人は仮説を立てんならんような未知の領域に分け入ったことがないということを、みずから暴露しているにすぎんのやね」（『座談　今西錦司の世界』）。

探検では仮説を立てざるをえない。そうしないと前へ進めない。西堀栄三郎も同じことをいったと、本多勝一が西堀のことばを伝えている——「探検家が前人未踏の地域に入ってゆくとき……実行の前の作業仮説がすべてに先行することは当たり前ですが、重要なことは、何よりもまず、その地域に「踏みこむ」ことです」(「今西錦司論」、『本多勝一集』4)。

桑原武夫も同じことをいった。「登山そのもの、あるいは登山の仲間から、いろいろのことを学んだ……ある段階、ある場所では、考えるだけでなく、飛んでしまはなければならない。冒険によってしか打開できないことがあるのを覚りました」(「私の歩いた道」、『人間素描』)。「私は、慎重の態度というのは学問の敵だと思っております」という、退官記念講演(『人間素描』)での発言もあった。今西、西堀、桑原にとって、仮説を立てることは「当たり前」だった。それを立てない人は、生きるか死ぬかの選択をしていない人である。

彼らがやったのは探検であって学問ではなかったという意見もあった。しかし今西は、学問も探検と同じだとはっきりいっている。「今西の学風は登山の実践と相即してあらわれた」と、桑原は今西の肩を持った。

桑原はもともと實事求是派のなかで育った。次第に両刀使いになった。實事求是派は桑原が学んだように今西の学風から学ばなければならない。同派は学問の世界で山にも登らなければならない。また、学問の世界の外に出て、社会がどちらに進むべきか岐路に立っているときには、決心して助言を与えなければならない。二つの有名な座談会が思い出される。かなり前に紹介したものを再び紹介すると、太平洋戦争の意義について、京都の学者たちが所信を表明したのだった。西田幾多郎の側近だった高坂正顕、西谷啓治、鈴木成高が座談会「世界史的立場と日本」を行った。また、西谷、鈴木、下村寅太郎が、河上徹太郎、小林秀雄らに加わった合計十三名が、座談会「近代の超克」を行った。二つの座談会において京都学派は、不幸な結果となったとはいえ、太平洋戦争の意味について社会に向けて発言した。それは虚学を棄てて実学に就いたのではなく、虚学にある本当の役割に就いたのだった。

本当の役割に就かなければならないと、過去に同派が自己批判していた。狩野直喜の学風が主流だった時代に、小島祐馬が狩野を批判して、学問の成果を社会に還元しなければならないといった。そのためには文献学よりも正義の歴史を辿ってきた思想史の研究が大事だと小島は提言した。さらに、狩野が継承した清朝の考証学自身が、「實事」という実証に傾きがちになるのを自己批判していた。高坂らの発言、小島の批判、清朝の反省の系譜に、思い切って飛ぶのを説いた今西らの主張は入っていた。今西らはだから異端ではなく正統に属していた。

今西学は社会に向かっていた。生態学者の大串龍一さんは實事求是派である。大串は今西について、彼が京大の生態学の主流にはいなかったと見るが、それでも今西の見識と能力には大いに敬服して、おおむね以下のように述べておられる――今西には研究の先を見通せる天才的な能力があった。世界中に拡がっている環境破壊に、生態学者こそすべからく対応していなければならなかった。日本の多くの生態学者がそれが出来なかったなかで、今西は早くから自然への復帰を唱えてそれに対応出来ていたではないか（『日本の生態学——今西錦司とその周辺』）。

今西が使ったことばがすべてである。あの行儀が悪い京都弁は、自分の学問は従来のアカデミズムではないという信条（クレドー）の表明である。上山春平を相手にした対談のことばに——「ところでなあ、あんた、わしはセオリーの奴隷になるぐらいやったら死んだ方がよっぽどましや思うてますねん」（『座談　今西錦司の世界』）。対照的だったのは、古くからのアカデミズムを守っていた吉川幸次郎が使ったことばだった。吉川にも対話集が二冊あるが、そこで使われたことばは、これも二冊ある往復書簡のことばに近い。会話であるのに書きことばに近く、礼節があった。それはアカデミズムのことばであり、アカデミズムにある礼節だった。例えば西谷啓治との対話に、道理を説いた朱子学でさえ事物を大事にしたことについて——「道理は物のなかのみにある……格物致知ということはそういうことだと思います。物は一つずつながめていかないといけない」（『この永遠なるもの』）。吉川はここで、清の学者戴東原の「格物致知」というセオリーに拠りつつ考えた。セオリーに拠る学問と拠らない学問、吉川と今西の学問の違いが二人のことばに現われていた。

京都学派には吉川だけでなく今西もいた。儒学者のことばが聞こえていた学園に、京都の町人のことばが聞こえるようになった。あちこちで聞こえるようになった。

——「第Ⅰ部」は櫻井の二つの論文「細心精緻——上田敏の学風」と「實事求是——京大英文

科の学統」（『Albion』48号と60号、「京大英文学会」発行）に基づき、大幅な加筆を施した。

# 第II部

# 第二期の特徴

## 序

「第1章　ヨコ社会」、「第2章　教養主義」、「第3章　独自なもの」は、あとに続いている「第Ⅲ部　京都学派人物列伝」の内容から帰納したものである。いわばその理念化に当る。理想をいえば、「第Ⅲ部」を読み終わってからもう一度、この部分を眺めていただきたい。

「第5章　学風の見取り図」、「第6章　第二期の事柄」は、第二期の特徴を別のかたちで説明している。

これからは「第二期」を引用符を付けずにただ第二期と書く。

この「第Ⅱ部」では、第二期の特徴を挙げていても成果を説明してはいない。成果については、本書が「人物列伝」で解説するほかに、柴山哲也『新京都学派――知のフロンティアに挑んだ学者たち』（二〇一四）が適切に解説している。同書が成果を説明している主な人々は、桑原武夫、鶴見俊輔、梅棹忠夫、司馬遼太郎、上山春平、梅原猛、今西錦司である。

# 第1章 ヨコ社会
## ——第二期の土壌——

### 共同研究と塾

第二期の特徴として三つを挙げる。

第一の特徴として、第二期の特徴を作り上げた特別な土壌があった。それはヨコ社会だった。ヨコ社会ではないタテ社会は、講座制の下にあって、先生と学生の上下関係から成り立つ。封建的であり、しばしば徒弟制度があった。ヨコ社会は、ヨコの関係すなわち同等の同志のあいだの自由な関係から成る。研究テーマや方法を過去の前例にとらわれず自主的に決める。決められている手続きに従わない。現象を把握するに留まるのを嫌って、現象の背後にある本質を追求しようとする。変化に対して対応が早い。さらに、司馬遼太郎が半ばは褒めた「軽佻浮薄」も、また、アナキーすなわち無節制な混乱状態も、ヨコ社会からときに生まれた。

次のようなヨコ社会が、京都学派第二期の重要な部分を築いた。

桑原武夫は人文研で六つの共同研究会を組織した。参加者は人文研の所員以外に、主として学内から、ときに学外から加わった。人員構成の明細は次のようである――『ルソー研究』所内7名・所外8名。『フランス百科全書の研究』10・15。『フランス革命の研究』10・8。『ブルジョワ革命の比較研究』19・24。『中江兆民の研究』7・0。『文学理論の研究』8・11。後になるにつれて所外からの人数と学外からの人数が増加した。学外からは、『ルソー研究』では1だったが、『ブルジョワ革命の比較研究』では10、『文学理論の研究』では8に増加した。人文研の組織に収まりきれない大きなヨコ社会が作られた。

桑原の下で共同研究とは別の小さい研究会も出来た。小さい研究会は人文研での共同研究会の外郭だった。「日本映画を見る会」、「日本小説を読む会」、「現代風俗研究会（現風研）」があった。それらの会でも、参加者は学内と学外を横断して集められた。

吉川幸次郎も「読杜会」、「小読杜会」（「杜」は杜甫）を率いてそこに参加した多分野の専攻学者たちと交流した。吉川も桑原と同じように草創期にもあったヨコ社会を引き継いだと見られる。草創期には学者たちが専門の枠を越えて交流して、タテ社会のなかにもヨコ社会があった。しかし吉川は桑原と違って今西グループとは接しなかった。

今西錦司はヨコ社会の形成に最も大きい役割を果たした。無給で名前だけが講師の期間が長かった彼は、学生を正式に指導できる地位を持たなかった。その彼の下にたくさんの学生が集まってきた。

「今西塾」がまさにヨコ社会だった。今西は塾長ではなくて塾頭だった。塾生たちに参加させてたくさんの調査を率いた。しかし多くの場合途中で身を引いて塾生たちに調査をやらせた。このようにして今西グループすなわちヨコ社会はどんどん拡大していった。塾生たちは今西に感化されて独創的な仕事だけをしていった。森下正明、中尾佐助、梅棹、川喜田二郎、吉良竜夫、伊谷純一郎ら（図11参照）が未開拓の分野を開拓した。

梅棹忠夫がグループのなかにいた。梅棹には「今西塾」の二代目というべき二つの塾があった。自宅での「金曜サロン」と、近衛通りの「楽友会館」であった「近衛ロンド」（「ロンド」はエスペラント語で「小サークル」の意）があった。「近衛ロンド」は京大に新しくできた人類学の講座に、また草創期の「民博」に、数々の人材を提供した。

研究者が所属する講座の外で、自主的に作られた研究グループがあった。素粒子論研究グループ、民主主義科学者協会（民科）、地学団体研究会（地団研）などがあった。いずれもタテ社会から外に出て活動した。地団研の場合、その目標は、（1）創造活動、（2）社会への普及活動、（3）条件づくり活動であった。これらは全国的な組織であり、京大のメンバーがそれに参加した。参加した一人徳田御《み》稔《とし》は、ルイセンコ学説の普及に努めて、自分の研究と社会への活動を一体化させた。

たくさんあった何々塾、何々研究会が、第二期のヨコ社会の底辺だった。

すでに述べたようにヨコ社会は草創期にもあった。そのころ異分野の研究者同志が交流した。田中村といわれていた万里小路沿いの狭い区域、飛鳥井町と野神町には、狩野直喜、西田幾多郎、内藤湖南が住んでいて来客を交えて頻繁に交流していた。部長室でも共同研究室でも、専攻分野が異なる研究者たちが集まって活発に議論した。本書の第Ⅲ部「原勝郎」でその様子を詳しく紹介する。ヨコ社会は第二期になって多くがシステム化した。

## タテ社会あってのヨコ社会

学派の第二期はヨコ社会だけで成立したわけではなかった。今西のグループの学者たちはヨコ社会で育って成果を上げたが、それでもタテ社会とも接点を持っていた。いずれはタテ社会に入って行った。今西については、彼もタテ社会にいた木原均と宮地伝三郎に礼儀正しく接した。タテ社会の方でも今西を結局は容認した。この点が留意されなければならない。宮地は人類学講座が新しくできたとき海外にいた今西に電話をかけてその吉報を知らせた。今西がその講座の初代教授になった。

第二期の隆盛期には、塾のような研究会に加えて、続々と設置された、学内の大きい研究所と研究センターが隆盛に貢献した。京大の研究科に付属する附置研究所と、大学に付属する研究センター（KUIC）は、現在合計二五に及んでいる。これらの活動が学内の諸活動のなかで占めている大きな割合について、山極現総長は、二〇一五年に私が出席していたある会合で改めて注意を喚起した。附置研究所と研究センターがあげた業績については、本書とは別の独立した論によって、いずれ紹介されるであろう。

## 酒という潤滑油

酒はヨコ社会のなかで人と人を結びつけ、ヨコ社会を保持した。本書はこれから酒の場面をしばしばとり上げる。酒には社会学的な意味があった。すなわち酒はヨコ社会を保持するフィクサー、調整役、仲介人だった。桑原はフィクサーだったが、桑原の下で酒そのものがフィクサーとして機能した。ヨコ社会の原型は草創期にあったが、草創期には酒を伴わなかった。学者に酒席に通う金銭がなかった。執筆活動は活発だった草創期の学者にとって、著作を受け入れる層が当時は限られていた。西田をはじめとする彼らの全集が出てたくさんの読者をえたのは彼らの没後、時代は第二期に入ってからであった。

第二期には学者たちが書いた本がベストセラーになった。本書がこれからとり上げる、吉川幸次郎以下の人たちが書いたベストセラーのなかには、吉川『新唐詩選』、桑原『文学入門』、今西『生物の世界』、深瀬基寛『現代英文学の課題』、高橋和巳『悲の器』などがあった。

酒はまた第二期の空気を作った。これについては「第Ⅲ部」でじっくり体感していただきたい。酒はヨコ社会という特徴の系であった。

# 第2章 教養主義
## ——ヨコ社会の理念——

### リベラリズムの影響

ヨコ社会を築いた理念は教養主義だった。教養主義を第二期の第二の特徴としたい。

旧制高校が教養主義の「培養基」(竹内洋)だった。本書に登場する第二期の人物九人のうち、新制は小岸昭、あとの全員は旧制高校の出身である。内訳は、大山定一は六高(岡山)、古田晁は松本高校、高橋和巳は松江高校、他の五人の吉川幸次郎、桑原武夫、今西錦司、深瀬基寛、富士正晴は三高の出身である。

教養主義は京都学派だけの特徴ではなかった。どの学派にも教養主義の影響があったはずだ。

そのなかでの京都の特徴は、三高の出身者が多いことだった。外部に開放していた人文研でも、中心を成した吉川、桑原、貝塚茂樹、今西らは、三高の出身者だった。一高卒でなくても、そもそも東京で生まれ育った人が人文研では少なかった。念のために記しておくと、飯沼二郎は東京出身だが京大卒。鶴見俊輔は旧制中学が東京、加藤秀俊は旧制中学と大学（現一橋大）が東京だったが、二人は東京で不遇だった。都内の新制高校と東大を出た樺山紘一さんの、最初の就職先が人文研だったが、七年勤めて東大に帰った。一高卒、東大卒から多数の国家を担う官僚が出た。教養主義と同義であるリベラリズムの、リベラルの定義には「自由な」が含まれていた。「自由」は好きなようにでもあり、その面は一高生よりも三高生により大きかった。好きなようには「軽佻浮薄」（司馬）にもアナキー（無秩序）にもなった。この二つは東大卒の特徴ではなく、京都学派のなかにはっきりあった特徴だった。極端な自由を含んだ自由が、第二期の京都学派の顕著な特徴だった。本書の「第Ⅲ部」でこれから紹介する、たくさんの酒のシーンにその特徴が表れている。「第Ⅲ部」では紹介できなかったが、ノーベル賞をもらった朝永振一郎が、酔っぱらって風呂場で転んで骨折し、「ノーベル賞を貰うのは骨が折れる」と落語好きらしい落ちにした。その朝永は湯川秀樹と同じように、京都一中と三高の出身だった。二人はアナキーを容認していた。

教養主義はリベラルによって説明される。リベラルには広いという意味が含まれていて、それに基づく研究は専門だけに留まることをしない。脱領域が第二期の特徴だった。脱領域は京都の第二期と同時期の東大にもあったが、桑原グループは一貫してそれを目標にして組織を造った。今西も異なった専攻の学生をグループに入れただけでなく、自分で自分の領域を越えて思想家になった。ことに今西の、自然科学ではなく思想になっている「自然学」は、リベラルな教養主義の産物にほかならなかった。

## アカデミズムへの批判勢力

教養主義は思想を重んじ哲学書を必読書にした。實事求是でいえば「求是」に傾斜した。思想性は哲学の分野以外では今西学に最も強かった。

教養主義は独自性を尊重するなかで主体性を尊重した。これからとり上げる人々の今西、深瀬、大山、富士にそれはあった。今西は生物の種にまで主体性を認めた。主体性は西田哲学、田辺哲学に強くあった。第二期の今西以下全員にあった主体性は、草創期のそれから直接間接に継承されたものだったであろう。第二期の、本書では扱わない西谷啓治、久松真一、上田閑照らに著しかった主体性は直接に継承されたものだった。

この主体性をアカデミズムは採らない。アカデミズムは主体性の元にある個我を滅却して、対象を客観的に正確に受容しようとする。教養主義が強くなった学派の第二期でも主流はあくまでもアカデミズムであって、教養主義はアカデミズムを批判する勢力としてあった。批判する勢力として将に深瀬の教養主義があり今西のそれがあった。深瀬のそれにしても今西のそれにしても、一般社会から強く支持された。その点でも教養主義はアカデミズムを批判する強い勢力になった。

次のような点でもアカデミズムへの批判勢力になった。アカデミズムは個と細部を精査する傾向があった（アトミズム）。しかし教養主義は全体性（ホリズム）を目指す。この全体性への志向もまた第二期に強くあった。この志向は本書がこれからとり上げる桑原と今西に特に強くあり、微視が得意な吉川にさえ常にそれがあった。全体性への志向は教養主義が第二期に与えた功績の一つだった。

第二期の衰退は教養主義の消滅と一致していた。教養主義は五〇年代にまだ盛んであり、第二期の最盛期は五〇年代にあった。しかしながら、教養主義も第二期も、共に八〇年代には衰退が見られるようになった。教養主義の消滅がアカデミズムに与える影響は簡単には測定出来ないが、おおむね九〇年代からの日本全体のアカデミズムが、大事なものであった教養主義からの批判を失って、独走してゆく傾向があるのではなかろうか。

# 第3章……独自なもの

## 日本のために

独自性は重要な問題を含んでいるので「第3章」として独立させる。

第二期では独自なものが強く求められた。独自なものはとりわけ桑原と今西が目指した。独自なものでないと意味がない——これが桑原グループの空気であり、今西グループのモットーだった。

桑原が独自な見方を提出したのは、おもに六つに及んだ共同研究においてであった。共同研究が目指したものはただ一つだった。日本の近代の姿を正しく見ようとした。日本の近代でも特に、明治維新の性格を見ようとした。維新はたんなる政権の移動に過ぎなかったのか、それとも革命だったのか。日本のそれまでの維新研究には、他国の革命と比較していない「弱味」があった。比較するために、まず、革命を準備したルソーについての『ルソー研究』が、一二名の人員を動員して纏められた。次に、『フランス革命の研究』が、一八名を動員して纏められた。さらに、フランスよりも後進的だった他国の革命と比較した『ブルジョワ革命の比較研究』が、最多の二五名を動員して纏められた。さらにまた、維新に影響を与えた「日本のルソー」についての『中江兆民の研究』が続いた。一貫していたのは、「いまだに前近代的な面をかかえている」今の日本のためにという強い意識だった。この意識は、研究者に社会への貢献を強く求めた教養主義のものだった。

桑原は他方で、自分たちの共同研究が他国のためになるのを期待はした——「一たん学問研究の対象とする以上、ルソーを現代日本にひきつけて考えることは避けねばならない……われわれの意図は世界の学界にわずかでも寄与したい、というところにある」。それまでさんざん「現代日本にひきつけて考えて」きたのに、それを「避けねばならない」と手のひらを反した。桑原の内心は別にあった。「この仕事が世界のルソー研究にいかほどの寄与をなしうるかは極めて疑問だが、もし万一、酷評ないし無視されたとしても、そうした事実が日本の西洋学の世界的水準を知る一つの材料となるであろう」。寄与は到底無理だろうという、弱気な内心を正直に公表していた。

本筋から外れるが、六つの共同研究の一つ『文学理論の研究』のなかで、漱石の「則天去私」について高橋和巳が次のように説明した——「則天去私」は「狭くはイギリス本国の英文学者、広くはヨーロッパ文学全体に対して、「彼らなにものぞ」と思うことの出来た強烈な自我意識と対応する」。漱石のこの「自我意識」に較べると、桑原の弱気は欧米に対して日本を開けてゆくのを予告していた。

桑原が最も「世界の研究に」寄与したかったのは、啓蒙の時代を先導した百科全書についての自分たちの研究だった。百科全書派のことはフランス本国で忘れられていた。忘れられてはいけないと桑原らは主張したのだった（『フランス百科全書の研究』）。しかし本国からは、内心で予想していた通りに、「無視された」。

桑原らには世界に貢献する態勢がまだ出来ていなかった。レジュメ（要旨）は英文で書かれ、『ルソー研究』の第二版のそれだけがやっとフランス語で書かれた。何語で書かれるにせよ、レジュメだけでは本国の専門家たちの注意を引けない。共同研究が行われた五〇年代から六〇年代は、文系では欧米の学者との密接な交流が、まだ始まってはいないか、少数の人が始めたばかりだった。密接な人間の交流がなかったこと、そこに「無視された」根本の原因があったであろう。そもそも旧制高校の出身者は、国際交流に関心が低かった。本書が「第Ⅲ部」でとりあげる今西錦司、深瀬基寛、大山定一、高橋和巳には留学経験がなかった。富士正晴にいたっては欧米に旅行したことがなかった。

桑原の親友今西は英語で発信することを心がけていた。年刊の専門誌「Primates」（プライメイチィーズ　注、霊長目）を、第二号から英語版にした。この雑誌は一六一頁の図20に入っている。弟子たちに英語で論文を書くのを奨励した。今西のグループは理学部のなかでも英語で論文を書く人が多かったといわれている。しかしその雑誌の英語版は一九五八年からだった。桑原の『ルソー研究』の第一版が出たのは一九五一年だったから、桑原らの国際化だけが遅れていたわけではなかった。

人文研の共同研究は、意図としても結果としても、それは外国のためというよりも日本のためという性格が強かった。結局は外国には向えない教養主義の枠のなかにあった。

そういう古さはまだあったが、共同研究という試み自体は新しかった。桑原の共同研究は次に扱う今西のフィールドワークに良く似ていた。桑原のそれに動員された人数は、重複を含めて総数一二七名。集まって討論した回数は合計五五八回（ただし『中江兆民の研究』の回数は不明）。人文研を中心にして研究方法のパラダイム・シフトが行われていた。草創期にも学者たちのあいだで議論と討論が行われていたが、それらが第二期でシステム化したのだった。第二期というものは確かにあったと実感させられる。

## 京の町

今西錦司は桑原と共に第二期を築いた。今西学を独自にさせた成因をいくつか挙げてみよう。それらの成因は第二期全体の成因として通用したのだった。

京都にはなぜ新しいものが続々と出来ていったのか。それを桑原はこう説明している――「比較文化論的にみても、文化の古いところには、古いことに反発する気持ちがつよい。京都の古さと新しさということばも、こんなところから説明される」（『探検』一九五六年）。

同じ京都の人でも、西陣の帯屋は特に進取の気が強かった。今西は西陣の織元「錦屋」の三代目になるはずだった。東南アジア研究所におられた熱帯生態学者、山田勇さんは生家が西陣の織維業だった。同氏によると、上《かみ》と呼ばれる西陣の製造者たちは、下《しも》と呼ばれる室町の販売者たちと違って、「新しい商品をつくり出さなければ生きのこれない緊張感があった」。今西に進取の気が特に強かったのは、生家が西陣の織元だったことに由来していただろうと、山田さんは説明した(『科学』二〇〇三年一二月号)。

今西にはそのとおりの「緊張感」があった。カゲロウ幼虫をまず研究したあと、研究対象を次々に変えていった。樹木に移り、ウマからニホンザルに、ゴリラからチンパンジーに、フィールドワークが難しくなると「自然学」という思想にと、めまぐるしく新しいものに挑戦していった。桑原は先に見た文章の前で、京都から出た新しい学問として、「木原の遺伝学、西田の哲学、内藤狩野以下の東洋学、素粒子論グループの物理学」を挙げた。これらの学者たちと京都という町とは、桑原がいったように内実があるなんらかの結びつきがあったかもしれない。

桑原がここに挙げた人のなかで、木原均、素粒子論グループの湯川秀樹、朝永振一郎らが第二期の人である。第二期の学問が盛んになった成因の一つとして、京大が京都の町人の大学だったのを挙げる竹内洋さんの説がある(『学問の下流化』)。今西には竹内説が見事に当てはまる。桑原は父親が篤学の中国学者だったが、「祖父は福井県の敦賀で越前紙を作っていた。父はその次男である。長男は小間物屋、三男は時計屋になった」(『人間素描』)。桑原にも竹内説が当てはまる。本書がとり上げたほかの人たちでは、それぞれの生家が、吉川は神戸の貿易商、大山定一は琴平の米穀商、富士は病院の事務長、高橋和巳は釜ヶ崎の鉄工所だった。京都ではないがいずれも町人の家から出た。桑原が挙げた木原、湯川、朝永らの生家は、京都の町人ではなかったが、木原らが新しい学問を樹立したのも、京都の町人の気風が空気として作用していたのであろうか。

今西はことばが町人のことばでそれを明らかに誇りにしていた。今西以外にも町人のことばで話す人は第二期にかなりいた。桑原ご本人をはじめとして、桑原のグループなどから町人のような話しことばがしばしば聞けた。ことばはこの問題を考えるうえでも鍵になる。草創期の哲学者九鬼周造（図43参照）は貴族の出だった。父親が男爵だった。周造について、「先生の話のテンポは非常にゆっくりしている。一区切りと思って次に移ろうとすると、やおら前の話題を続けられるのだった」（下村寅太郎『遭逢の人』）。こういう話し方は今西の話し方ではなかった。ことに桑原の話し方ではなかった。九鬼のこの話し方を持ち出すと、第二期を代表した人々の話し方がはっきりしてくる。町人の話し方であった。

### 登山、探検、フィールドワーク

今西の進取の元には、京の町に加えて、登山と探検があった。前人未踏の山と未開の地域に挑んだ。しかも持続して挑んだ。これが持続したパイオニア精神になって今西学を築いた。「パイオニア精神」は今西を語るときによく使われる。

たくさんの人たちが今西と一緒に登山をし探検をしてそれぞれの学問を築いた。今西の同僚では、桑原がヒマラヤのチョゴリザに登り、西堀栄三郎は南極で越冬した。後輩では、梅棹らが大興安嶺、ポナペ島、モンゴルに行った。サル学の大規模なフィールドワークも探検の延長だった。都井岬から始まってアフリカまで行った。これには伊谷純一郎、河合雅雄さんなど多数が参加した。山極壽一現総長もそのなかの一人だった。登山、探検と学問の結びつきが、今西だけでなく第二期のものになった。

登山と探検は学問と有効に結びついた。登山、探検には計画と予見と協調が必要である。直観、決断、撤退が必要である。これらが新しい研究方法を生み成果を生み出した。新しい研究方法は、おもに古典を研究するときの文献学の方法とは異なる。新しい方法では直観と、早い段階で立てられる仮説はなくてはならなかった。たとえば登山で、もしそれらに頼らないと生命が危険になる。しかし、古典を研究する方法では、直観、仮説は注意深く避けられる。今西学の評価には、二つの方法の違いが絡んでいた。

今西グループのフィールドワークによる発見は、第二期が達成した独創のなかの大きい部分を成した。発見をした多数の人々の一部を、次頁に載せている集合写真（図11）で見ていただきたい。面々は今西八一歳のときの「洛北セミナー」に集まった、十分の業績を上げて第二期の部分を成していた、強者たちだった。

**図11●**「洛北セミナー」(1987) での記念撮影、比叡山ホテル　京都大学総合博物館提供
後列左から　本多、松原、一人おいて、阪本、米山、谷、河端、今西、上山、中尾、藤岡
前列左から　和崎、川喜田、吉良、森下、　　　　　　伊谷

すなわち、第二期に多かった独自な見方の大きな部分は、山岳部、探検部が関与していた。これは全国の大学のなかで珍しかった。

総じていえば、フィールドワークが第二期を草創期と区別する大きい特徴だった。今西が第二期に及ぼした影響は極めて大きかった。これは文献学の立場に立っている本書が敢えて行う、公正であるはずの見方である。桑原は友人の吉川とは違って、「あれだけフィールドワークをやってきた男だ」といって今西学を高く買った。

## 好き勝手

やはり桑原が、今西は好きなことだけをやって来た男だと評した。このやり方を今西は譲らなかった。京都がこのやり方を認めた。認めたのはいかにも京都らしかった。東大出身の日高敏隆が京大に赴任したとき今西がいった――「あんたは、京都へきたからもうよろしい。もう大丈夫や」（『科学』二〇〇三年一二月号）。スコットランド出身の古代生態学者ホールステッドが、理学部に招かれて京都にやってきて今西学について調べた。彼は「京都学派」を「キョウト・スクール」とは呼ばずに「キョウト・エリート」と呼んだ。好き勝手な進化論を、京大という権威を借りて横行させているという皮肉と批判が、ホールステッドがいった「エリート」には籠められていた（『「今西進化論」批判の旅』）。

好き勝手は三高の気風だった。だからこの項は三高について述べている「教養主義」の項と重なる。

本書が第Ⅲ部でこれから取り上げる桑原、深瀬、大山、富士、高橋、そして吉川も小岸も、好き勝手を通した。吉川については、吉川の本質は「快楽追求主義者」だったと親友の桑原が評した。

今西の好き勝手が生まれて通用したのは今西の志が高かったからだった。カゲロウ幼虫という個体を観察して種社会を想った。山で木を見て木の分布相を想った。どちらも種を作っているサルとヒトは同等であるから、サルを数えるときに何匹といわずに何頭といった。いつも種を念頭に置いたから種を滅ぼす環境に敏感だった。人類という種の存続について発言し続けた。晩年に「提唱」した「自然学」は今西流の高邁な反文明論だった。

「棲みわけ理論」と「今西進化論」には反証が出され続けたが、反証を取るのに熱心だった人たちに向けて、今西はこう注文を付けたと日高は証言した――「この頃みんな、そう言っては何だけど、つまらないようになりましたなあ……今西御大が言ったことはエエかげんや、もっと科学的にデータを取らにゃいかん、とか皆さんそう言うけど、もうちょっと大きなことをやったらよろしいがなあ」。今西がこういったとき「かなり実感がこもっていた」と日高は添えた（『科学』二〇〇三年一二月号）。

自然に接せよと一般人に説き、環境破壊を憂えている姿を示した――これが今西の好き勝手の終着だった。今西の本を読んだたくさんの一般人たちが彼の好き勝手に共鳴してそれを支援した。

志がある好き勝手は、今西だけのものではなく、三高の影響があった第二期のものでもあった。

第4章

# 第二期と出版社

## 弘文堂と創文社

出版社との結びつきも学派を形成させた。

弘文堂は本社がその頃京都にあって、草創期の学派と深く結びついていた。河上肇『貧乏物語』がベストセラーになって、人文・社会科学系の出版社となる基礎が出来た。いずれも重要だった二つの雑誌、河上の個人雑誌『社会問題研究』と、本書が「第Ⅲ部」で紹介する雑誌『支那學』の刊行を引き受けた。

「西哲叢書」が果した役割について、関係者伊藤邦武さんによる次のような解説がある――

「田辺の監修のもと、主として下村寅太郎の編集によって、主要な西洋の哲学者に関する研究書のシリーズ「西哲叢書」の出版が企画され、京大哲学科周辺の新進の研究者たちによる執筆、京都の弘文堂からの刊行が実現すると、明治以降の日本の哲学研究の蓄積と厚みが明確に示されることになって、その中心に位置する京都の哲学ということが学界全体にも広く認識されるようになったのである」(野田又夫『哲学の三つの伝統』岩波文庫版への伊藤邦武の「解説」)。

「西哲叢書」については、下村寅太郎に伊藤と同趣旨の記述があった(『遭逢の人』)。下村は京都の多くの学者たちを弘文堂に紹介した。

哲学の分野以外でも、草創期の学派の勇だった東洋学者、狩野直喜、内藤湖南、鈴木虎雄らの著作を出した。

第二期の学派とも結びついていた。同社の「教養文庫」はくすんだ灰色の表紙を持った新書版の本だった。その「文庫」から下村の紹介によって深瀬基寛の『現代英文学の課題』と今西錦司の『生物の世界』が出てベストセラーになった。戦後に本社が東京に移ってからも京都学派との結びつきは保たれていた。「簡素なる小冊」の「アテネ文庫」には、高坂正顕、深田康算、木村素衞、青木正兒、下村寅太郎、西田幾多郎、大山定一、足利惇氏、小島祐馬、植田壽藏(刊行順)らによる中身が濃い小冊が含まれていた。

戦後まで続いた昭和期の教養主義の形成に関わった。教養主義が日本の文化に果たした役割は大きかった。

創文社と未来社が共に一九五一（昭和二六）年に弘文堂から分離して独立した。創文社が弘文堂にあった京都学派との結びつきを継承した。それを継承したのは、歴史学者鈴木成高（図12）が顧問になったからだった。鈴木は京大教授を公職追放処分を受けて辞任（一九四九年）したのち、弘文堂の企画に参与していたが、創文社に移ったのだった。創文社での鈴木の働きについて、同社の創業者は次のように書いた――「西谷先生や高山先生がパージにかかった折……これらの先生方の生活を支えるべく懸命の努力をされた」（久保井理津男『一出版社が歩いた道』）。西谷、高山らの著作が同社から出た。京都学派のなかでも歴史学、哲学、キリスト教学、法学、経済学の本を出した。「歴史学叢書」、「東洋学叢書」、一〇年かけて全二六巻が刊行された『西谷啓治著作集』、辻村公一らが訳し一〇二巻に及んだ『ハイデッガー全集』、キリスト教学山田晶の『中世哲学研究』、高田三郎ら訳のトマス・アクィナス『神学大全』、最近では中国文学者興膳宏さんの著作、また西洋哲学者薗田坦の遺著を出した。

図12●鈴木成高、1971

図13●唐木順三、1967

前出の私家版『一出版社が歩いた道』に残されている一九五一(昭和二六)――二〇〇二(平成一四)年の図書目録と、現在の「創文社図書目録二〇一六」とが、長く続いている京都学派との繋がりを記録している。

純粋な学術書出版社だったが、二〇二〇年に解散する。

**筑摩書房**

筑摩書房が数のうえでは最も多くの京都学派の本を出した。顧問に京都出身の哲学者唐木順三(図13)がいた。

創業者古田晁については本書の「第Ⅲ部」がとり上げている。古田が社長だった頃の筑摩から、全集と著作集を出した京都の学者を刊行順に列挙してみると――田邊元、唐木順三、落合太郎、吉川幸次郎、深瀬基寛、田中美知太郎、内藤湖南、新村出、鶴見俊輔、松田道雄、多田道太郎、小川環樹。

全集と著作集以外の単行本を出した学派の学者は多数に上るのでここに列挙できない。私家版『筑摩書房の三十年』によっていただきたい。同時期の出版物の一部だけが和田芳恵『筑摩書房の三十年』(筑摩叢書)によって知れる。

会社更生法が適用されてから以後も京都学派の本を出し続けていたが、現在は学派との結びつきはなくなっている。

学派の形成には出版社との関係が必要だった。しかし第二期が消滅したのは筑摩書房との関係がなくなったからではなかった。もっと大きな、社会の変動というべき理由に依ったのは明らかである。

## 岩波書店その他

学術書出版の老舗岩波書店との関係も深かった。

創業者岩波茂雄が哲学書を重視した。岩波から全集、著作集を出した京都の学者は——西田幾多郎、三木清、波多野精一、和辻哲郎、九鬼周造、桑原親子、湯川秀樹、藤澤令夫、宮崎市定、上田閑照、異例として富士正晴。

草創期および第二期の哲学者の著作を多く出した。単行本を岩波から出した京都の学者は哲学者に限らず諸分野の学者にわたった。桑原が率いた六つの共同研究のうち五つが岩波から本になった。

ここで筑摩と岩波以外の出版社についても見てみよう。

みすず書房から、狩野直喜の没後長くたって編まれた事実上の著作集と、物理学者朝永振一郎の著作集が出た。青木正兒の全集は春秋社、久松真一のは理想社、武内義雄のは角川書店、武内義範のは法蔵館、今西錦司のそれは講談社、梅棹忠夫のそれは中央公論社、木村幹のは弘文堂からだった。

各社からの出版をこのように較べてみると、岩波からが多かったのは老舗として当然として、古田の筑摩からの点数がさらに多く、筑摩が京都学派第二期の形成に最も貢献した。目立たなかった創文社の貢献は、それが継続した点で目立っていた筑摩の貢献とほとんど並んだ。

**京都大学学術出版会**

一九八九年になって発足した京都大学学術出版会は、一九九七年から「西洋古典叢書」を出し続けている。第Ⅳ期を終えてなおも年間六〜八点を刊行中であり、総刊行数は一二七点に達した。「同叢書」の中務哲郎訳『ヘシオドス全作品』が読売文学賞を受けた。「同叢書」を創ったのはギリシア哲学の藤澤令夫《のりお》（図14）であった。藤澤は出版会の設立にも貢献し、初代の理事長を三期・六年務めた。

図14●藤澤令夫、1989
（内山勝利氏提供）

学術書に集中した出版活動を行って、発行総点数は二〇一七年五月現在で一〇九二点に達した。手がけてきた学術書のシリーズとして「東洋史研究叢刊」、「地域研究叢書」、「生態学ライブラリー」などがある。杉山正明『モンゴル帝国と大元ウルス』が学士院賞を受けた。

自前による独自な学術研究を尊重したので、翻訳書の刊行は「西洋古典叢書」以外は自粛していたが、二〇〇八年から「近代社会思想コレクション」として、トマス・ホッブズ『市民論』を始めとするこれも古典の訳書がシリーズになって新たに登場した。訳書は古典に限られ現代思潮には及んでいない。ここにこれまでの大学の学風が反映されている。翻訳書が少ないのと照応して、海外に向けられた外国語による研究書の点数が多いのが特筆される。二〇〇五年には「学術選書」を開設して、二〇一七年七月までに八一点に達している。一般読者にも向けられている学術書は京都学派の真骨頂だった。今後は今までよりもさらに多数の、近年寄稿された樺山紘一氏のような有力な学者が、この「選書」に寄稿するのが望まれている。

二〇一〇年から若手研究者による研究を総長裁量経費によって刊行する「プリミエ・コレクション」が設けられ、八四点に達した。

# 第5章 学風の見取図

## 草創期にあった二極

第二期ではその学風の、どのような見取り図を描けるのか。

草創期では単純な見取り図が描ける。

清朝の学問が東洋学に入った。清朝の学問は「實事」に傾く性質があった。その学問を狩野直喜らが鼓吹して一方の磁力が強い極になった。

草創期にはもう一つのこれも磁力が強い極があった。西田、田邊の哲学が造った極だった。二人の哲学は「求是」に強く傾いた。

この二つの極は、はっきり分離していたが敵対はしなかった。別のものとして認めあっていた。田邊は孤立していたが、西田は東洋学の狩野直喜と特に親しく、数多くの同僚と交流した陽性の人だった。哲学の下村寅太郎、歴史学の鈴木成高がフィクサーになって、二つの極のあいだで交流が活発に行われた。

## 変化していった二極

第二期になると見取り図が複雑になる。今西学が入ってきたからである。

まず、主に東洋学者たちが造っていた實事求是派から成る極に、一層多くの他の学科の学者たちが入ってきて、極の面積が広くなり、磁力がさらに強くなってきた。

もう一方の極を成すはずの哲学では、草創期にあった、思索によって「求是」に傾く傾向は、第二期では弱くなった。大きな要因として、戦後直ちにいわゆる「京都学派」の哲学者たちが、公職を追放されて、新しい世代と入れ替ったことがあった。新しい世代の一人田中美知太郎は、「哲学は寝言ではない」と断言して、草創期の哲学者たちと彼らを継承した哲学者たちの思弁尊重を否定した。この田中の断言は、第二期の哲学の特徴を明白に語っていた。この断言はまた、丸谷と御輿が深瀬の「講釈」に対して行なった批判と同じ趣旨のものであった。第二期の哲学は、大勢として、欧米の哲学を解釈して日本に正しく移入し、また草創期の先人たちの哲学を解明した。いわば實事求是派が第二期の哲学者を自分たちの極に招き入れる格好になった。第二期で實事求是派に入った哲学者として、田中美知太郎、高田三郎、野田又夫らがいた。草創期の九鬼周造は實事求是派に相当し、当時は西田、田邊の蔭にいたが、第二期になると表に出されてきた。それは野田らの第二期の哲学が、解釈を中心にした波多野、九鬼の学問を継いだからだった。九鬼が詳しかったフランス哲学が重視されるようになったこともあった。

果した役割において、第二期で西田、田邊と入れ替わったのが今西錦司だった。今西学全般に西田、田邊からの強い影響があった。ことに思弁性が強い今西の「自然学」は、後年に彼が繰り返して語って、一般人による読書界から支持されたので、實事求是派が造る極とほぼ対峙できるほどの極になったと見られる。草創期には西田と田邊、第二期には今西といえるほどになった。

以上が第二期の見取り図だった。それぞれの学者たちは二つの極を持ついわば地球儀のどこかの場所に位置している。

今西学の扱いについては、この球体のなかに今西学という入れ子を入れてみたい。今西学派は圧倒的なフィールドワークが一方の極を造り、「自然学」がもう一方の極を造っている。「自然学」は本体の極でもあり、また入れ子の極でもある。

# 第6章……第二期の事柄

## 大学共同利用機関と京都学派

これからは「第二期」にあった重要な事柄を二つとり上げておきたい。

中曽根内閣の一九八七年に「日文研」(「国際日本文化研究センター」)が設立された。そのときに動いたのが桑原、梅原、今西、梅棹、上山だった。彼らの働きが武勇伝として語られた。杉本秀太郎編『桑原武夫』がまずそれを語り、次に柴山哲也『新京都学派』がそれを続けた。遡って一九七八年に、「民博」(「国立民族学博物館」)が設立されたときにも、京都学派にとって同種の成功神話が生まれていた。桑原が動き、初代館長梅棹が活躍した。

神話が生まれたのには、別の成因もあったであろう。「民博」と「日文研」のあと、二〇〇一年に「地球研」(「総合地球環境学研究所」)が設立された。「日文研」と「地球研」は京都市内にあり、「民博」は京都から近い吹田市にある。それだけで一般の人たちには、三つがまるで京都大学の組織であるかのように受け取られた。三つは京大とは関係がない。全国の大学が共同で利用する組織である。にもかかわらず、京都学派が勢力の拡大を図ったというかなり根強い世評があるようだ。

しかしこの世評は当時と今日の実状に即してはいない。設立された順に、三つの機関に於ける実状を見て行きたい。

「民族学研究博物館の調査に関する会議」の座長を務めたのは確かに桑原だった。それより以前から渋沢敬三が博物館の必要を説いていた。また、民族学会などたくさんの学会が提言し支援して始めて設立された。設置場所はかつて世界各国から諸民族が集まった万博の跡地になった。

「日文研」が設立したときはトップダウンで決まった。日本学術会議の提言と学術審議会の答申がなかった。そのうえ、そこでなされる日本研究が過去のナショナリズムを復活させるという理由で反対が内外から上がった。この反対の大部分は沈静した。初代センター長梅原がセンターの構成員として全国から人材を集めたからであった。しかし設立の経過は京大には武勇伝として残り、全国にはしこりとして残った。設置場所が京都だったのは、文化庁の京都移転が決まった今日、その先駆として受け入れられて行くであろう。

「地球研」は、創立時には京大の構内に置かれた。初代所長日高敏隆は東大出身だったが、京大に赴任して理学部長を務め、京大山岳部と深い交流があった。初期の所員には山岳部員が含まれていた。しかし、設立にあたって「日文研」の設立にあったトップダウンはなく、文科省にある科学技術審議会の答申が決定的だったと「地球研」の一〇年史は述べている。「京都議定書」の締結（一九九七）を記念し、他の諸条件も加わって、京都市の北部に設置された。

以上の「日文研」、「民博」、「地球研」では、初期にはあった京都学派の特別の働きが、現在では、微妙に残っているとはいえ、格段に弱まっているとされている。三者三様の弱まり方をしたと見られている。弱まっているのは、全国大学の共同利用機関にとって、そうでなければならない正常な状況であろう。

以上の三つの機関は関西にあるが、関東には三つの機関がある。一九四八年設立の「国語研」（「国立国語研究所」）、一九七二年設立の「国文研」（「国文学研究資料館」）、一九八一年設立の「歴博」（「国立歴史民俗博物館」）である。東のこれら三つの機関が相前後して、西の三つの機関とともに、「人文機構」（「大学共同利用機関法人人間文化研究機構」）の下に入った。この「人文機構」のこれまでの機構長三人、石井米雄、金田章裕、立本成文が、いずれも京大関係者だった。しかしこれをもって「人文機構」に京都学派が影響力を持ってきたと見ることはできないらしい。各機関の運営を決めるのは、各機関の代表者による「運営会議」である。関東の三つの機関に京大の力はもともと及んでいなかった。関西の三つの機関でさえ今日ではそれは格段に弱まったとされている。

「日文研」などの各機関を総括する大きい「機構」は、「人文機構」以外に三つある。いずれも理工系で、「自然科学研究機構」、「情報・システム研究機構」、「高エネルギー加速器研究機構」。合計四つの大きい「機構」の総てで、京都学派が特別の働きをしてきた事実はなかった。働きができたはずがなかった。

京都学派のこれからの問題として何があるだろうか。京都学派のアイデンティティなるものは、たくさんの機関のなかでは幽霊であるに過ぎない。この点に関して一般社会にある誤解が京都の関係者によって解消されるのが望ましい。また、創設期に京都が関わった各機関が、今後一層の実績を上げるように、京都の側は強く期待していたい。

## 京都学派と文章

次に点描するのは、一転して、京都学派と文章についてである。

京都学派はこれまでに一貫して良い文章を心がけてきた。学問は社会に貢献しなければならない、そのためには誰にもわかる平明な文章で社会に向かって語られなければならない、この考えが根本にあった。名文が求められたことはなかった。簡明な文章だけが求められてきた。

簡明な、良い文章が書けるように、訓練が行われた。それが行われたのは大学のなかにあった一種の塾においてであった。塾でのマン・ツー・マンの指導で良い文章を後進に教えた。そうして教えた諸例が語られている。すでに知られている事例を以下に纏めて記録しておきたい。また、私が直接経験した新しい事例を加えて記録しておきたい。

すでに語られている事例は以下のようだった。

桑原武夫のところに山田稔が原稿を送った。桑原がやっていた共同研究に提出する原稿らしかった。桑原は山田を家に呼んで、山田の目の前で原稿の文章を直してゆく。「AはBであると思う」と書いてあった個所が消される。「思う」はいけない。いうことに責任を持っていない。「AはBである」といえているところだけが残されていた。「Aであるが、Bである」という文も直されていた。それでは論理が曖昧である。「Aである。しかし、Bである」としなければならない。山田の原稿はずいぶん短くなってしまったが、なるほど論旨は明瞭になっていた（『桑原武夫』）。桑原は推測に依らない、論理が明瞭な文章を重んじた。そのような文章を桑原自身は父親が強制した漢文の素読によって身に付けた。また、アランを訳したときに身に付けたともいっていた。余談になるが、登山家だった桑原の文章は登山からの影響があったと私は見ている。山に登るとき脚は規則的にまっすぐ目的地に向かう。

梅棹忠夫が今西錦司のところによく原稿を持って行った。ポナペ島で調査をしたときも報告書を手渡した。今西が梅棹の文章を「元の原稿がなくなるぐらいに」直すと、ときにはなんと結論が反対になっていた。それで梅棹は自分の論証に欠陥があったのが分った。梅棹の例えば『行為と妄想』（二〇〇二）の文体は、それより三五年前の『文明の生態史観』（一九六七）の、すでに簡明だった文体よりさらに簡明になっていた。これは梅棹の修練によったが、そもそもは「今西のきびしい（文章）指導のおかげで、わたしは文章がかけるようになった」（「今西錦司の世界を語る」）。
今西の文章の直し方を、吉良竜夫が一層詳しく語っていた。吉良もポナペ島で報告書を書いて今西に直してもらった――

「直（し）のすんだ原稿を受けとるときの気もちは、いまでも忘れない。記述的な部分はよいが、話が理屈っぽくなると、原稿用紙が真っ黒になりはじめ、やがて一枚二〇行の全部が見事に縦線で消してあるところまでくると、ため息がでた。行間の余白に達筆のえんぴつ書きで、すっかり書きなおしてあるのだ。それが何枚もつづく。しかし、私の原文は無視されているのではなくて、生かせるところはみな、ちゃんと書きなおした文章のなかに再現されていた。こんなふうにきたえてもらえる先生に出あうことが、どんなに幸運であるかは、初めから運のよかった私には、大分あとになるまでわからなかった。」（今西『ポナペ島』「解説――復刻版へのあとがき」）

吉良は「座談会今西錦司と私」（『科学』二〇〇三年一二月号）で、自分が今西からしてもらったことを学生に今もしてやっている、してやった学生から感謝されていると付け加えた。自分も同じことを学生にしてやったと、その座談会で梅棹が応じた。

吉川幸次郎はときには頁全体に大きい×を入れたが、普段は手では直さずに口で指導した。文章は「リズムだ、リズム」といって格調を文章に求めた。手で直して格調がある文にしてやらなかったのは、学識の差が大きすぎたからであった。格調は高い学識から生じた。

国文学の野間光辰が学生の論文を指導したとき、どの論文にも「削れ、削れ」といった。それだけで自からどこに中味の弱点があるかが指摘されていた。

以下は私の見聞で、世間にはまだ知られていない。私がしばしば接した英文科の先人たちも、文章について強い意識を持っていて、学生にそれを熱心に語った。

学術論文であっても一般の人が分るように書けと、中西信太郎が何度も諭した。中西の博士論文『シェイクスピア批評史研究』は、こなれた文章で書かれている。中西らは、一般にも向けられた雑誌『ミューズ』と『海潮音』に加わっていた。中西だけでなく中西の世代が、今西のようにまた桑原のように、こなれた文章で書いていた。その世代の多くの人が、「是」を世に伝えるのを重んじる教養主義を身に付けていた。今はグローバリズムの時代だが、文科系に限っていえば、論文が良い日本語で書かれなくなったとき、日本の国力は低下するであろう。

シェイクスピアの『オセロゥ』を訳した菅泰男も、日ごろ言葉に気を付けて口数を少なくしていた。「『こと』といわんほうがええな」と、酒の席で「アァーン」と咳ばらいをしたあとで私に指南した。確かに、「Aということは」で書きだすと、「Bということである」と結ばれてしまう。「こと」という観念になってしまう。実感がない文章になってしまう。菅の文章は透明で無駄なことばがなく、生島遼一の文章に近かった。生島の文章は規範の一つだった。数社から何冊もの心地よい随想集が出ている。

すでにご披露したように、御輿員三が吉川幸次郎に英詩を「ご進講」した。そのとき吉川が英語の「r」を、舌を巻きあげてひどく大きな声を出して発音した。驚いた御輿は、吉川が発したその音を「嬌激な」ということばで表現した。吉川の人間には savage なところがあると、友人の桑原がいっていた。野蛮で過激なという意味だった。「嬌激」には吉川の発音だけでなく人間も現われている。「嬌激」の「嬌」は、吉川が発した「r」の強い音に対応させたのだから、「キョオー」と強くいわれる。「キョオー」という強烈な音に、大学者吉川の習癖と人間に対する、御輿のおどけた驚きが響いている。御輿のおどけは酒が入ると一層輝いた。「嬌激」の一語を選び出すまでに御輿は長い時間をかけたであろう。ある概念を表わすのに、最も適切なことばは一語しかない。英語にもフランス語にも「適切な一語」というい方がある (proper word と mot propre)。「適切な一語」を選び出すのに、ケンブリッジの学者たちは学者としての生命を賭けていたと、ドナルド・デイヴィーという学者が自叙伝で書いている。ことばは簡明でありさえすればよいというものではない。

総じていえば、論理的で、簡明で、寡少な、適切な、ことばを用いた文章が求められた。そのような文体は、「實事求是」と結びつけて意味づけられる。そのような文体が、「實事」で核心を正確にとらえる。「是」を平易に、正確に他者に伝える。上田敏は「正確に」を「精緻に」といった。京都学派を造ったものの一つは文章だった。草創期でも第二期でもそうだった。良い文章を書いて、社会に影響力を持った人々のなかで、第二期の人だけを挙げると、すでに説明した吉川、桑原、今西、梅棹に加えて、宮崎市定、梅原猛さん、鶴見俊輔、上田閑照さん、上山春平、司馬遼太郎、杉本秀太郎、山田稔さんらがいた。最近では川北稔さん、井上章一さんらがいる。

京都の人たちが日本語による文章に注意しなくなったら人文学の京都学派はなくなる。これは極言ではない。前記の人々のなかでまだ生き残っていた梅棹、多田、鶴見、杉本が最近亡くなった。良い文章を書く人が依然としてたくさんおられるかどうかは、京都学派の盛衰を測る一つの尺度になる。

文章を書く若い人たちは、お手本になる文章を味わってほしい。過多な情報を語らない克己心がある文章を味わってほしい。自分のなかで透明になった理だけを簡明に語りかけている、つまりは嘘を書いていない、文章を味わってほしい。例えば梅棹の、生島遼一の、透明な文章を味わってほしい。例えば『「いき」の構造』における九鬼周造の、緻密で透明な文章を味わってほしい。良い文章が書けるようになって、今度は自分が若い人たちに文章を教えてもらいたい。今西から学んだ吉良、梅棹らがそれをしたようにして。

## 守成から隆盛へ

京都学派には隆盛期が二回あった。狩野らによった学派の創成のころと、吉川、桑原、今西らによった「守成」のころだった。「守成」は桑原がこだわったことばだった。草創期の創成が立派過ぎたからだった。立派さの一端はこれから第Ⅲ部でご披露する。「守成は創始よりも難し」(桑原『人間素描』)という自覚が、第二の隆盛期を造った。第二期はいわゆる「新京都学派」の時代であった。それを造った吉川、桑原、今西の没年は、それぞれ、一九八〇年、八八年、九二年だった。

最近の世の中の変化は激しいものがある。時代とともに変わるものと変ってはいけないものがある。変わってはいけないものは、良い文章がその一つである。「實事求是」もまたその一つである。変わってはいけないものを守る覚悟を、先人たちはそれぞれのやり方で、等しい熱意をもって後進に伝えた。先人たちのその熱意を、学生時代から長く京大にいた私は良く知っている。本書はこれまで熱意を持って説いた諸例をたくさんとり上げてきた。

多くの先人たちのその熱意が、京大のなかにいる人とは限らない、今の日本の若い世代に伝わってほしいと望む。それを望んで私はこの本を書いた。

京都には守成が新しい隆盛期を造った前例がある。守成といっても墨守ではない。本当の守成は守るだけでなく、破って、離れることを含む。それは守破離と呼ばれてきた。離に到達して守を思い出す。それが本当の守成である。第二期が行った守成には、桑原がそれまでになかった共同研究をやったような、本当の守成があった。

京都には本当の守成が新しい隆盛期を造った前例があった。

# 第III部

# 京都学派人物列伝

## 序

これから人物論を始める。「まえがき」で述べたように、京都学派には人物論を書く伝統があった。多数の人物を知ればその時期の学派の特徴が体感できる。

以下の人物論では、独創的だったことを基準にして人物が選ばれている。それは当然として、それと同時に酒を呑んだことも基準にして選ばれている。京都学派第二期の、特徴の一つに酒があったからである。二つの基準に依った結果として、やはりというべきか、吉川幸次郎、桑原武夫、今西錦司を始めとする、第二期の典型的な人物が揃い踏みしている。

どの人物論もその人物の酒から始めているが、しかし酒の話はイントロダクションに過ぎず、やがて酒から離れてその人物の内側に入ってゆく。

そのイントロダクションについて、まずお断りしておかなければならない。

酒についての面白い話は、仲間たちが語った。仲間は友の酒を批難するのではなく好意を持ってそれを語った。語った人といえば、桑原、梅原猛、河野健二、杉本秀太郎らであった。いずれも業績と地位があった錚々たる、大の字が付く京大人だった。だから友の酒の話は、大京大人によってすでに公認されていた。酒の話も、仲間がそれを語ったことも、すでに歴史のなかの事実になっている。本文中にわざわざ話の出所を書いたのは、歴史になっているのを明記するためである。酒の話というものは、学者が酒を呑まなくなった今日からすればさぞかし奇異に映るであろう。それは分るが、過去の事実を直視するのが歴史家というものである。

数ある人物論の頂点は一つではなくて連峰をなした。連峰の一つが桑原が書いた『人間素描』である。この論は人物の生態を好んで描いた。「外的些末事と見えることが、学問や芸術の本質と深く関わりうるというのが私（桑原）の考え」だった。こうもいっていた——「本当にその学問に傾倒するなら、それがいかなる人柄によって、いかなる条件の下に生産されたかを知りたくなるはずである」（『人間素描』）。

生態といえば、「京都学派ということばが、広く京都大学の学者の学風や生態を指すもの」らしいと、杉本から学派の話を聞いた吉岡秀明さんが受け取った。（『京都綾小路通』）確かに、杉本のような桑原に近かった人たちも仲間の生態をしきりに語った。桑原を伝えた二つのエッセイ集、梅棹、司馬編『桑原武夫傳習録』と杉本編『桑原武夫』とは、桑原と仲間の生態を語っていてさながら第二期の学派の生態大集成になっている。京都学派とは生態を指すという説は、あながち突飛なものではなかった。

生態を語るのが第二期の特異な特徴になった。草創期にあった特徴の一つ、すなわち太平洋戦争に加担したという深刻な特徴と対照をなした。

生態を好んで語った桑原だったが、彼には卑小で下品なことを語るという意識はなかった。例えば、草創期の梵文学者榊亮三郎には、酔うとむやみに敬語を使いだして人を叱る癖があった。その癖を楽しそうに語った桑原は、その癖を生態とは呼ばずに「逸事」と呼んだ（「榊亮三郎先生のこと」、『人間素描』）。生態にせよ逸事にせよ、桑原らが生態を好んで語ったのは、「偶像崇拝というものを廃する」ためでもあったと、杉本は取材にやって来た吉岡に教えた。権威によって上下関係を作らず、だれもが平等の位置にあって学問をしようとしたのだった。その態度があったから、みんなが一緒になってやる共同研究がその時期に盛んになった。その態度と共同研究が、第二期の特徴になった。

さらに、生態を語ったのは、語った人が儒者ではなく町人だったからだった。語ったり語られたりした桑原、杉本、今西は確かに町人の出だった。京大が町人の大学だったという竹内洋さんの説が面白い。その説を本書はすでにとり上げた。

仲間が友の酒をしきりに語ったのは、彼らが生態をしきりに語った内に入る。友の酒を語った事例を、本書が集めるのはいとも簡単だった。

といっても、生態を語ったのは哲学における京都学派の人たちに対してではなかった。田中美知太郎や野田又夫の生態は語られなかった。また、歴史学における学派の人たちに対してでもなかった。

三浦周行や宮崎市定の生態は語られなかった。それらが語られたのは文学研究者に対してであり、語り、語られたことが、文学研究派だけにあった特異な特徴となったのだった。

文学研究派にあった特徴はそれだけではなかった。「實事求是」という厳格な理念がその派に共通していた。生態が語られた特徴と、この理念が共通していた特徴とは、「相即して」いた（即は「いたる」、「ちかづく」の意）。榊の「子供っぽく乱暴と見えるような豪傑性」と、「最高の梵文学者だったという事実とは、相即していたのである」（桑原）。また、吉川幸次郎の壮絶な酒と、彼の精悍な学問とは、「相即して」いたのだった。

文学研究派には共通する真摯な理念があった。さらに、生態の一つである面白おかしい酒の話は、人物論のイントロダクションに過ぎない。

以上の二つの外枠のなかで、それらにもかかわらず、酒の話は、文学研究における京都学派の当時の空気をよく伝えている。

# 第1章……第二期を率いた三巨頭

1 吉川幸次郎　2 桑原武夫　3 今西錦司

## 序

いずれの巨頭も第二期を率いたが、違った率い方をした。

吉川は、草創期の学問を継承発展させた。文学の分野で、第二期の学問といえばまず吉川の学問だった。

桑原は、一方で草創期の精神を守り続けたが、他方で第二期を造った仕掛け人だった。人を活躍させた組織人間だった。

今西は、実証的な京都の学風にとって新風だった。仮説を立てて機動力を用いて仮説を証明しようとした。壮大な気宇、天才的な直観力によって、京都学派の本流に加わった。

# 1　吉川幸次郎――壮絶な人と酒と学問

## 「もう無茶苦茶だよ」

京大の学者たちには酔っぱらいがかなりいた。およそ一九九〇年頃までのことであった。酔っぱらいの横綱は、傑出していた中国文学の研究者、吉川幸次郎（一九〇四―一九八〇）（図15）だった。すでに語られている武勇伝をいくつか選んで紹介してみよう。

祇園甲部にスナック「蘭」がかつてあった。そこに京大の学者たちがよく集まった。吉川がとぐろを巻いていたあるとき、若いころの梅棹忠夫が吉川と隣り合わせになってしまった。「お前が梅棹か。馬鹿な梅棹か。お前は古典を知らないからだめだ」。梅棹は今西錦司ゆずりのフィールドワークで学問を築いていた。『文明の生態史観』などで過去の定説を終始一貫して無視した。これは吉川のやり方ではなかった。梅棹は大先生に噛みつかれて黙っているような男ではなかった。二人が罵倒しあううちに吉川の酒量はさらに増え、最後は立ちあがれなくなって、柔道家で体格がよかった

**図15**●吉川幸次郎、1968
（吉川忠夫氏提供）

中国思想史の福永光司に担がれて、やっと店を出られた（梅原猛「未来構想」、杉本秀太郎編『桑原武夫』）。

南極探検隊長だった西堀栄三郎にも喰ってかかった。いいがかりは同じだった――「お前は古典を読まないからだめだ」。そのときは桑原武夫が早目に割って入ったので、吉川は梅棹とやりあったときのように腰を抜かさずにすんだ。西堀は当時すでに日本山岳会会長、品質管理で日本の貿易振興に功績があった。場所は蹴上にある格式高い今の「ウェスティン都ホテル京都」のパーティ会場だった。吉川は相手と場所をわきまえなかった。自分のやり方だけを傍若無人に主張するというパターンがあった。（西堀との話は桑原『昔の人　今の状況』）

吉川らの一行が北海道であった学術会議の例会に参加した。主催者側は一行を定山渓の温泉旅館に招待した。仲居さんも大勢来て酒席は盛り上った。吉川はやはり京都から出かけてきた左翼の論客井上清と大声で争論している。この勝負に、桑原が側に坐って行司役を勤めていた。大一番が周りの酒客が引きだしてもまだ続いている。仲居さんたちも帰りたがっている。行司は勝負を引き分けとして、温泉に入ってきてはと勧めた。二人はなんとその場に着ていた浴衣を脱ぎ捨て、素っ裸になって、長い廊下を湯殿に向って闊歩しだした。廊下をまだ往き来していた泊り客のご婦人たちが驚いて逃げだした。あわてた貝塚茂樹と新村猛が、タオルをもって二人を追いかけた（桑原武夫「吉川幸次郎と欲望肯定」、桑原、富士、興膳編『吉川幸次郎』）。「もう無茶苦茶だよ」と、吉川のご子息忠夫さんが小さなお声で、後年私にあるところでご家族の立場を漏らされた。

しかし世間の酔漢には、もっとひどい無茶苦茶があった。本物の酔っぱらいは、風呂に行かないでも素っ裸になる。こんな出来事が東京であった。あるご仁が、宵のうちからその姿になり、明け方になってもその姿のままで、まだもう一軒襲おうとして、酔漢たちとタクシーになだれ込んだ。神田に向かっていたのに、このご仁が赤坂に行けといってきかない。後部座席から身を乗り出し、運転手に覆いかぶさって肩をゆする。筑摩書房の当時の社長古田晁が、眼前にぶら下がっているものを拳でグイと鷲掴みにして、ひるんだご仁を後席に引き戻した（橋本千代吉『火の車板前帖』）。このような東《あずま》の豪傑たちの酒乱と較べると、京の吉川の酒乱はお上品なものだった。

お上品な出来事がまだあった。今度の出来事で吉川は正真正銘のお上品だった。場所は銀座の料亭「大隅《くま》」、新橋に近い金春通りにあった名店だった。この店に客の画家岸田劉生が画賛を書き残した。店はその画賛を縮小して印刷し、店で客が使う大きめのマッチの箱に貼り付けた。賛の漢詩は――

鶯鳴曠野寒更新
金玉瓶茶瓶茶当天下

筑摩書房で古田の次の社長だった竹之内静雄、京大で吉川から教わって尊敬していた彼が、吉川をつれてこの店に行ってそのマッチ箱を見せた。先生、教えてください、これは「うぐいす鳴いて、曠野に寒さらに新たなり」でしょうか。吉川は眼鏡を上におしあげ、いつもの炯炯たる眼光で賛を睨み続けていたが、どうしても読解できない。「これは語法に合うとらん」。後日に中野好夫が店を訪れた。中野は人情に通じていたからこれを難なく読み解いた。万葉仮名風に読んで、「×××の寒晒し、○○○○ベチャベチャ当ててんか」。長らく男にご無沙汰している年増女からの懇願だった。謎かけや隠しことばを楽しんでいた江戸文化が、当時の銀座の名店には残っていた。中野は吉川が読めなかったと聞かされると、「吉川はこういうものは読めんよ」と素っ気なくいっただけで、読めなかったことには無頓着だった。中野は吉川と三高で一緒だったから吉川のことは分っていた。中野は干からびてザラザラしている「寒晒し」という見事な比喩にひたすら感心していた（「大隈」でのこの話の出所は吉川を師とした竹之内静雄著『先師先人』）。吉川は学問一途の謹厳居士、この賛を読めなかったのは学者吉川がえた勲章だった。この話から吉川と中野の学問がよく分るではないか。これで銀座をひとまずあとにする。

## 第二期の二極分化

これまで吉川の酒席を四つ紹介した。始めの二つで吉川は梅棹と西堀とにぶつかった。梅棹と西堀は今西錦司の人脈に入っていた。二人とぶつかったのは今西とぶつかったのに等しかった。吉川と今西は京都学派の第二期にいた大物だった。

吉川は古典を正しく読むのを自分の学問の柱にしていた。そのやり方は学派草創期の東洋学のやり方だった。吉川はそのやり方を継承した。吉川だけでなく歴史学全体、文学研究の大きい部分がそのやり方を継承した。詳しくは本書の第I部で説明した。今西とその仲間は古典を読みはした。今西は特に良く読んだ。しかし吉川のように古典を祖述することに意義を認めなかった。今まで誰もいっていない独自の説を樹立することに意義を認めた。登山家だった今西は初登攀を目指した。それと同じだった。今西はダーウィンの進化論に反抗して新しい独自な「今西進化論」を唱えた。今西に近かった梅棹はそれまでのヨーロッパが中心だった文明の分布図を東洋が中心の分布図に書き換えた。西堀は技術者として新しい真空管や新しい品質管理の方法を案出し、登山と南極探検で前人未到のことをやってのけた。「今西人脈」は過去の成果を越えることばかりをやってのけた。

京都学派の第二期は二極に分かれていた。吉川と梅棹、吉川と西堀のぶつかりは二極への分化に由来していた。ぶつかり合いは第二期の縮図だった。個人的な喧嘩ではなかった。

学風の分極化だけなら学派の草創期にもあった。東洋学派は古典の祖述を学問の柱にした。他方、西田幾多郎、田邊元の哲学は古典の受容が終ってからの思索に学問の柱があった。二つの派は学風としては異質だったが対立しなかった。誰からも孤立していた田邊は別にして、西田は東洋学の狩野直喜、内藤湖南らと親しかった。またフランス哲学に明るかった、西田とは異質の九鬼周造とも親しかった。学風の相異が草創期には対立にならなかったが、第二期では対立になる場合があった。今西の学問は西田と田邊から深い影響を受けていた。その今西の学問が生態学の専門家たちに認められなかったのも、相異が対立になっていたのを示す。
話題は吉川の酒乱に戻る。

## 酒とイギリスの大学・社会

酒乱の人には酒を味わえる人と味わえない人がいる。あとに登場する古田晁と富士正晴は味わえなかった。古田は京都学派の本を出した筑摩書房の創業者、富士は京都学派の周囲にいた文人だった。吉川は酔いさえすればよかったと同時に酒を味わえる人でもあった。だから自分の研究室に酒を常備していた。英文学者御輿員三《おごしかずぞう》が吉川の研究室で紹興酒をふるまわれた。御輿が週に一回吉川の部屋に出向いて英詩を進講していたころのことだ（「吉川先生と英詩」、『吉川幸次郎』）。今度は吉川がドイツ文学の大山定一の研究室を訪れたとき、吉川はいつも必ず出されるウイスキーを楽しんでいたという。吉川は他学科の同僚たちと交流したとき酒を飲んだ。吉川は狩野直喜らを尊敬していて、タテ社会に属していたが、第二期の人らしく他学科の人たちと交流し、読書会「読杜会」を主宰してヨコ社会にも足をかけていた。酒はヨコ社会を動かす潤滑油だったが、吉川の場合もそのことがいえた。

吉川の先輩の中国文学者、青木正兒《まさる》も酒の味を楽しんだ。酔いから乱になる一線を越えずに、酒によって活発化している想像力をそのまま維持して、酔いによって現出した仙境に自分の学問を添わせた。著作の量は吉川に及ばなかったが、独特の味がある著作を残した。酒仙の李白についての書物は青木が書いた書物が一番だといわれた。青木は本書の列伝の最後に登場する。

吉川は青木を尊重していたが青木とは違っていた。酒では酔いから乱への一線を越えた。越えさせたのは覇気のようなものだ。越えてゆくときの覇気が、学問の世界では鋭利な読みを生み、ことに青木が及ばなかった驚嘆すべき量の業績を生んだ。

吉川も大山も研究室に酒を常備していた。イギリスの学者も同じである。彼らの研究室は所属しているカレッジ（学寮）にあって、日本の研究室よりはるかに広く、研究室というよりも居室になっている。控室もある。研究室で授業も行われる。私が留学していたころ、退職した教員も入る大学院生向けの特別な授業のとき、始まる前にまずワインかシェリー酒が一同に出された。同僚や親しい客がそこを訪れるときにも、多くは高級なワインが出される。留学時代から歳月が経って親しい客になった私にもそれが出された。カレッジでのディナーのときも、食堂が開くまで時間待ちをする部屋にシェリーが置いてある。呑んだグラスの数をノートに書いておく。これから始まるディナーは頭脳を働かせる時間だ。知的な会話を交わさなければならない。前菜ならぬ前酒は、頭脳を活性化させ、気持ちを緊張から解きほぐす。

ここで私はイギリスを舞台にしたある有名な映画の一場面を思い出す。中年の紳士が、ポートと呼ばれるポートワインを飲んでいる。「マイ・フェア・レイディ」のなかでヒギンズ教授が、家に引き取っている花売り娘イライザが家出したので気が動転する。ヒギンズの家に逗留していた親友ピカリングが助けに出て、この家出人の捜索を頼もうとして、旧友がいる内務省に出かけようとしている。ポートワインを飲んでいるのはこのときのこのピカリングだ。彼も大いにあわてている。落ち着こうとしてヒギンズの家から出ようとするとき、こっそりポートを飲む。これからの重大な任務に落ち着いて取り組むためだ。イギリスの社会で酒が果している役割が表れている一場面である。

前に戻ると、イギリスのカレッジの酒の消費量は多い。昔からそうだった。十六世紀のこれもケンブリッジで、ワインをこれまで大学に納入していたいくつもの酒屋が、ある男に納入を停められたので大騒動を起こした。エリザベス女王にかわいがられて、大金が入るワインの専売権を女王からもらっていたウォルター・ローリーという男がいた。この男が賄賂をとって私腹を肥やすために、これまでの酒屋から新しい酒屋に替えてしまった。そのとき町中を巻き込む大騒動になったのだった。日本の研究室に吉川が紹興酒を、大山がウイスキーを常備していた。イギリスの学者からすればそれはごく普通のことだった。吉川と大山は酒豪だったが、酒が減るスピードは二人の方がイギリスの学者より早かったとはかぎらない。

## 酒と人と学問が

吉川の酒をとり上げていたのだった。場所は銀座に戻る。

また「大隈」だが、今度の話は「大隈」のなかではなくそこから始まった。その店で先の竹之内が今度も吉川を接待した。出来上がった吉川を駿河台の旅館に送りとどけようと、竹之内が吉川と一緒にタクシーに乗った。タクシーが宿に近づくと「竹之内君、も少し呑もか」ときた。タクシーは六本木に向い、入ったバーから二時半になって竹之内が先に帰った。そのとき吉川が竹之内に、「きみ、もう帰っていいよ、明日の勤めがあるだろ」といった。「そら、反対やがな」と竹之内はいいたかったが、それをいわずに帰っていった。吉川は朝の六時半まで呑みつづけた。「大隈」の女性が店で吉川をタクシーに乗せたときからずっと吉川に付いていていた。その女性は朝まで付いていたのでフラフラになって、翌日店を欠勤してしまった。吉川の翌日は、朝日講堂で杜甫についての講演があったはずだ。講演は大丈夫だったかと竹之内は大いに心配した。講演を聴いた小川環樹に駿河台下でひょっこり会ったので、「講演はどうでしたか」と尋ねてみた。「立派だったよ。お話、よかった」。不思議に思った竹之内がなおも聞きただすと、「ひげを剃ったあとの切り傷はあったが」と小川は付け加えた。吉川の乱の翌日とは、驚くべし、ただそのようなものにすぎなかった。この話も竹之内が披露している（『先師先人』）。吉川は気分よく京都に帰ってすぐ勉強したに違いない。

それでは吉川の人と酒と学問はどう繋がっていたか。

吉川の酒と学問には覇気があったとはすでに述べた。吉川という人間は「意地っぱり大臣」だといわれた。弟子だった筧文生さんがそう表現した（「意地はり大臣」、『吉川幸次郎』）。吉川の酒は議論の酒がその特徴だった。ただ猛然と自説だけを主張した。

吉川の文章がなぜ格調が高かったのか。先の竹之内に吉川はこういったという——「本文批判は〝私はこう思う〟ということではいけない。あげうるかぎりの証拠をあげて、〝誰が考えても、こうに違いない〟という所を示すのだ」（竹之内「追悼」、『吉川幸次郎』）。学者吉川の態度が的確に語られている。そこまでつきつめて、そこからえた確信が文章のあの高い格調になった。酒のときの論を譲らないあの議論になった。

吉川にあっては人と酒と学問の特徴が同じだった。吉川の酒をとやかくいった人たちもいたらしい。その人たちは酒のときの吉川と学問のときの吉川が違って見えたらしい——「あの吉川さんが酒呑みはると……」。違っているようにただ見えただけだった。

吉川のなかにはデーモン、野生の魂があったとよくいわれた。その野性の魂について、梅原猛さんは、それが一方で酒乱になり、他方で赤裸な人間を描く詩というものを吉川に理解させたと語った（「思い出すことども」、『吉川幸次郎』）。極めつけは桑原武夫の態度だった。桑原は吉川の酒乱について、それをそのまま認めるのが、吉川という人間を愛することだと語った（「吉川幸次郎と欲望肯定」、『吉川幸次郎』）。そう語った桑原は、吉川の人と酒と学問とを、いずれも正直で、けれん味がない、壮絶な、同じものと見て、それらを等しく愛したのだった。

## なぜ酒が飲めたのか

酒を伴ったのが第二期の特徴だった。第一期は酒を伴わなかった。なぜ第二期が酒を伴うようになったのか。およそ次のような事情があったのであろう。

草創期は学を創始しなければならず、酒の力を借りる余裕すらなかった。それこそ学問一筋の日常だった。第二期になると、多くの研究所と研究センターで共同研究が興った。あちこちで塾のような小さい研究会が興った。会のあとで議論と親睦の場として酒席が多く設けられるようになった。桑原、今西、梅原、梅棹らがそれを多く設けた。彼らに連なった人たちは多数にのぼった。ことに桑原の酒席に連なった人たちが多数いた。

吉川の場合は例外だった。吉川も二つの読書会を主催した。「読杜会」と若い学者向けの「小読杜会」だった。「杜」は杜甫である。ところが吉川は会が終ると本で重い鞄を提げてそのまま帰った。桑原と違って吉川は酒の機会と学問の機会を区別した。

第二期の学者たちの著作が広い層の読者をえて版を重ねたことも、第二期の学者が酒を呑んだ理由の一つだった。ベストセラーになった本は、吉川、桑原らの『新唐詩選』、桑原の『文学入門』、今西の『生物の世界』、梅棹の『知的生産の技術』など、多数にのぼった。学者にも金銭が入ったのだった。そのことを示していた話がある。吉川は本居宣長を尊敬したが、宣長が京都で堀景山に学んでいた頃、景山の持ち家に止宿していた。その家のあとを引いていた家が取り壊された。それを杉本秀太郎から聞かされた吉川は、「そうと知ってたらなんとかして買っといたんだが」と残念がった（杉本「あの家」、『吉川幸次郎』）。「なんとかして」ではあったが買い取れるだけの金銭が吉川にはあったのだった。桑原らが祇園のお茶屋に馴染んだのも金銭に余裕があったからだった。学者が書いた本が売れ出したのは、知識階級が拡大し、戦後経済の高度成長によって購買力が高まったからだった。

多くの読者をえたもう一つの理由として、学者も一般の人たちが分ることばで語らなければならないという、京都の学者たちの心がけがあった。その心がけは京都学派の大きい特徴になっていた。吉川の格調が高いあの文章もその心がけが基にあったと、吉川から学んだアメリカの中国文学者バートン・ワトソンが語った（『吉川幸次郎』）。

ここでは余談になるが、学派の他の学者が概して簡明な文章を目指したなかで、吉川の文章はひときわ格調が高くリズムがあった。日常の話し言葉にはない格調とリズムが、多くの一般読者をひきつけた。あの文章は吉川だけのものだった。ちょうどあの酒が、格調高い、天を飛ぶ鳥鳳凰のようだったあの酒が、吉川だけのものだったように。

### 「吉川さん」二話

以下で個人的な思い出を添えておきたい。

吉川さんの研究室は文学部本館の二階にあった。文学科と哲学科の図書館・閲覧室もその二階にあった。その二階で私は吉川さんをよくお見かけした。

二階の男便所には小便用の便器がたしか二つだけだった。小川環樹教授が立って用を足しておられるときは入っていって隣に立てた。吉川さんのときはそれができなかった。用が終られるのを外でお待ち申し上げた。それを中国文学科の大学院生に話すと、自分たちも同じだといっていた。小川さんが立っているときは入って行くのかと確かめると、にっこり笑って「そうする、小川さんの方がよう面倒みてくれはる」といった。

吉川さんが廊下を向こうから歩いてこられる。私は緊張して深々とお辞儀をする。そうすると吉川さんは、顔を一瞬かすかにさげられるので、まるで少し上に向けられるような感じになった。それが中国式の答礼だとはあとで知った。知らないころは、自分がここを歩いてはいけないのかと、意気消沈させられたものだった。好きだった吉川さんの書きものに、私はいつも平身低頭していた。いつもあった劣等感が、中国式の答礼をいただいたときも頭をもたげたのだろう。壮絶な威厳というべきものが吉川さんにはあった。

酒の吉川さんが相手に対して威厳があったのは自然なことだった。

吉川の次はどうしても桑原が登場する。二人は第二期の京都学派を率いた、文系側の両雄だった。

# 2 桑原武夫——第二期を造った仕掛け人

## 酒とうまく付合う

桑原武夫（一九〇四—一九八八）（図16）が酔っぱらったのはやむをえないときだけだった。謹厳な父親の影響があった。父親は隲《じつ》蔵、東洋史学の大家、慈愛をもって武夫に深酒を禁じた。体質のせいもあった。

郭沫若《かくまつじゃく》が来日したとき、この旧友が次々に勧める七五度の茅台《まおたい》酒を断りきれず、合計七杯にも及んでしまった。そのあと郭の講演が待っていた。桑原はしどろもどろに司会をしたが、壇上に残っていると椅子からいまにも転げ落ちそうになる。仕方なく貝塚茂樹にあとを頼んで壇上から降りたものの、すぐ側にある宿舎のホテルに歩いて帰れず、タクシーで運ばれたあと前後不覚になった。客人への礼節を重んじて玉砕したのだった（桑原『人間素描』）。

神田の酒家「C」の二階の小部屋、そこで吉川幸次郎、中野重治と三人で飲んでいた。いつものようにまず吉川

図16●桑原武夫
（桑原文吉氏提供）

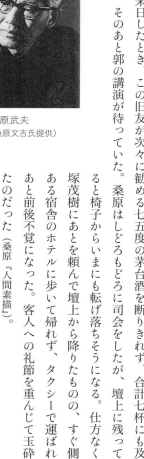

が酔っぱらって障子に漢詩を大書した。襖がなかったのだろう。中野が続き、桑原も続いた。桑原はその場の勢いで二人に連れあっただけだった。この一件には後日譚があった。せっかく大家の墨蹟を遺していたのに、その障子を女将が怒って貼りかえてしまった（桑原『人間素描』）。怒ったのは、この三人を招待した筑摩書房の誰かと女将とのあいだに、女将を怒らせたような何かがあったらしかった。たまたまの妙な風の吹き回しで、桑原が加わったこの逸事が無礼講にされてしまった。桑原の仕業はしばしば滑稽味を帯びた。滑稽はこのあとにも諸例がでてくる。

この落書きが示すように、桑原は人の酒乱にうまく付き合った。人文科学研究所でもそうだった。そこでいくつもの共同研究の座長になった。共同研究には和が必要、楽しくやらないと成果が上らないとして、酒席を頻繁に設けた。この席でもときに乱闘に捲き込まれた。

「ルソー研究」のとき、人文研の本館に設けた飲み会で、河野健二によると、最後には組んずほぐれつの肉弾戦になり、なかには相手の股間を狙う者もいた。桑原は停めに入らずに、乱戦のなかで揉まれていた（梅棹、司馬編『桑原武夫傳習録』）。

「文学理論の研究」のとき、打ち上げに訪れた北山の旅館でも、もみ合いへし合いになり、上山春平が桑原を投げ飛ばした。投げられた桑原は、坐りこんだまま呆然としていた（杉本秀太郎による。吉岡『京都綾小路通』）。学問は頭脳と体力を使う。頭脳の仕事が終っても体力が余っていたので、彼らは学童が「押しくら饅頭」をするようにして余力を発散させた。所長の桑原も学童になった。やはり学童だった上山はのちに京都国立博物館の館長になった。

上山は別の会でも桑原に手を出した。上山と山田稔が一緒に人文研に入ったとき、一泊の歓迎会が清滝の旅館であった。桑原は酔うと灰皿で物を燃やす癖があった。その会でもそれをやって炎が高く立ち昇った。上山がやめろといってもやめない。そこで上山は坐っている桑原をひっくり返して、両足を持って暗い隣室までずるずると引っ張っていった。桑原は大人しくそのまま寝た（山田稔『富士さんとわたし』）。

桑原が無礼講に加わったり認めたりしたのは、そうしないと礼儀を欠くとしていたからだった。日本のことに土佐では、大勢が酒で無礼講をしているのに、残りの人がそれに加わらないと、大勢に対して無礼になるとされてきた。土佐の人はとりわけそのことを守った。共同研究のグループは小さい村社会だった。桑原は村の一員として無礼講に加わらなければならなかった。呆然として坐っていた図、引きずられていった図には滑稽味がある。

私が知っているイギリスでは、桑原のような紳士階級の人は、そもそも無礼講に及ぶことはない。無礼講は低所得者がするものであり、自分たちはそれをしないという階級意識が今もってある。それでも紳士が無礼講をすると、同じ階級の人はそれに加わらずに、それをしている人に白い眼を向ける。その規律にわざと反抗を仕掛けて、無礼講をして身を立てたのが、作家のキングズリー・エイミスと息子の作家マーティン・エイミスだった。桑原らが暴れたのは、日本では酒の呑み方に階級意識が加わっていないからでもあった。

## 生産性を高める酒

人文研では乱闘ばかりしていたわけではない。乱闘が起きない普段、桑原は共同討議が終ると仲間をひきつれて祇園にくりだした。馴染みのお茶屋が切通しと祇園町南側にあった。「木村咲《ざき》」と「大《だい》恒《つね》」は四条通から北と南にうまく分れていた。お茶屋に上ると、呼ばれてやって来た芸妓さんたちには頓着なく、雑談を活弁士のようにまくし立てた。共同討議の続きだった。共同討議もこの座長の雑談から始まった。有益なヒントが多い雑談だったといわれている。なんのためにお茶屋に行くのだという蔭の声もあった。富永町にかつてあったスナック「藤」でも、気持ちよく雑談をまくし立てた。ここはカラオケがなくママさんも静かだった。桑原は「日本三大しゃべくり人間」の一人に数えられていた。「三大」は桑原、丸山眞男、久野収とされた。

酒に対する桑原の態度は明白だった。奨励したのは生産性を高める酒だった。深酒したあと苦しんで、それから反転してかえって生産性を高めるというような弁証法的な酒は念頭になく、直截に単純に、生産性を高める酒だけを奨励した。高めない酒はこれを批難した――日本の文士は酒を飲みすぎる。あれでは頭が悪くなる。文学界を指導すべき批評家たちが酒浸りになっている。彼らを許しているジャーナリズムもだらしない（「文学者の酒」）。

こう批難したとき小林秀雄の酒が念頭にあった。小林の言説は直観と眼利きの眼に依った。勉強して蓄えた知識に依ったのではなかった。小林は桑原と同じ仏文科の出身だった。小林の翻訳の仕事がどういうものかを桑原は知っていた。仕事から判断すると、小林の酒が勤勉を妨げていると見たのだった。小林の酒を念頭に置いて文士一般の酒を批難したとき、武夫は自分をよく叱った父親隲蔵になっていた。父親だけでなく、父親と同僚だった学問一途の先人たちになっていた。桑原は父親を尊敬し彼らを尊敬していた。

以下の話も桑原の酒が生産性を高める酒だったことと関係がある。

富士正晴によると(『面白半分』臨時増刊、一九七九・七・二五)、桑原は正月に自宅にやってくる仲間に酒を呑ませて一人一人に「船頭小唄」を歌わせた——

おれは河原の枯れすすき……

歌わせてから、一人一人の歌い方を批評した。この歌は森繁久弥からKaitoまで、いろんな歌手が歌っていて、歌手によって唄の趣が大いに違っている。桑原は客に歌わせてから、その歌い方だと枯れすすきにされて苦しみ抜いている男の唄になる、この歌い方だとあっけらかんとしている男の唄になる、そういう風に歌い方を裁定した。歌わせておいて歌う人の人間も見ていたのだろう。

酒席でも批評家になっていたのだった。

これからは視点を変えて、内田百閒の唄への態度と桑原のそれとを較べてみよう。いずれも酒席での出来事だった。

百閒先生もさすがに寄る年波には勝てず、教え子が開いてくれる同窓会「魔阿陀會（まあだくわい）」に出席できなくなった。先生はあの世に「まあだゆかないのかい」だった。出席していたら歌っていたはずの唄について、うんちくを傾けた話をテープに吹き込んで出席者に聞かせた。次の唄の歌詞がよろしくないという——

出た出た月が
圓い圓いまん圓い
盆のような月が

かくれた雲に
黒い黒い真っ黒い
墨のような雲に

また出た月が

圓い圓いまん圓い
盆のような月が

先生のたまわく、また出た月があいかわらず「盆のよう」では進展がない。「鏡のような月が」と覚えていたが、ここはそうでないといけない。また出た月は「圓い圓い　まん圓い」よりも「ぎんぎらぎんぎら　みがいた」の方がよろしい（『日没閉門』）。

百閒はここで自分の眼で月を見ている。また、月を見る自分の腹を決めている。桑原と内田の違いは、対象を解明する学者と、対象を創造する芸術家との違いである。芸術というものの力について、本書で取り上げている青木正兒がいっている——「世に藝術ほど自由なものは有るまい。『藝術』は『無』から『有』を生ずるの道である。創造である。造物主と光を争ふの道である……」。百閒は「造物主と光を争って」いたのだった。百閒が月の光を替えたとき、桑原がもしその場にいたとしたら、自分が出る幕ではないとして謙虚に顔を伏せていたであろう。

以下もこのような桑原のあり方に関係がある。彼の酒ではなく女について、知人だった映画人吉村公三郎がこんなことをいった——「女性問題でいざこざを起こす機会に恵まれないからあんな謹厳居士になった。女にハメをはずしたことがなければ『人生』を語れないはずだ」（「桑原先生と女性」『桑原武夫傳習録』）。今度は桑原に向けていったのではなかったが、小説家だった獅子文六が、やはり女についてこんなことをいった――「自分はもちろん金銭を出して女を買った。金銭以上に貴重なものを女に出したこともあった。両方を出して骨身を削る苦しみをなめたこともある」（「泥酔懺悔」、田中小実昌編『酔』）。「貴重なもの」とは小説を書く生活だったのだろうか。この言もまたそっくり桑原に向けることができる。女で骨身を削ったことがなかったではないか、と。

吉村も獅子文六も、桑原の酒について同じことをいっただろう。桑原は女でも酒でも、身を危険に晒さなかった。酒を自分の魂に関わらせることを小事とした。酒を外界を構築するために用いることを大事とした。これこそ桑原だった。この長所を裏から見ると吉村の批判になった。獅子も桑原を知っていれば批判していただろう。

女と酒について見たが、おそらく桑原の学問についても同じことがいえるのではなかろうか。後に述べるように、桑原は稀代のオーガナイザーだった。人が活躍するお膳立てをした。人文研で桑原が主導した大きな共同研究は六つあった。ところが、自分一人で取り組んだ学術書で後世に残るような主著を遺さなかった。人のため仕事のために果す役割に自分を賭けて、自分だけの学問に自分を賭けなかった。晩年、オーガナイザーとしての役割が果たせなくなってから、桑原の表情に往年のにがみばしった精悍さがなくなってしまった。その表情をテレビで見て富士正晴が悲しんだ――「もうあんなところに出て喋らん方がええ」（山田『富士さんとわたし』）。

桑原の酒に戻っておきたい。要するに桑原の酒は、日本に長い歴史がある酒徒の酒ではなく、実利主義者の酒、良い意味の功利主義者の酒だった。

こういう桑原の酒はイギリスの学者たちの酒に近い。イギリスのカレッジで、フォーマル・ディナー（正式な晩餐）に出席したときの学者たちの酒に近い。そのディナーでは、知識を交換し、人脈を広め、論争を注意して避ける。古いカレッジなら教員が酒を呑む部屋が、ホール（食堂）以外に一部屋別にあって、ホールからそこに移動してなおも会話を続ける。桑原は会から酒場に移動してなおも議論を続けた。

呑む量が少なかった桑原が、酒で自分からは喧嘩をしなかったのは当然として、酒量が多かった子分たちも、酒で相手に喧嘩をしかけなかった。これは面白い。富士正晴、多田道太郎、杉本秀太郎、山田稔、高橋和巳らは、大酒になっても互いに相手を尊重して、あるいは相手を少し軽蔑して、喧嘩にはならなかった。努力して喧嘩を避けたのではなかった。外から見ると、彼らの酒は桑原の酒と同じように、京都のしきたりに合っていた。明治大正時代の土佐の人たちの酒と対照的だった。大町桂月らは酒で乱闘に及ばないと人ではないとしていた。昭和の戦後すぐ、まだ雑然としていた新宿の、雑然としていた呑み屋での酒も、桑原の酒とは対照的だった。どの呑み屋でも撲り合いがない夜はなかったと、ある編集者が回想している。撲り合ったのは小説家たちだった。京都のお上品なお茶屋では乱闘にはならない。京のお茶屋のほっこりが、当人たちの意識が及ばないところでも、桑原と子分たちの酒に及んでいたのであろう。

## 酒を伴った第二期

以下は桑原と酒についてのなかで最も重要な事柄である。酒を伴ったことが京都学派第二の隆盛期の特徴だった。このことは「吉川幸次郎」でとり上げた。桑原の場合は、「酒を伴った」とするよりも「酒の機会を伴った」とするのがより正しい。桑原は「酒の機会」を設けて第二の隆盛期を築いた仕掛け人だった。

酒によって心置きなく議論すれば、また研究仲間が親しくなれば、また先人たちがどうして研究していたかを仲間に語れば、よい研究成果が得られる。人文研で共同討議が終ったあと、毎回必ず酒席に場を移した。場所は居酒屋を好まず、料理屋は避け、品のある今のスナックだった。ときどきお茶屋に行った。共同研究『ブルジョワ革命の比較研究』のとき、「共同研究の結集度がなお十分ではなかった」と桑原はいって、その原因の一つとして、「研究会以外の機会にも討論が熱心に行われるようなことが少なかった」(「はしがき」)といった。「研究会以外の機会」とは酒席のことだった。

酒席に移る同じ習慣は、桑原が呼びかけた三つの研究会でも守られた。三つの会は人文研での研究班の「外廓団体」(松尾尊兊)だった。松尾が「外廓」として「外郭」としなかったのが面白い。三つとは「日本映画を見る会」、「日本小説を読む会」、「現代風俗研究会」(「現風研」)だった。始められた時期はそれぞれ、一九五四、五八、七六年だった。

酒を呑んだ研究会は他にもあった。今西錦司には「今西塾」があった。「みんなしょっちゅう家に訪ねてきました。酒飲んで、歌うたって、議論して……。そういう間にいろんなことを自然に覚えていったんやろうな」（司馬との対話、『今西錦司座談録』）。梅棹忠夫には「金曜サロン」があった。「ビールは飲み放題で、台所の冷蔵庫から勝手にとりだしてよいことにした」（梅棹）。梅棹には「金曜サロン」が発展した「近衛ロンド」もあった。「今西塾」以下は桑原が始めた三つの会と並行して行われていた。今西も梅棹も桑原と親しかった。

桑原は自宅では客に酒を決して出さなかった。もっぱら街に出て一緒に呑んだ。京都は街が小さかったから酒を伴う習慣がありえた。馴染みの店にすぐに行けた。夜が更けても歩いて家に帰れた。町が果した役割は大きかった。町では、あちらこちらの店に酒席を利用して研究をしている人々がいた。町中心に桑原がいる曼陀羅の図だった。この図は学派の草創期には見られなかった。

酒席を利用していた諸会には二つの特徴があった。一つは、既定の見方にはとらわれない独自の見方を尊重した。二つは、研究テーマとは異なる領域の人々をメンバーにした。二つの特徴は通底した。二つはそのまま学派第二期の特徴になった。だから以下で詳しく説明しておきたい。

**独自な見方と「あほくさ」**

まず独自の見方について見ておこう。

「日本映画を見る会」では、メンバーだった国史学者松尾尊兊《たかよし》の記録によると、その会が選んだ年間ベスト・テンは、『キネマ旬報』が選んだそれとはかなり違っていた。その会に加わったころから自分は自分の眼でものを見るようになったと、松尾は述懐している（『昨日の風景』）。松尾には会に加わるまでにも長い研究歴があった。その人がそういったのだった。

「日本小説を読む会」では、主要メンバーだった山田稔によると、自分の眼で見るといっても生半可なものではなかった。「的外れの論が好まれ」、「個人的な深読み、珍談の方が喜ばれた」（山田稔『日本の小説を読む会』）。

「現代風俗研究会」では、とり上げるテーマが新しかったから、なにをとり上げても新しい見方が生まれた。霊柩車、ラブホテルなどがとり上げられた。

今西と梅棹の会からも極めて独自な見方が生まれた。これについては次の「今西錦司」でとり上げる。

独自な見方を作るのに関わっていたのが酒だった。「日本小説を読む会」では、やはり山田によると、会と酒の席とはどちらが中心か分からなかった。酒の席で独自な見方は鋭さを増した。酒席での放談も発言のレジュメに記録された。会だけで帰ってしまうメンバーは軽く見られた。これは他の会でもほぼ同じだったらしい。ただしメンバーの層と活動の時期によって温度差はあったようだった。

独自の見方は桑原の子分の世代になって磨きをかけられた。子分の世代になると、しきりに「あほくさ」という人たちがでてきた。「あほくさ」は「あほらし」より臭い。権威を有難がるだけの見説に対してそれをいった。あるいは、一方的なものの見方、自分を美化してしまう言説、観念的で実感がない言説に対してそれをいった。ときに行動に対してそれをいった。つまりは、自分の眼でものを見る態度の表明だった。それをよくいった多田道太郎、山田稔、富士正晴は桑原に近かった。

やはり桑原に近かった高橋和巳も、大事な場面で「あほくさ」をいった。特殊な意味を帯びていたので説明する。三島由紀夫が市ヶ谷の自衛隊総監室に乱入して隊員たちに決起を呼びかけた。そこまでは全共闘派の行動のお手本になるとして高橋は三島を絶賛していた。ところが、その三島が謝罪して割腹自殺してしまった。立派だったはずの行動を自分で否定してしまった――そう感じて高橋は、「やりきれん」、「何をやるにしてもあほくさい、何をやるにしてもマンガだ、という具合」になった（「死について」、『人間にとって』）。しかし、高橋の「あほくさ」は複雑であって、他人に向けられた辛辣な批判だけではなかった。それは自分に向けられた自己否定でもあった。自分自身の生き方が「あほくさい」のだと。そこに高橋らしさがあった。

総本山だった桑原自身はさすがに「あほくさ」とはいわなかった。いつものように「〇〇君いうたらアホでっせ」といって、そのなかに「あほくさ」を含ませた。「あほくさ」は自分の眼で見ることの尊重だったが、自分の眼で見ることを桑原は二つから学んだ。いずれも桑原らしかった。一つは、先人の態度と方法から学んだのだった。自分の眼で見る態度は草創期の態度そのものだった。桑原は草創期の学者たちを真摯に尊敬していた。もう一つは、登山から学んだとあるとき説明した。登山は刻々に自分の眼で見て判断しないと遭難する。

独創は第二期を特徴づけた。その独創を、桑原を含めた次の三人の場合に見ておこう。

まず今西錦司である。ダーウィンの目で見ないで自分の目で見た。今西のやり方は「行為的直観の生態学」といわれ、西田幾多郎の方法から影響を受けたと上山春平らによって早くから指摘されていた。西田の「無為の直感」に依ったという意味だった。それを指摘された今西は何もいわずに否定はしなかった。今西は西田の著作を熱心に読み、文学部に出かけて西田の講義を聴いていた。科学者ではなく思想家だと人から呼ばれても構わないと明言した（『ダーウィン論』）。弟子にも独創を厳しくいった――「偉い先生が言うとるとか本に書いとるとか言うな。自分の目で見て、考えたことだけを信じろ」。なんでもない言葉のように見えるが、「考えたことだけを信じろ」は、思弁に向かう今西の傾向が現れていて面白い。

次には梅棹忠夫である。梅棹は世界の文明圏を新しく組み分けた。彼の念頭には今西のやり方が大きくあった。梅棹は今西を、普段は「あのおっさん」と呼んでいたが、うっかり「今西先生」と呼んでしまったときがあった。独創の人今西を追悼する切々たる文章を書いた（「ひとつの時代のおわり――今西錦司追悼」）。今西は年齢では第二期の学者だったが、梅棹にとっては草創期の学者だった。

最後が桑原武夫である。桑原は学問を始めたころから、「守成は創始より難し」といって草創期を強く意識した。すでに述べたが、自分の眼で見る態度と方法を何人もの先人から学んだと明言した。

先人、同僚について人物論『人間素描』などを書いて、先人たちがいかに独自だったかを語った。先人とは狩野直喜、内藤湖南、桑原隲蔵、九鬼周造らだった。

京都学派には人物論を書く伝統がある。様々な人物論ではとりわけ独自な道を切り開いた先人たちが語られた。人物論は桑原だけでなく学派にとっても根幹を成すものだった。この伝統を創ったのは狩野直喜と内藤湖南だった。狩野の『支那學文藪』と『讀書籑餘』に、また内藤の『先哲の学問』に、それらは集められている。西田幾多郎にも人物論がある。「『続思索と體驗』以後」にそれは収められている。後続の人物論集には、西田幾多郎などを語った下村寅太郎『遭逢の人』、やはり西田などを語っている西谷啓治『随想集青天白雲』、「折り折りの人」を含んでいる吉川幸次郎『音容日に遠し』、松尾尊兊の『わが近代日本人物誌』、さらに松尾の、「師と友と」が副題の『昨日の風景』、八人の先学を論じた礪波護・藤井譲治編『京大東洋学の百年』、富士正晴の『紙魚の退屈』と『極楽人ノート』もこの系統に属する。人物論には多数がある。

桑原は人物論の系譜のなかでも重要な人である。「序」で述べたように、人物論の高所は連峰をなした。連峰の一つが桑原の『人間素描』だった。これは人物の生態を好んで描いた。連峰の他の二つ、下村寅太郎の『遭逢の人』と吉川幸次郎の『音容日に遠し』では、桑原のように生態への興味は認められなかった。

総じていえば、第二期の人たちは、自分の眼で見る態度を、草創期の人たちから学んだのだった。生態への興味も桑原が常に独自なものを志向していた態度の一つであった。

草創期の人々はそれを当然のこととして、かえって意識してはいなかった。第二期になって、的外れの論が好まれたり、「あほくさ」など俗のことばが多用されたのは、この特徴が第二期では意識化されたからであろう。学問が創始期の業績のあとそれを展開していった段階では当然だった。

## 脱専門領域と共同研究

独自の見方についてはこれで終わって、次に脱専門領域について見ておこう。

脱専門領域もまた、独自な見方と同じように、草創期に始源があった。西洋史家だった原勝郎が日本史の分野で著しい業績を上げた。史学と文学、史学と哲学との間で領域を中国学者が越えた。狩野、内藤、小島祐馬が越えた。狩野らが越えたのは同じ分野のなかの近い領域で、本来の中国学という分野からは離れなかった。例えば史学から文学に越えても、元の中国学を棄てなかった。草創期での脱領域はその学者の大きさを示すものだった。

第二期になると、脱専門領域は新しい局面を迎えた。新しいその方法が、桑原が率いたあの共同研究を動かした。

共同研究は合計六つに及んだ。すなわち『ルソー研究』(一九五一)、『フランス百科全書の研究』(一九五四)、『フランス革命の研究』(一九五九)、『ブルジョワ革命の比較研究』(一九六四)、『中江兆民の研究』(一九六六)、『文学理論の研究』(一九六七)。

第一弾となった『ルソー研究』の場合を見よう。参加者の一覧は（＊印は人文研以外からの参加者）――桑原武夫、樋口謹一、鶴見俊輔、＊大山定一、＊野田又夫、＊森口美都男（当時学生）、杉之原寿一、＊恒藤武二（同志社大）、＊田端茂二郎、＊島恭彦、前川貞次郎、河野健二、紀篤太郎、＊多田道太郎（当時学生）、＊生島遼一の一五名。多様な専門分野すなわち文学、哲学、法学、経済学の学者たちが集められた。

各人は報告文を書くまでに、全員が参加する研究会に参加して討論し合った。研究会は週一回、合計五九回行われた。担当者がいない分野に対しては、医学の村上仁、音楽の園部三郎、芸術の長廣敏雄を招いて講演を聞いた。報告文を書いてからも、それを原案として扱って「その都度全員の討論に付した」。「成果を未熟なままで、相互に示し合い、批判し合うことによって、知見と材料の共有性をたかめるという方法をとった」（桑原）。異なる領域の人が一堂に会して討議する――これが新しい脱領域のやり方だった。一人の人が古い領域を捨てて新しい領域に入るやり方ではなかった。

このようなやり方に対して批判があった。『ルソー研究』に対して、「イデオロギーを異にする人々が集まった共同研究の弱みが指摘された」（桑原）。「弱み」とは統一性求心性がないのをいった。もともと彼の共同研究は「ハンドブック」を目指したものだった。桑原はこの弱みを認めたうえで、自分たちのやり方を強く弁明した――「特定の一イデオロギーにたつ人びとの集まりよりも、自由発想の幅と量が多く、そのシゲキが生産性を高める利点のあることを評者は気づいていなかった」（『フランス革命の研究』への「はしがき」)。「生産性」とは効率よりもパワー(動力)のことであろう。桑原はさらに、「共同研究を重ねるうちに、協力者のうちにおのれの基本線をすてた転向ではなく、相違の中の接近ともいうべき空気が生まれたことを、この上なき幸福とし、またいささか誇りに思うものである」と弁明を続けた。これらの弁明は批判に正確に答えてはいなかったが、信念を述べたには違いなかった。「特定の一イデオロギーにたつ」研究を桑原は避けたのであり、またそれが京都学派におおむね共通していた学問の姿勢であった。

桑原が率いた、大規模で長期にわたった共同研究は、日本の学問にとって新機軸だった。また、京都学派第二期の重要な部分を成した。六つの共同研究には、桑原の年齢では四七歳から六三歳までの、人生の最盛期が当てられた。六つが桑原のライフワークになった。

ただし第二期には、従来からの個人研究も営々として行われていた。桑原が提出した問題は、個人研究と共同研究のどちらが主流であるべきか、というのではなく、個人研究が陥りがちな停滞をどうしたら打開できるかにあった。

異なる領域の人が一堂に会して討議する——このやり方が前出の「日本映画を見る会」など三つの会に及び、三つの会以外のさらに小さい会、桑原の親友生島遼一が主催した「バルザックを読む会」などにも及んだ。バルザックの専門家は生島一人だった。そもそも仏文学者は生島一人だった。

三つの会のなかで「日本映画を見る会」と「現代風俗研究会」は、京大にはそのテーマに専門の研究者が当時はまだいなかった。だから違う領域から研究者が入ってきた。新しいテーマの方から研究者に脱領域を求めていったのだった。

以前からあったテーマについては、単独者が古い領域から新しい領域に転入しても特別のことと感じられなくなった。桑原が造った風潮のなかで、仏文学者だった杉本秀太郎が国文学などに移っていった。これまで身辺を書いていた富士正晴が、桑原にいわれて一から勉強して、桂春団治などの大衆芸能家の評伝を書いた。象徴的だったのは井上章一さんの場合である。工学部建築科の出身だが、「現風研」に加わり、そのうちに専門家が作っている壁が厚い歴史の分野にまで転入した。井上の経歴を知らされた人々も、ありうることと受け取るだけで終わった。

独自の見方、脱領域、共同研究、これらが第二期の特徴になった。いずれの特徴にも桑原がいた。

## 愛嬌

第二期にあったもう一つの特徴を補足しておきたい。このなかにも桑原がいた。

桑原は京都学派の草創期の、威厳があったリーダーたちとは違っていた。構内で見かけたときいつも、しかめ面をしてスッと背筋を伸ばして歩いていたが、行動にはどこか滑稽なところ、愛嬌があった。「笑いをさそう奇行奇習またなきにしもあらず」(杉本『西窓のあかり』)だった。京都弁を止めず、饒舌が止まらず、独裁者にはならずに子分を対等に扱った。だからときに「くわ」、山岳会では「くわぁ」と呼ばれていた。前出の松尾が人文研の助手に採用されて、初めて出勤して談話室に一人で坐っていた。そこに桑原が入ってきて、自分の方から先に「ぼく、桑原です」と声をかけたので、松尾はたまげた。(『昨日の風景』)

愛嬌は桑原のころの他のリーダーたちにもあった。湯川さんというと奥さんだった。「また奥さん出てきはった」。吉川には無邪気な酒乱があった。大山定一は文学部長になってからも行方をくらました。今西錦司は弟子を殴るとされてそれが愛嬌になった。今西にも桑原のように京都弁があった――「みんな(人類は)滅ぶ、滅ぶといいだしたから、私はこのごろは滅びんというてますねん」(司馬との対話)。河合隼雄は駄洒落を連発して白洲正子をほとほとあきれさせた――「またそんなことおっしゃる」。岡潔は投げた小石が台石に乗らないときは教室に行くのを止めた。アランはいったそうだ――優れた能力がある人には年齢と関係なく無邪気なところがある。その伝からすると、愛嬌は優れた能力があった草創期の学者たちにもあったはずだ。実際そういう面がフト語られなかったわけではない。しかし、第二期では愛嬌を表に出して面白おかしく語られた。草創期にはそうは語られなかった。だから愛嬌は第二期の京都学派に著しかった。

## 聖恩禽獣に及ぶ

桑原武夫は侍、奇人、弱者に、身分と仕事と酒の機会をあたえた。その慈悲を「聖恩禽獣に及ぶ」

といって貝塚茂樹が称賛した。この「禽獣」は貝塚のつもりでは富士正晴のことだっただろう。富士は自分でも狸だといっていた。だが「禽獣」は富士以外にもいたはずだといえば貝塚は認めたであろう。桑原は「猛獣使い」とも呼ばれていた。鶴見、多田、森口、松尾、加藤秀俊らが桑原に呼ばれた。誰がどの「禽獣」に似ていたかを次々に考えるのは楽しい。桑原と貝塚に「拾われて」(今西)人文研に入った今西は、自分では「古だぬき」だといっていた。「聖恩」が彼らを救い出し、彼らを成功させ、共同研究を成功させた。六つの共同研究は、第二期の隆盛の一つの成因だった。自身は学派第二の黄金時代を造った稀代の仕掛け人(オーガナイザー)だった。

桑原が亡くなってから二十数年が経つ。その後同じ規模の共同研究は行われていない。桑原のように祇園のお茶屋に酒席を設けてくれるリーダーもその後現われていない。

今西錦司は内からも外からも批判を受けた。しかし桑原が彼を支えた。彼が京都の学問にもたらせたものはたくさんあった。

# 3 今西錦司――京都学派の新しい学風

## 「バンザーイ」と酒

吉川幸次郎は酒に酔った。桑原武夫は酒を用いた。今西錦司（一九〇二―一九九二）（図17）の酒はやむにやまれぬ生の表現だった。このことは最後にもう一度触れる。

今西はまず登山家だった。山に登ったとき酒があった。頂上で音頭をとって「バンザーイ」を三唱し、それから酒で祝った。ウイスキーのポケット瓶を身に付けていた。「ああ、おいしいな。酒はいつでも山の上ではうまいにきまっててんのや」。時間をかけて頂上での酒を楽しんだ。

**図17**●今西錦司、1982
（今西武奈太郎氏提供）

並の登山家がする「バンザイ」と酒ではなかった。今西にとって山には自然の総てがあった――「山登りも学問もひっくるめて、（それらは）私の長いあきることをしらぬ自然とのつきあいの現われであり、その成果であると見ていただいたらさいわいです（『アニマ』）。「ぼくにとって山とは何ものぞという論文を書こうと思ったんやけどね、それが書けんのはやっぱり自分やからなあ。こんだけ山が（自分に）深う入ってると、もう書けんなぁ。そういう全体的なもんちゅうのはみなそういうもんでんな」（『ちくま』一五五号）。

「全体的なもん」といっていた。これは山が今西の「自然学」と結びついているのを示している。「自然学」は自然を全体的なものに見ていた。山には木があり川があり、動物がいて虫がいる。それらは同じものに起源があって、同じように種ごとに平和に「棲みわけ」ている。同じ法則に従っている生物が山にはたくさん生息している。山は自然が一つの全体のなかにあるのを見事に示している

——

今西は柳田國男が語った民話の世界のなかで生きていた。山の神、森の神、川の神とともに生きていた。頂上での「バンザーイ」と酒は山の神へのお供えでもあった。「バンザーイ」も酒も、今西の山に対する態度、自然に対する態度がそのまま外に現われたものだった。今西そのものだった。良く知られていることだが、それを確認しておくのが今西を理解する第一歩になる。

## 教養主義

その今西は他の生物との関係を考えずに対象だけに集中する研究、アトミズム（Atomism）を嫌った。研究から抽出したある生物の原理法則を自然全体の原理法則に結び付ける研究、ホリズム（Holism）を

好んだ。誰にとっても研究の最終目的は自分の「自然観」を築くことでなければならない。すべての研究は研究者が自身の「自然観」を築く材料にしてゆかなければならない。これが今西学の根幹であった。

この根幹を造ったものとして二つがあったと見られる。一つは直接の影響だった。今西はJ・C・スマッツ『ホリズムと進化論』などを綿密に読んでいた。遺した蔵書を調べてそれが分かった。もう一つは間接の影響だった。この根幹が生まれた環境として教養主義というものがあった。教養主義は哲学を重んじた。哲学は個現象から全体に通用する原理を求める。教養主義はまた、独自で主体性がある生き方を重んじた。今西の「自然学」は独自であり、また種の主体性という考えに基づいていた。進化について、個が選択され他の個を淘汰するのではなく、種全体が主体性をもって環境に対応してゆくと考えた。いわば、種がまるで教養主義に基づいて生きていることになる。

今西の登場を教養主義に結びつけたのは梅棹忠夫だった。梅棹は語った——今西が学界に登場したのは、講座制の下での封建的なタテ社会からではなく、仲間同士が造っていた自由なヨコ社会からであった。今西がヨコ社会から登場できたのは、当時の社会が成熟していたからである。具体的には社会に育っていた「リベラリズムと教養主義が成熟していたからである」(「今西錦司の世界を語る」、『座談今西錦司の世界』)。この梅棹の見方はなぜかその後展開されていない。

リベラリズムと教養主義は同じものである。「リベラリズム」は、「寛大であること、鷹揚であること、厳しくないこと、(政治思想と経済上の)自由主義」(『研究社大英和辞典』)。他方「リベラル」には、「(広い領域に渡る、専門教育ではない)一般教育の、自由人にふさわしい」(『同辞典』)という意味が含まれている。ここでいっている「一般教育」は「リベラル・アーツ」と呼ばれている。(「アーツ」はアートすなわち学芸の複数形)

「リベラル・アーツ」を知ると「リベラリズム」を次のように知ることが出来る。

古代ローマで一般教育「リベラル・アーツ」の習得は自由民だけに限られていた。奴隷、職人はタテ社会の一員として親方から専門教育だけを伝授された。しかし自由民はヨコ社会の一員として広い範囲の学科目(リベラル・アーツ)を習得できた。学科目とは初級がいわゆる「三科目」、すなわち文法、修辞学、論理学であり、上級がいわゆる「四科目」、すなわち算術、地理学、天文学、音楽だった。この「リベラル・アーツ」を教える教育が中世に拡大されて現代のそれの基礎になった。「リベラル・アーツ」から、また「リベラリズム」から、「教養主義」は自由人から成るヨコ社会のものであったのが分る。

このあと直ぐ説明するように、今西は無給の、名前だけが講師の身分が長い間続いた。彼はヨコ社会にいた自由人であり、彼の基盤は教養主義であった。

教養主義についてさらに説明しておきたい。

教養主義は大正から昭和の戦前戦中まで盛んであった。大正教養主義と昭和教養主義に区別されている。前者では阿部次郎が『三太郎の日記』で人格主義を説き、後者では河合栄次郎が『学生に与う』などで社会への関心を説いた。一九五〇年代までは残っていたと見られている。旧制高校が教養主義の「培養基」(竹内洋)だった。

今西も教養主義を三高で身に付けた。三高に入る前に京都一中でまず身に付けた。「自由でおおらかな」校風を造った一中校長森外三郎が、今西の『学問の建設——心の対話』と『私の履歴書』に登場している。この森校長のことを、やはり京都一中を出た桑原武夫が名著『人間素描』のなかで賞賛して語っている。

読書家だった今西は、教養主義者が勧める書物からも教養主義を身に付けたであろう。青年に必読書を挙げたのが教養主義だった。『学生と読書』という一冊もあった。必読書には思想書が多く含まれていた。

自然科学者今西は西田幾多郎、田邊元を読んだ。今西以外の自然科学者、湯川秀樹も朝永振一郎も岡潔も思想書を読んだ。今西が西田、田邊を読んだのは、今西個人のせいではなくて、思想書を勧めた教養主義が全盛期にあった時代のせいだった。

教養主義から見ると今西がよく見えてくる。

**「今西塾」**

今西のところに学生たちが集まった。

当の今西は長らく正規の講座に籍を持たなかった。大学院を出て「大津臨湖実験所」に入った（一九三三〔昭和八〕）。しかし正式の所員ではなく、嘱託で無給、名前だけが講師だった。「興亜民族生活科学研究所」に出向したとき（一九三九—四二）は有給だったが、「同実験所」の無給の嘱託講師に戻って、その期間は一九四八年までの一二年間に及んだ。今西のところに学生が集まったのは主にこの期間だった。

「今西塾」ということばが一九三九年頃にはできていた。「塾」は自宅にあった。また、探検や調査に行った遠征先にもあった。

「塾」に入ったグループには二つがあった。一つは、今西の山の経歴に惹かれた学生たちだった。このグループには加藤泰安、中尾佐助、和崎洋一、ベンゼン核といわれていた梅棹忠夫、川喜田二郎、吉良竜夫、藤田和夫、伴豊の五名などがいた。ベンゼン核は六つで、彼らのつもりでは今西を入れていた。もう一つのグループは、今西の学問に惹かれた学生たちだった。そのグループのなかには、初期の人として森下正明、可児藤吉、岩田久二雄、渋谷寿夫、後期の人として河合雅雄、藤岡喜愛、河合隼雄、徳田喜三郎らがいた。

自宅で行われた「今西塾」にまず入り浸ったのは山のグループの方だった。中尾は、入学した一九三九年に仲間と一緒に今西邸を、今西と喧嘩した仲直りに訪れた。「快く会っていただき、酒を御馳走になった。これが今西さんと一緒に酒を飲むはじめになった」。和崎は、専門課程の地球物理に進学してから仲間と一緒に自宅に行った。酒盛りをして、庭に出て今西対和崎側で殴り合いになった。梅棹ら五名は、一九四一年に入学してすぐ、今西を招いて山を指導してもらう盟約が成立してから、今西の自宅に入り浸った。自宅で行われた、殴り合いではない訓練について梅棹はこう語った――「生物学を通じての理論闘争、チャンチャンバラバラ、毎日会うたんびにチャンバラやっておったけど、同時にそれは人生百般ついての、一種の知識人としての猛烈なる思想訓練だったといえる」（「今西錦司の世界を語る」）。山のグループでない学生も自宅に入り浸った。前出の岩田の思い出も載せておきたい――「勝手に風呂に入って徳利と杯だけのった食卓につき、ゆっくりと今西式に運ばれる粗末な馳走で、長々と呑み、学問の話はたちまち枠をはずして地球上の話にまで拡がり、いつしか酩酊し歌になってねてしまう。……私の青春時代で人間的な交流の最高の喜びを与えたのは今西さんであった」（『全集』9「月報」）。

自宅は左京区下鴨中川原町九五にあった。西陣の大きい織元「錦屋」が生家だった。父が買っておいた下鴨の地所に、大きな二階家を新築して西陣から移った。一九三二年、錦司三〇歳だった。近くの賀茂川（図18）でカゲロウ幼虫を調べた。家屋と地所の大部分は現存してごく最近までご長男の武奈太郎さんが住んでおられた。家屋は錦司が自分で設計した。大きな切妻造りで、私には山小屋に見

図20●今西錦司とカーペンター博士、1958（京都大学霊長類研究所、伊谷純一郎アーカイヴ提供）（八五、一七六頁参照）

図18●賀茂川の堤（東側）（今西邸は右後ろの方向に近い。この堤で野辺の送りが行われた）

図19●旧今西錦司邸

えるが、山を知っていた今西の仲間には、「山の中にある水力電気の事務所そっくり」に見えたそうだ（『私の履歴書』）。山小屋として使えば優に三〇名は宿泊できるであろう（図19）。手入れをしない自然のままの大木群が庭の南側に昔あった。「今西の森」といわれた。「森」は錦司が亡くなって相続税を土地で物納したとき伐採されたが、それでも大木三本がまだ残っていて、往年の「森」を偲ぶことが出来る。まるで山のなかにいるようだった家屋と庭は、若者たちが大酒を呑みやすく庭に出て殴り合いをしやすかった。本書は後に、九鬼周造が設計した家屋と庭園を紹介する。家屋は数寄屋風の造りで、庭には築山や池があった。家には祇園の芸妓だった美女とお手伝いさんが二、三人住んでいた。「姐や」は一人だけ今西家にもいた。

「今西塾」は自宅以外にもあった。遠征先で行われた訓練について、ポナペ島での調査の折の訓練が語られている。同島に一九四一年、約二か月滞在したあいだに、宿舎で議論が行われた。中尾によると、「今西さんは隊長の袴をぬいで議論に参加した。そうした議論は加藤泰安氏の表現によると〝煙突議論〟となるが……何時間も何日もかけて、ゆっくり煙突議論をすると、今まで蓄えた知識や世界観など、互いにとことんさらけだし、試されることになる。これが今西スクールの教育だったのである」（『全集』3「月報」）。ポナペで学生たちは報告書を書いて今西に出した。梅棹によると、原稿は元の形をとどめないほどに直された。「この厳しい論文指導のおかげで、わたしは文章がかけるようになったとおもった」。さらに梅棹によると、「私なんか、文学を読み、哲学を語りというようなことは、全部今西さんからたたき込まれたことなんです。文章が今日書けるようになったのも、こういう座談会でひとかどのことをしゃべれるようになったのも、全部今西錦司という人物によって開発されたことなんだ」(「今西錦司の世界を語る」)。

## ヨコの関係

彼らは大学で授業が終わると、夜に「今西塾」にいった。「塾」で受けた教育と訓練の方が、正規の授業で受けたそれらよりも彼らのためになった。それでも今西は塾長ではなかった。仲間の中の最年長の、ただの塾頭というべきものだった。今西と塾生の関係はヨコの関係だった。当時の教授と学生の関係は封建的なタテの関係だった。二つの違いは大きかった。吉良竜夫が今西への追悼の辞でこう語った——「先生の周りには多くの人が集まってきたが、それは門下生というのではなく、協力者であり、競争者であった」。「先生」と呼んだのは追悼の辞だったからだった。梅棹はよく「あのオッサン」と呼んでいた。異分野の塾生たちがお互いに影響を与え合った。そういうヨコの影響もあった。森下はアリの研究、中尾は栽培植物学、梅棹は比較文明学、吉良は生態学、伊谷は霊長類学、川喜田と伴は文学部で文化人類学だった。

集まった学生たちは、意識してタテの教育、タテの社会に反抗したと梅棹は回想している(「今西錦司の世界を語る」)。塾頭の今西が地位と権力を極端に持たなかった。嘱託制度が廃止されてようやく有給の講師になった（一九四八）。場所も大津から北白川の理学部本部に移った。ところが、もらった研究室は二階建て別館の、一階北側、床はコンクリートの小部屋だった。今西は下鴨の家から畳を一枚持ってきて床に敷き、椅子をそのうえに置いて壁に向かって坐った。冬は火鉢一つで寝袋を胸までかぶった（『私の履歴書』）。下宿している学生が、京都の冬を過ごす過ごし方として、これは普通だったが、今西はそのとき四六歳になっていて、九年前に理学博士となり（一九三九）、版を重ねた『生物の世界』（一九四二）をすでに出し、登山と探検隊を六つ率いた経歴があった。当時一回生だった伊谷純一郎が初めてその小部屋にいた今西を訪れた――「（そこは）蟄居というにふさわしい狭い部屋で、若かった私は、何か粛然とした印象を、この部屋とこの部屋の主から受けた」（『全集』６「解題」）。伊谷は印象を「粛然」と表現したが、今西に感情移入しない人であれば、異様、凄惨などと表現したであろう。今西が置かれていた当時の状況全般について、梅棹はそれを「惨憺たる」と表現した（「今西錦司の世界を語る」）。このような今西のところに学生たちが集まったのだ。

## 長かった浪人時代

やっと有給の講師になったのに、二年後にその講師のポストが削減された。人文科学研究所が助けに出て、空席になっていた講師の席に今西を引き取った――「これは人文研にいる私の友人たち、貝塚茂樹君や桑原武夫君などが計らってくれたことであったろう」（『私の履歴書』）。人文研でさらに九年間講師の身分が続いた。一九五八年になって社会人類学研究部門が新設されて、教授に就任、そのとき五七歳だった。三年後に今度は理学部に自然人類学講座が新設されて、人文研との併任でここの教授にも就任した。

このようにして浪人時代は終わった。人文研の教授になってから六年、理学部の教授になってから三年で停年（京大ではこう書く）になった。

今西伝だけを読んでいると、浪人時代が長かったのは今西だけだったと思ってしまう。そうではなかった。アリ学の森下正明（一九一三―一九九七）が長かった。無給の副手のあと私立高校の講師をしていたが、それを辞めて三九年から四四年までに今西が率いた四つの探検調査に参加した。四〇歳で初めて研究職（九大助教授）に就き、八年後に宮地伝三郎の後任として京大教授に就いた。カリバチとヒメバチを研究した岩田久二雄（一九〇六―一九九四）もそうだった。卒業後、台湾と海南島に渡って研究した。間を縫うかたちで合計三つの中学校と高校に就職した。四二歳になってとうとう香川県立農業専門学校、その後の香川大学農学部の教授に就任した。県立兵庫農大に移り、国立に移管した神戸大学農学部で定年を迎えた。進化論を研究した徳田御稔《みとし》（一九〇六―一九七四）も浪人時代が長かった。無給の講師から、現在インドネシアのジャワ島に渡り、終戦で帰国後、生活のために養鶏までしたが、四〇歳で初めて有給の京大講師になった。各人が就職した年代を並べると、今西一九四八年、森下五三年、岩田四八年、徳田四六年。新制大学が全国に設置されたのは一九四九年であり、今西らこの人たちは後続の人たちと違って設置の恩恵を受けなかった。

浪人生活が長かったのに、また生活の困難があったのに、彼らは好きな研究を続けた。フィールドワークが出来ていればそれだけでよかった。彼らが持っていた純粋なものは、表情や身のこなしに現われていた。「(彼ら)に接して受けた強い印象は、今でも鮮やかに私に残っている。それは日本の生態学、生物社会学の青春時代だったような気がする」(大串龍一『生物科学』五七巻三号)。今西、森下ら当人にでなくても、時代が近い同類の人物に、私のように接したことがある人なら、その純粋なものを、その青春時代を、感じとっていた。

## 仮説を早く──学風(一)

今西だけが冷遇されたのではなかった。しかし今西の学問に批判があったのは事実である。私は同学ではないので、学問的な批判をここに詳しくご紹介できない。今西が批判に反論している文章がいくつもある。それを材料にして批判をご紹介するぐらいならできそうだ。それは今西のやり方の特徴を管見しておくことでもある。

二つの上流が出町柳で鴨川になる。東の上流は高野川、西は賀茂川と呼ばれる。西陣にいた今西は賀茂川に親しんだ。その川を遡って行くと上賀茂に祖父が別荘を持っていた。そのことでも親しんだ。自分では加茂川と書いた。

その加茂川でカゲロウの幼虫を調べた。複数の種の幼虫がいた。「ある日突然に」――このいい方を色々のところで使った――有名な「発見」をした。「発見」についてこう書いている――「そのうちに、ついに転機がやって来た。ある日突然に。その日何の前ぶれもなく、私がそこにすむ四種類のヒラタカゲロウの「種社会」の棲みわけを発見したのである」（『自然学の提唱』）。この文は続きがあっていずれとり上げる。

「発見」した時期を今西は「一九三三年初夏」と書き、齋藤清明さんは一九三二年と推定している（『今西錦司伝』）。同じ調査を記録しているノートが没後に出版された（『今西錦司フィールドノート　採集日記加茂川一九三五』）。そこには「棲みわけ」の事例が数多く記録されている。ところが、この調査が行われた時期は、表題にあるように「発見」のあとの一九三五年だった。法則を「発見」したあとで、不十分だった調査をあとから補強していた。そのやり方が今西の常套だった。さらに、同じ調査をもっと上流に移した。さらにまた、日本アルプスの渓流にも移した。法則を打ち出すには、それまでの調査の量がまだ「未完成」（『生物の世界』）だったのが自分で分っていた。調査の量は、後輩の森下正明が、自分のアリの研究ではそれが十分になるように気を付けた。

今西には法則を導き出したい強い志向があった。ただ観察するだけなのを嫌った。そのうえ、カゲロウ幼虫の調査から抽出した「種社会」という考えを、植物へ、他の動物へと、一気に拡大していった。

拡大したときの結果を先取したのが『生物の世界』だった。「序」を書いたのは一九四〇年、原点だったあの「発見」から約八年が経っていた。八年の期間をどう見ていたのか。

同書の「序」で、「今度の事変（注、一九三七年に始まった日中事変）がはじまって以来、私にはいつ何時国のために命を捧げるときが来ないにも限らなかった」といっている。八年ではまだ早いと自分で分っていた。しかし書きたくて仕方がなかった。あの本を読めばそれが分る。

あとになって、同書を補強した本を二冊書いた。『生物社会の論理』（一九四九）では、扱う生物の範囲を広げた。日本アルプス、モンゴル、ポナペ島、中国大興安嶺で調査した。それらの地で、「さまざまなタイプの（生物の）社会を観察した」（『私の履歴書』）。次の本『人間以前の社会』（一九五一）では、理論の適用範囲を人類以前に広げた。サル、チンパンジーは社会を持っているのが分り始めていた。

あとになってから調査と範囲を補強したのだったから、それまでの理論、法則は仮説だった。仮説を先に出してあとで仮説を証明していった。これが今西の研究のいつものパターンになった。『生物の世界』の冒頭でいきなりこう書いていたではないか――「（この本は）私の科学論文が生まれ出ずるべき源泉だ」。それまでのたくさんの論文からこの本が出来たのではなく、この本からたくさんの論文がこれから生まれるのだと。

今西の仮説の出し方について批判があった。それがあったのは今西が次のように反発していることから分る――

「仮説がはいりすぎるとか、実験的な裏づけにとぼしいとか、いうひとがあるが、この批評はなんら本質をつくものではない。仮説のないところに科学は成りたたない。仮説は科学をデザインするものである。科学の建設には、その基礎工事として、観察時代も必要なら、起源論もまた必要なのではなかろうか」（『人間以前の社会』「序」）。

この文章はいろいろなことを教えてくれる。「仮説は科学をデザインするものである」――ここに今西の方法の骨格があった。ただ、「（仮説が）はいりすぎる」、「裏づけにとぼしい」という批判には答えていない。批判者も仮説を立てることそのものは認めていた。私の元の同僚、植物分類学の堀田満（一九三五―二〇一五）もいった――数千万年数億年にわたって変化してきたような対象に対しては、仮説を立てなければならない。「そのことをとり上げてその体系が自然科学ではないというのは、それは自然科学を矮小化するものでしかないであろう」（『知の考古学』4）。今西がいった「起源論」というものは仮説である。今西はそれを「基礎工事」に含めている。仮説という「基礎工事」の上に科学が建つ。仮説を避ける文献学とは違っている。京都の学問が変わってきた。しかし今西への先の批判者は、起源論という基礎を建てるときの工事がしっかりしているのを求めていた。批判と今西の反発はかみ合っていなかったようだ。

## 「直観の賜」――学風（二）

これまでに早い時期に仮説を出すやり方を見てきた。今西の学問にはもう一つの特徴があった。それは直観によるやり方だった。

先に引用した、「ある日突然に」をいっている『自然学の提唱』からの文章には続きがあった。ここで直観のことをいっている――

「発見といえば湯川秀樹博士の中間子理論にしても、ワトソンとクリックによる遺伝子の二重螺旋構造にしても、それらはそれぞれの学者が、おそらくさんざんに考えあぐねたうえでの発見であったであろう。そういう発見にくらべたら、この私の種社会の発見は、まったく棚ぼたであったといえる。しかし、まったく棚ぼたといってしまったのでは、厳粛なるべき学問の世界にたいして、申し訳ないような気がしないでもない。私一流の解釈で、直観の賜だといってみたところで、みなさんの納得はえられないだろう」。

この文章は正しく読まれなければならない。「みなさんの納得はえられないだろう」は、激しい批判をした「みなさん」への皮肉である。投げやりな口調で批判者を相手にしていない。皮肉がこの文章の表情であり、文章の骨格は開き直りだった――「私の発見は直観に依った。それのどこが悪い」。

直観によるのと早い段階で仮説を立てるのとは一体だった。

## 本流に加わる

教授たちは本館に大きな教授室を持っていた。今西はコンクリート敷きの小部屋に蟄居して「惨憺たる」状態だった。その今西の方に集まった学生たちのその後は以下のようであった——森下は京大名誉教授、中尾は大阪府立大名誉教授、梅棹は民族学博物館館長、吉良は琵琶湖研究所長、川喜田は東工大名誉教授、伊谷は京大名誉教授、等々。現在活躍中の、今西の系統にある学者として、末原達郎京大名誉教授、松沢哲郎京大名誉教授、松林公蔵京大名誉教授、山極壽一現京大総長……

支流だった今西が本流に入った。グループの学者たちも本流に入った。梅棹は異端が正統になったといった。私は本流ということばを使って主流ということばを使っていない。これは今西学が主流になったことは一度もなかったと、同学の専門家たちがいっておられるのに配慮したからである。しかしそういう彼らも、今西が果した役割には敬意を払っている。今西とグループの登場は、京大の学問の歴史のなかで特筆すべきことだった。

支流が本流のなかに合流してきた、その環境は何であったか。

すでに紹介したように、梅棹は日本の社会に教養主義が成熟していたからだとした。梅棹は続けて、今西と「今西人脈」の抬頭と同じ現象が、他の分野にもあったに違いないといった。

同じ現象が確かにあった。

桑原武夫は、視野が狭いフランス文学者ではなかった。彼は教養人だった。人文研での共同研究はヨコ社会においてなされた。人文研以外からも人が集まって出来たヨコ社会だった。彼はヨコ社会のまとめ役だった。桑原と桑原の人脈にいた人たちを除いては京都学派第二期の隆盛はありえなかった。梅棹が教養主義が造ったヨコ社会をいったときに、桑原のことをいわなかったのは不思議である。

英文学者深瀬基寛も、教養人だった。小さいグループだったが人を集め、人との交流は学外者を含んでいたヨコ社会のなかで行われていた。

桑原、今西が山に登っていたころ、黒部渓谷で滑落死したほとんど無名の詩人が京都にいた。竹内勝太郎といった。竹内のところに文学者志望の三高生たちが集まった。富士正晴、野間宏、のちに筑摩書房の社長になった桑原（竹之内）静雄らだった。彼らもまた竹内から、学校での授業では与えられなかった充実した教育を受けた。このことは本書の「富士正晴」で詳説している。

桑原、深瀬、竹内からやや遅れて、講座制ではなく教室制の下にあった、当時の京大教養部ドイツ語教室が、ヨコ社会のなかで表現主義、ベンヤミン研究などの拠点になった。この教室にいた多くの研究者たちには、文学部教授大山定一からの影響があったが、タテ社会にいた大山自身がヨコ社会を喜んだところがあった。

ヨコ社会の形成には酒が関わった。今西のグループ、桑原のグループ、深瀬のグループ、竹内から出た富士のグループ、ドイツ語教室のグループは、それぞれの繋がり方で酒と繋がっていた。

ヨコ社会という形と酒とが、京都学派の第二期が出来るのを助けた。このことはこれまで何度も述べた。

今西に戻ると、今西に集まったのは同僚ではなくて学生たちだった。しかもほとんどが新入生、稀に専門課程に進んだばかりの学生だった。集まって来た若い彼らに、今西は直ちに「いけへんか」と声をかけて、探検、調査への参加を誘った。彼らは喜んで応じた。誘われるのを求めて学生が集まった。ところが、彼の方から自分の学問を樹立するために学生を集めたところもあったらしい。そういうところもあったと森下正明がいうと、梅棹は「あるな」、「あるな」と勢いづいて同意した（「今西錦司の世界を語る」）。研究を進めるためにそれをしなければならなかった。ゲリラ戦の首謀者が若者による実戦部隊を編成するようなものだった。今西はしばしば自分は身を引いて仲間たちにやらせた。彼の「棲みわけ」と「種社会」の説を、若者たちが彼に代って検証していった。彼に代って遊牧民の生活を調べ、文明圏の生態を調べ、照葉樹の分布を調べ、サル、チンパンジーの社会を調べた。彼らが今西を支流から本流に押し出し、彼ら自身もやがて本流に加わった。

今西グループのフィールドワークは、それまで文献学派が支配していた京都学派にとって画期であった。

これで私のこの文章を終わらずに、冒頭で触れた今西の酒に戻って終わりたい。これから紹介する今西の武勇伝は面白いが、私はただ面白いだけで済ませたくない。

## ロンドンでの雄姿

ロンドンのピカデリー・サーカスは日本ではさしずめ新宿三丁目といったところだ。歌舞伎町にあたるソーホーという歓楽街が目と鼻の先だ。今西がピカデリー・サーカスで虎になった。そのときの虎の有様を、一緒にいた伊谷純一郎がうんざりしながらこう語った――

「私はロンドンで、もう今西さんと別れて、一人で帰ってやろうと思ったことさえあった。上機嫌で、大いに酩酊した今西さんは当時ロンドンに駐在しておられた小川さんと肩を組んで、紳士の町ロンドンのところもあろうにピカデリー・サーカスを、「紅萌ゆる」を大声で歌いながら歩きだしたのだ。私は今西さんの片腕をかかえて、行きかう人にぶつからないようにするのがせい一杯だった。ロンドンのおまわりが三度私に近づいてきて、いとも丁重に、「メイ・アイ・ヘルプ・ユー・サー」とたずねた。ヘルプされれば留置所にちがいない。いっそおまわりにまかせようと思ったが、それでも必死で「ノー・サンキュー」と返事した。おまわりのお世話にならずにすんだが、そのあともさんざん手をやき、私はとうとうロンドンのまん中で今西さんをほっておいて一人で宿に帰った。翌朝、今西さんはきょろっとして曰く「夕べはおうじょうしたで。帰る道がわからへんね。上を指さしてな、ネルソン、ネルソンて聞きながらやっとたどりついた」。ホテルは、トラファルガー・スクエアのネルソンの像のそばにあったのだ」（「『人間性の進化』のあとさき」、川喜田編『今西錦司――その人と思想』）。

伊谷がいった「小川さん」とは、『フォトドキュメント今西錦司』が「小川武」と明記している。小川は今西を、ゴリラなどの飼い方を見せに、ロンドンの動物園に連れていった。以前には今西の大興安嶺調査に参加していた。なるほど、今西が肩を組める仲間だった。

伊谷も仲間だったから、今西の差支えがある行動は筆では書かなかった。しかし口では、今西の伝記を書くために取材に来た本田靖春さんにそれを話した。本田は今西の仲間ではなかったから、聞いたことをほとんどそのまま書いたようだ。『評伝　今西錦司』のなかの本田の記述によって、伊谷が書かなかったことを知っておこう。

本田は書いている――「二人は駐めてある車のアンテナを次から次へとへし折っていった」。「（なおも）歩いてゆくと（筆者注、ソーホー地区に入っている）、娼婦たちがたむろしているのが前方に見えてきた。と思ったとたん、今西がそちらに向かってものすごい勢いで駆けだした。女たちはあわてふためいて逃げる。そのとき三人はばらばらになった。伊谷はもうこれまでと、一人でタクシーを拾いトラファルガー広場のホテルに帰った」。

このあたりの今西の行動を、伊谷の方は先の文章で「そのあともさんざん手をやき」と書いただけだった。それだけにして今西を庇ったのだ。伊谷が本田には話した、「（娼婦たちは）あわてふためいて逃げる」は、本当に逃げたのか、それとも伊谷がここでも今西を庇って逃げたことにしたのか――。

いやいや、そんなことはどうでもよかった。もっと大事なことがあった。その夜のロンドンは今西の晴れ舞台だった。だから酔ったのだった。今西の晴れ姿、これこそが大事なことだった。

一九五八年、今西はサル学の伊谷と一緒に三か月海外に行った。まずアフリカで、サル、ゴリラなどを日本に輸入するための下調べをした。山にもたくさん登った。次にヨーロッパに渡って、諸国を回りイギリスに至った。最後はアメリカだった。欧米では、各地にサル学の研究者を訪ねて、日本のサル学の現状を紹介した。日本から持ってきた、高崎山と幸山で写した16ミリの記録映画、「ニホンザルの自然社会」を見せた。今西が創刊した前出の、このときから英文になったサル学雑誌「Primates（プライメイティーズ）」を手渡した。日本のサル学は欧米のサル学よりも進歩していた。個体識別、餌付け、長期継続観察の三つは日本だけが出来ていた。映画で見て彼らは驚いた。信じられないという人もいた。アメリカでサル学の創始者の一人カーペンターに会って、その雑誌をカーペンターが手で掲げている記念写真を撮った（図20）（一六一頁）。今西の姿は堂々としていた。「カーペンターと並んで背筋を立てた今西の姿に、明治一三〇余年の日本の歴史と、戦後のわが国の復興を担った人々の姿を見る思いがする」（『科学』、二〇〇三年一一月号）と、今西のサル学を継いだ一人松沢哲郎さんが語った。「この歴訪が、日本の、いや世界の霊長類学のその後の進展に果たした役割は非常に大きかった」（伊谷）。この歴訪から二七年後だったが、伊谷が英国人類学会からハクスリー賞をもらった。歴訪で会った三人のサル学者が、これも長い歳月を経て、たまたまある学会で伊谷に再会した。三人は口々に「ドクター今西はどうしているか」と尋ねた。今西が彼らに重んじられていたのだった。

欧米の学者がまだやっていないことに挑戦した。ダーウィンに挑戦したのが原点だった。日本で仲間が増えていた。欧米で日本のサル学が一目置かれるようになっていた。ロンドンでは凱旋将軍のような気分だっただろう。もともと生粋の京都人は、ロンドン、パリを京都と同等だと見ていた。京都には朝廷が長くあった。今西や梅棹忠夫のような西陣の人は、西陣を「文明の大センター」（梅棹）だと見ていた。

だが、ロンドンは普通の外来者を縮み上らせる。ウェイルズから一七歳のド・クィンシーがロンドンにやって来た。相手にされずにソーホー広場でもう少しで餓死していた――娼婦アンに救われた。スコットランドから青年W・S・グレアムがやって来た。彼も相手にされずに巨大なイングランド銀行の冷たい大理石の側面に身を寄せて一夜を過ごした――という象徴的な場面を自作の詩のなかに書いた。ロンドンは彼らには巨大で冷たかった。日本からの留学生なら、わざわざ漱石を持ち出さないでも自分自身が、大英博物館でまたセント・ポール寺院で、詩人グレアムと同じように縮んで小さくなった覚えがあるだろう。

今西は違った。ロンドンで上を向いて歩いていた。「紅萌ゆる」を高唱していた。娼婦に向って駆け出した。ロンドンに対してまたイギリスに対して、それは怯えていない日本人の姿だった。今西は外国に留学したことがなく、本当のロンドン、本当の欧米を知らなかった。知らなかったからなのか、それとも知らなかったにもかかわらずなのか、とにかく今西は欧米に対して強かった。「外国の文化を吸収するだけでなんになるか」、これが常日頃の主張だった。それは今西の態度だけではなく、当時の教養主義者が欧米の文化に相対したときの態度でもあった。今西の「種社会」説にしても、それはダーウィンの説を受け入れたものではなかった。強者が弱者に勝つ突然変異と自然淘汰の説ではなかった。種が平和に共存しながら種全体が進化するという説だった。いかにも日本人の説らしい、温和な説だといわれてきた。その説によって今西は欧米に立ち向っていた。

サル学で我々はこうしてイギリスに差をつけている。大イギリス人ダーウィンと自分は張り合っている。今西は晴れ舞台のロンドンで、ここで酔っても構わないと思って酔ったに違いない。酒呑みは「よし、呑もう」があってからはじめて酔う。そういうものだ、酒呑みというものは。

恐ろしいロンドンで虎になれた今西。伊谷は手をやいていたが、その夜の今西の姿は雄姿に映る。日本という国家が近代の西欧に立ち向かっていた雄姿に映る。戦中に「京都学派」が、日本の精神文化によって西欧の文化に「超克」すべしと構想した。思えば、その構想に自然科学の分野でとり組んでいたのが今西だった。今西はそのように位置づけられるであろう。

京都学派の「第二期」を築いた三人の巨頭を見てきた。本書はこれから、三巨頭の他にも酒を呑みながら学問をした第二期の人たちを続々ととり上げて行く。京都学派にも色々あったが、本書では文学の関係者が中心になっている。

# 第2章　第二期人物列伝

1　深瀬基寛　2　大山定一　3　古田晁　4　富士正晴　5　高橋和巳　6　小岸昭

## 序

新制高校出の小岸を除いて、全員が旧制高校を出た。第二期の人と学問には旧制高校の影響が大きかった。その影響はまず、深瀬と大山の自由奔放な行動から知ることが出来る。

古田は筑摩書房の創業者だった。筑摩は京都学派の人たちの本をたくさん出した。その筑摩はどうなったのか。第二期の隆盛の蔭には悲劇があった。

富士は文人だったが、その頃の学派の空気を良く表していた。

高橋は学者でもあったが小説家としてとり上げている。富士は東京から顧みられなかったが高橋は東京から大いに顧みられた。

小岸は第二期の残照のなかにあった。大きな時代だった第二期の大きさをまだ保っていた。

## 1　深瀬基寛——詩人と教養主義者

### 居酒屋

旧制三高を出た「深瀬さん」（一八九五―一九六六）（図21）は、三高と京大教養部の名物教授だった。英文学者にしては珍しく一般の読者にも知られていた。『現代英文学の課題』と『エリオットの詩学』が多くの読者に知的な興奮をあたえた。後年に『エリオット』が読売文学賞を得た。

居酒屋に坐ると、いつものとろけるような顔が一層とろけるようになった。鼻にずり落ちてくる眼鏡が一層ずり落ちてきて、受け口の下唇が受けとめるような感じになった。ときに中腰になり手拍子をとって「緑の地平線」などを低唱した――「なぜか忘れぬ　人ゆえに」。

元歌を正確に歌おうとはしなかった。中腰のまま両手を空に舞わせて、身体を揺らせながら、身体全体を使って歌

図21●深瀬基寛、1959

図22●小島祐馬

ったといわれている（上田泰治「解説」、深瀬・唐木『往復書簡』）。この歌い方は深瀬が文学作品にあい対したときの語り方とそっくり同じだった。いきなり大事な問題が現われている。

量は斗酒ではなかったが、回数がとにかく多かった。奥方が夫君の酒に神経をとがらせた。酒豪と呑むのを特に嫌った。東京からやってくる筑摩書房の二人が酒豪だった。社長の古田晁が深瀬の家に台所から入ろうとすると、奥方に水をぶっかけられた。編集の竹之内静雄が玄関に入ると、奥方に「今回はご親切にもお寄りくださらないとばかり思っておりました」といわれた。まったく同じセリフを、詩人の草野心平が玄関に入ったときにも浴びせられた（草野『続私の中の流星群』）。心平が東京でやっていた居酒屋で深瀬が大歓迎されるのを、奥方は逆恨みしたのだった。

この奥方は土佐の素封家に生まれていつも心得にやかましい人だった。夫君の身体を案じていただけでなく、学者のあるべきたたずまいが念頭にあったのだろう。深瀬の姉正壽子《ますこ》は同じ高知県吾川郡出身の中国学者小島祐馬《おじますけま》（図22）に嫁いでいた。この夫婦の長女素子は西洋史家鈴木成高の夫人になった。深瀬の奥方は小島の生活を知っていたにちがいない。小島は深瀬と対照的な人だった。古武士のような風格、剣道で鍛えた立派な体格、移った住まいはいずれも大学から近い真如町、聖護院、田中門前町で、富士正晴によると真如町では立派な筆跡の大きい表札がでている屋敷風の家だったという。土佐の人らしく大酒家だったが、日常は呑む暇がない大学人であり学者だった。信念を持っていた学者で、文献学に強かったそれまでの京大の中国学に「社会思想史研究の礎を築いた」（池田修三）。

学内政治にも秀でて、初代の人文科学研究所所長を務め、次期総長の声もあった。他方の深瀬といえば、優しい表情、灌木のような華奢な体格、大学から離れた洛西の田園地帯に隠れるようにして住んでいた。奥方が深瀬になってもらいたかったような、学問一筋の学者は、草創期の学者の全員がそうだった。例えば田邊元がそうだった。「三十余年の京都生活において京都見物をされたことなく、大阪に行きしことなく、大学人以外に交われしことなかった」（相原信作）。大学から直ぐ近くの吉田下大路町に住み、外出といえば散歩だけで、吉田山を越えてすぐの真如堂までに決まっていた。これらの学者に較べて夫はだらしがないと深瀬の奥方は思っていた。夫君の方は酒が昼夜に及んだ。勉学を妨げるような回数に及んだ。回数が深瀬の酒にあった最大の問題だった。これが奥方が嫌った深瀬流の酒乱だった。

## 逸　脱

呑んで暴れるような人ではなかった。穏やかな人だった。もし暴れれば軽い身体が吹っ飛ばされただろう。酒で暴れはしなかったが、日常の生活のなかに乱、逸脱があった。逸脱の話はいくらでもある。

四歳になった初孫に酒を十杯呑ませると、まわった鈴子が「有楽町であいましょう」などと次々に歌いだしたので目を細めた。鈴子に深瀬がうれしそうにお酌をしてやっている写真を『童心集』に収めた。鈴子が家に泊まった夜には、四歳なのにいつもの居酒屋につれていった。

東京で、昔訪れた島崎藤村の仮寓の跡を探すうちに、歩き廻ったので便意を催した。ちょうどよい砂山を見つけたので、三高の教授だったのにその砂山に脱糞した。派出所の隣りだったので警官にこっぴどく叱られた。

孫娘を酔わせ、わざわざ東京で野糞を垂れたのを、隠すどころか得意げにいいふらした。

逸脱は学問に直接関わる重大なものもあった。

京大の多くの学者たちは大学の近くに住んでいた。吉田、北白川、田中あたりに住んでいた。田中には狩野直喜、西田幾多郎、内藤湖南がいた。前出の田邊は吉田だった。やはり前出の、小島が住んでいた真如町以下の三か所も大学に近かった。家から研究室と図書館にすぐに行けた。学問は読む資料の量で決まるところがある。通学に時間をかけていてはその量が影響を受ける。深瀬のころはその気になればまだ近くに住める時代だった。ところが深瀬が家を建てた地は洛西の小松原、今の立命衣笠キャンパスのすぐ東、吉田にある大学からははるかに遠かった。

それでも小松原には二人の哲学者高坂正顕と木村素衞が住んでいた。先に住んでいた高坂が隣に木村を呼んだ。場所は衣笠山の東の麓で、深瀬の家からは少し離れていたが、同じ小松原のなかだった。高坂は文理大に赴任して東京に去ったが、木村は昭和二一年に急逝するまで赤い屋根の大きい洋館にずっと住んだ（張さつき『父・木村素衞からの贈りもの』）。深瀬が居た将に今の小松原北町に、福井崇蘭館という宋代の書籍を集めた文庫があった。御典医福井榕亭の書庫で、草創期の学者小川琢治と狩野直喜がそこを訪ねたとき、深瀬と同じ世代の吉川幸次郎が同行したから、深瀬が居た頃その文庫はまだあった。少し北の金閣寺畔には、梵文学の足利惇氏が住んでいて、歴史学の鈴木成高が足利の近くに一時移り住んだ（一九四三）。ところが深瀬は、近くに学者らしい学者たちが住んでいたのを書かなかった。その文庫が近くにあるのも書かなかった。絵描きさんや植木屋さんが住んでいるとだけ、自慢げに書いたのだった。自分は大学から離れた、いかにも文化はつる僻地に住んでいるように書いた。また、自分だけが僻地に住んでいるように書いた。深瀬がついた嘘だった。自分の生活を作品にしたかった。野糞を垂れたとわざわざ書いたのも作品にしたのだった。生活が詩だったと好意的に表現した人がいた。安田章一郎さんという、深瀬を尊敬していた支持者だった。要するに作家だったのを、安田さんはきれいに詩人だったといった。

学者の家は本だらけのもので、小島の家もそうだった。部屋は人が二人坐るところ以外は本だった。だが、深瀬の家は本がなんと六段の本棚一つだけに収まった。本を売って酒代にしていたのだった。それも自分で得意げに語っていた。安田さんが二階に上って自分の目で、嘘ではなく本当に本棚一つだったのを確かめたときは、ギョロッとした目をますます丸くして驚いた。

出没した界隈は祇園ではなく西陣の千本通、呑むところは中立売付近の居酒屋に限っていた。近くに五番町遊郭と歓楽街西陣京極（図23）があった。千中の南西角にまだある時計台（図24）を語った

図23●西陣京極への入口

図24●千中の時計台

図25●「態鷹」跡と中立売通

（「千本かいわい」）。一番落ち着いた居酒屋は「熊鷹」だった。図25右手の、シャッターが閉まっている店の左半分にかつてあった。店から左に一軒おいた六軒町通が写真に入っている。いくつもあった遊郭への入り口の一つだった。

五番町遊郭。もとは西陣の織屋に勤めていた職人がよく通った。織屋の旦那の方は上七軒のお茶屋に通った。遊里のなかは通りによって集めている遊女のランクが異なっていた。同じ職人でも貧しい職人が入れる区画があった。五番町に通った水上勉は寺で奉公していた貧しい修行僧だった。修行僧でも入れた遊里だった。その後もずっと大衆に開かれていた。昭和三三年になくなったが、深瀬が「熊鷹」に入り浸っていたころはまだあった。どの地域のどの店で呑むかはそこで呑む人の学問に微妙に影を落とすものだ。だからこれは軽い問題ではない。本書が千中の写真を三枚入れたのは、深瀬の人と学問を知るためである。深瀬は千中に親しむことによって学者としての相貌を決めたのだった。自分に対しても外に対してもそれを決めたのだった。例えば先に登場した小島祐馬が、田邊元が、遊郭の近くに出没することはありえなかった。

他にも逸脱があった。深瀬には痔があった。三高が京大に移行したころに症状がひどかった。教室に入ると椅子にすぐ座らずに、くたびれた鞄からゴムの大きな輪を取出し、それを口で「プーッ」と吹いてふくらませ、椅子の下に敷いて尻をゆっくり乗せてから、おもむろに授業を始めた。「プーッ」を控室でやってこないで教室でやって学生に見せた。たくさんの学生が見ていたので長い間語り草になった。そのうち休講の張り紙が掲示板に出て、ずっと張り出されたままになった。ところが、痔で寝ているはずの深瀬が酒場に毎晩出没しているという噂が流れた。噂を確かめようとして、学生だった山田稔さんが「熊鷹」に出かけていった。やはりそこに居た。そのときのことを山田は書いている――「大学を休講にして、病をものともせず場末の薄汚い酒場で飲んでいるその姿が、戦後間もなく私たち青年を包んでいたロマンチックな文学観、人生観、いや時代の空気と結びついて、深瀬さんをいっそう偉大に思わせたのである」（『生命の酒樽』）。

深瀬の休講は退官が近づくにつれて一層多くなり、授業があるのは年に二、三回になった。授業があるときは「深瀬教授本日授業あり」という掲示がだされた。深瀬の場合はやはり休講が多かった大山定一の場合とは違っていた。深瀬には京大病院に入院した健康問題があったのは確かだった。それでも酒場に通っていた。そういうときの「本日授業あり」だった。

退官の記念講義「悦しき知識」を自分の口では語らなかった。半年前に別の大学でした講演をテープに入れておいて、それを大入り満員の会場に流した。肺を病んでいたせいもあった。深瀬は壇上にいて、話が進むにつれて人名や単語を英語で黒板に書いた。ときに書いた詩をかなり大きい声で朗読した。十六世紀のシドニーから二〇世紀のスペンダーまでたくさんの英詩人が登場した。この講演はテープを起こして活字になっている（『深瀬基寛集』１）。活字になったものを読むと、かっちりした原稿を作ってはいなかっただろう。一生に一度の記念講演だったはずだ。余裕があるところを聴衆に示したかったのだろうか。あの講演は専門家に向けてよりも、昔教えていた三高の学生に向けて話しているようだった。

逸脱していた有様をこれまでたくさん見てきた。逸脱こそ正常とする気風が旧制高校全体にあった。一高よりも三高にその気風が強かった。深瀬の基盤は三高のこの気風にあった。この気風を教官になってからもまだ保っていた。三高生といっても並の良識に従う勤勉派もいた。深瀬は無頼派の学生の方に愛された。無頼派だった織田作之助が、仲間が面白がっている深瀬を見ようと珍しく授業に出た。ついでに「この教科書は面白くない」といって深瀬に教科書を替えさせたのに、替わってからは教室に出てこなかった。

山田稔さんが深瀬を敬愛したのは、織田作らとは別の感覚からだった。山田は織田作より一七歳年下だった。山田は深瀬の見事な逸脱を、太平洋戦争後の「時代の空気」と重ねた。その「空気」とは、先ほどの引用文にあった、「場末の薄汚い」酒場という記述が示すような空気だった。「身なりをかまわぬ、風采の上がらぬ小柄な老人」が居たとも書いている。まだ高度成長の時代には入っていない、焼け跡の時代から遠くなかったころだった。荒廃の気が濃かった。山田は深瀬に漂っていたそのころの時代の空気に感応したのだった。颯爽たる高度成長期には似合わない人だった。

三高に古くからあった気風のなかで、また荒れた戦後の空気のなかで、深瀬は逸脱こそ正常なのだと語りに語った。私家版の「深瀬語録抄」を編んでみよう。すでに書いたことの繰り返しもあるがご容赦願いたい。深瀬基寛のエッセンスは以下のようなものだった——

うっとおしい大学近くになど住めるものか。洛西だって歴史の舞台だった。御室から小松原へ抜ける間道を昔光秀が信長を討とうと本能寺に向って攻めのぼった。(私だって光秀になってやる) 洋書を売り飛ばして酒代にしてどこが悪い。ハレの四条通りよりもパチンコの騒音が雨あられの千本通りが落ち着く。なんといってもおでん屋が一番だ。この具には生わさびが要るというとすぐ市場に走ってくれる。そのおでん屋「熊鷹」のまん前で、チンチン電車が曲がるときの「キイーッ」という音がまたなんともいえない。この店には孫の鈴子と同い齢の久子がいて、わたしの膝に乗ってお酌をしてくれる。久子の柔らかい手には徳利が熱いので、私の名前は「アッチッチのお爺ちゃん」になった。

深瀬は隠者の役、浪人の役を演じた。前出の安田は深瀬の生活全体が詩だったといった。役者と詩人とは少し違うが、安田は同じ意味に使ったのだろう。安田はこういうときに詩人ということばしか使わない人だ。深瀬の生活は自分で書いた作品のなかの場面になった。

深瀬と同じようにして、真の自己 (Self) を演技によって組み立てて行く生き方を、ルネッサンス人に顕著な生き方だとしたのが、グリンブラットという思想・批評家だった。彼の見方は二一世紀の初頭にかけてまで欧米でも日本でもずいぶん称揚された。深瀬は小松原ルネッサンスといういい方をした。明智光秀が小松原を通って本能寺で信長を討った、戦国時代の小松原を再生させたかった。グリンブラットのいう「自己成型」(Self-fashioning) をした擬似ルネッサンス人だった。「自己成型」をする生き方は、深瀬だけではなく、どうも旧制高校の出身者によく見られたようだ。本書で取り上げる青木正児という中国文学者も、隠者になれるように「自己成型」した人だった。

## 学界への反感

本題に戻りたい。これまでに日常生活のなかにあったたくさんの乱と逸脱を見てきた。それらは飲酒癖と一体をなしていた。これが深瀬の酒のほとんどすべてである。

「本当は寂しい人だった」、「傷つきやすい自分を隠すことにかけてはなかなかの達人だった」（石田憲次）――深瀬を知っていた仲間たちがそう追想した。ここに深瀬が隠していた真実があった。様々な寂しさがあったようだ。

祇園に通えない寂しさがあり、それを隠した。顔見世を一〇年振りに見て、感心した歌右衛門をわざと「歌エモン」と書いた。いつもの年末は夫人だけを南座に送っておいて、自分は南座に入らずにその足で珍しく祇園で呑んだ。「祇園で」とは書かずに「南座前から左手の方に廻った」と書いた。舞妓はいつも「舞子」になった。「舞子」といういい方もあるがわざと少ないいい方を選んだのだろう。知っているのに間違え、照れながら関心がないふりをして、ハレの世界に入れない寂しさを見事に覆い隠した。無智を装ったのは、ハレの世界に内心では降参していたからである。

ついでだが、本書で取り上げる富士正晴のハレに対する態度が深瀬の態度に少し似ていた。ただ、富士の態度にはハレから身を引きながらもそれを利用してゆく生活者のしたたかさがあった。深瀬はしたたかではなくただ身を引いただけだった。

一般の読者とジャーナリズムに受け入れられたが、学界には受け入れられていないと自分では思っていた。学界への強い反感を口に出していった。深瀬の処遇がジャーナリズムと学界で違ったかどうかは難しい問題である。『英語青年』という信頼されていた雑誌があって、別冊で「特集　日本の英文学研究」を出した（一九八四）。そこに挙げられた「日本の英文学者」一二名のなかに深瀬は入っていた。他の一一名は平田禿木、土居光知、本間久雄、斉藤勇、高垣松雄、矢野峰人、福原麟太郎、島田謹二、西川正身、中橋一夫、吉田健一だった。京都出身の学者では矢野と深瀬だけだった。それをもって学界に受け入れられなかったといえたかどうか。

酒は自分にとって「痛み」を忘れる「麻酔剤」だといった。こういういい方にはこちらは注意してかかるほうが良い。そうしないと深瀬の計略にひっかかりかねない。「痛み」とはなにかというと、それは学界に受け入れられない痛みらしいとなるのが自然の成り行きである。そうすると深瀬さんはかわいそうだとなる。自分の酒を世間にそう受けとらせようとする魂胆があった気がする。

いわゆる学問的な著書が少なかったのは事実だった。そういう著書を書くのを嫌ったのだ。日本人としての自分が納得できるかどうかを魂をこめて問い続けた。対象を自分のなかで反芻して自分のものにするのを身上にした。反芻するとき、対象を自分の関心から見ようとしたので、他人から見ると、エリオットならエリオットをいつも正確に「講釈」したとは限らなかった。

その点についての批判が、東京の丸谷才一と京都の英文学者御輿員三から出された。二つの批判は当人の没後に出されたが、同じような批判は生前の当人の耳に入っていた。それは深瀬が次のようにいっていたことから分る——「誤解の方が自分にとっての正解なのだ」、「誤訳など大した問題ではない」(『童心集』)。二つの発言は本気だった。深瀬の心中を察して敷衍してみると——「自分が受け取った考えの方が正しいのであって、元の考えが正しくないのだ」、「誤訳があっても全体を魂をこめて受け止められるかどうかの方が重要だ」。翻訳はときに自分が入る翻案になった。第Ⅰ部で紹介したが、アフリカの現地人のセリフが日本の高知あたりの田吾作のセリフになった。ロンドンの社交界の女性のセリフを京おんなのセリフにしたがっていた。アカデミズムは自分を解釈に入れるのを許さない。深瀬は学者よりも教養主義者だった。教養主義を自分で極端に理想化した理想主義者だった。いわゆる学界に対して自分のやり方と態度の方が正しいのだという気持ちを持ち続けた。

それでは深瀬が京都学派の正統に属さなかったかというと、それはそうではなかった。京大文学部の、また京大英文科の学風は、学問は社会に貢献しなければならないとした。英文科初代の主任教授上田敏がそれを唱えて、『海潮音』などの訳詩集を出した。二代目の厨川白村は、当時ベストセラーになった『近代の恋愛観』などで一般の読者を啓蒙した。哲学科では太平洋戦争の意味をめぐって高坂正顕、西谷啓治らが世間に向って発言した。深瀬は、エリオット、オーデン、ディラン・トマス、スペンダーなど多数の現代詩人を日本の知識人に近づけた。他方で、現代の文明に警戒心を持ち続け、マシュー・アーノルドに始まって、クリストファ・ダウスン、ミドルトン・マリ、アーノルド・トインビーなど、それぞれの時代を強く批判した、モラリスト系の警世家知識人たちを意識してとり上げた。日本人のためになろうと思い続けた。深瀬が祖国の知識人を啓蒙した度合いは白村に次いだであろう。深瀬はこの面では正統に属した。以上は本書の「第I部　實事求是——京都学派の学風」の部分を再説している。

余談になるが、白村といえば、白村が世話をして深瀬は三高で教える職をえたらしい。深瀬が西石《さい》垣《せき》にあった鰻の「神田川」にいたとき、白村が入ってきて、「なんだ、深瀬じゃないか」からその就職の話が始まったと書いた（『童心集』）。深瀬が人気があったのは、一つにはこういう変わった話をたくさん書いたことによる。本当にそのときに就職の話が始まったのか、それとも前からあったのかは分らない。とにかく面白おかしく鰻屋から始まったと書いた。こんにゃく問答的な滑稽話を生涯語り続けた。滑稽な自画像を描き続けたところが、深瀬という個性であり、また滑稽と逸脱を好む時代というものであった。今の時代は逸脱を見せびらかそうものならたちまち集中砲火を浴びせられる。逸脱ということばを使ってきた。京都学派にはアナキーの要素、規律を外れた混乱の要素があるが、深瀬の逸脱はことばのうえでのふりが多くあり、本物のアナキーとは違う。

晩年に、京都の詩誌『骨』のグループと呑んでいたころは、演技だっただろう寂しさもなくなり、ただ楽しいから呑むという酒になっていた。そのころに深瀬と一緒に呑んでいた人たちの酒席に私は入れてもらったから、深瀬の様子は伝わってきた。かなり前から深瀬は学問から離れていた。晩年の酒は学界とも世間とも和解するような酒になっていたと窺えた。

そのころには、故郷の高知で母が愛でていた瓢箪を語り、自分が愛でている丹波の壺を語った。グラス一杯のウイスキーを所望して、その日のうちに眠るように逝ったという。

## 両輪

三高生の気質を生涯保っていた人だった。そこから長所と短所が生まれた。短所については、同世代の何人かの学者の学問一筋の生活を思い出してしまう。矢野峰人は深瀬の酒浸りを「悪癖」の一言で片づけた。長所については、現代文明の行方に真摯な関心を持ち、その行方を模索している欧米の文学者、思想家多数の著作を日本に紹介した。その際には、自分が納得するかどうか、今の日本のためになるかどうかを強く思った。盛期の教養主義を身に付けた人だった。滑稽な自画像を熱心に描いた逸脱の詩人と、世を思う真摯な教養主義者とが、深瀬という車の両輪を成した。一輪を欠けば深瀬ではなくなった。

近かったたくさんの人たちから愛された。彼らにとって「深瀬さん」は、懐かしくてたまらない忘れられない人だったようだ。告別式は聖護院東福ノ川町にあった三高会館で行われた。出棺のとき棺に向って、安田、大浦、菅ら一〇数名が三高寮歌「紅萌ゆる丘の花」を低唱した。没年は一九六六年、今から思えばその挽歌は、深瀬という滋味があった人への挽歌だけではなく、その頃すでに滅びつつあった教養主義への挽歌だったように思われる。

今西錦司の葬送でも三高寮歌「紀念祭歌」が歌われた。それが歌われながら柩は自宅からすぐの賀茂川の堤（図18参照）をしばらく歩んでから霊柩車に入った。没年は一九八八年、長生きした今西は深瀬よりも七歳若いだけだった。今西もまた深瀬と同じように教養主義者と呼ばれてよい人だった。二つの挽歌によっても二人の教養主義者が結ばれる。

## チンチン電車

「深瀬さん」はチンチン電車も好きだった。その電車のなかで、最晩年の姿を私は二度お見かけした。北野天満宮から京都駅に向う北野線の、進行方向に向って左側の真ん中あたりに坐っている、壊れそうな感じの小柄な姿があった。二度ともほぼ同じ位置に坐っておられた。久しぶりの電車だったのか、顔を少し上に向けて、見慣れた景色を楽しんでおられる風だった。駆け出しだった私がおじぎをすると丁寧なおじぎを返された。丁寧だったのは、私が偉い人に見えたはずがないから、そのときご機嫌がよほど麗しかったのだろう。ますます味がでたお顔がいかにも楽しそうだった。

それは電車と一体になっている人の顔だった。詩の一行とも一体になった。あの退官記念講演で、二〇世紀の詩人ディラン・トマスの詩の一行、"Rage, rage, against the dying of the light"を、黒板に書いたときひときわ高らかに唱えたそうだ。「立派だった日々の光彩が消えさろうとしているのに抵抗して（against）、老人よ、怒れ、怒れ」という一行だった。老いた深瀬が当時の風潮に怒っているのを、この一行に仮託して表明したらしかった。電車にしても、トマスの一行にしても、酒にしても、深瀬は対象と一体になった。ただし自分流に一体になった。自分流にとはどういうことだったのか。

それはトマスのあの一行についての説明のしかたにも表れていた。トマスの怒りを他の人たちの怒りと重ねながら自分のものにしていった。まず、一九世紀の歴史家ミシュレの怒りと重ねた。ミシュレが引いたギリシア神話のアストレイアとも絡めた。かと思うと、今度はやはり一九世紀の英詩人シェリーの怒りに重ねる。こうして色々な怒りをいわば伴奏にしながら、自分流に、トマスの怒りを納得したのだった。友人の唐木順三が深瀬の退官記念講演を、活字になったときに読んで感想を書き送った（深瀬、唐木『往復書簡』）。その感想はおよそ次のようなものだった――大兄が引用された「老人よ、怒れ、怒れ」の一行に強烈な印象を受けました。近代の合理主義、科学主義、進歩主義が生み出した騒音のなかにあって、大兄は精神の不毛に耐えられずにあの一行を語られたのです――。説明するだけなら唐木の方が深瀬よりも端的にあの一行を説明していた。

深瀬は居酒屋で「緑の地平線」などを歌ったとき、中腰になって両手を空に舞わせて踊りながら歌ったという。ちょうどそのように、作品を読むときも、自分の解釈、自分の仕草を加えながら作品を舞ったのだった。舞いは読者に好まれた。舞いすぎるときもあった。

チンチン電車の外観を残した市バスが昔の北野線をほぼたどりながら走っていた。くすんだ緑色だったあの「レトロバス」もなくなった。今は「楽」に観光地を廻れる「洛バス」になっている。車体の色彩がなんとも鮮やかだ。その鮮やかな色のような今の人とは違いが大きい人だった。

日本人の立場を守り過ぎるほど守った。外国の人と思想を吸収するときに日本人の魂を入れた。何かの英単語があるとする。今の人たちはその英単語をそのまま使う。深瀬はその英単語を日本語に移すとどういう日本語になるかに腐心した。極めて日本的な訳語を見つけると得意になった。そういう人だった。

「深瀬さん」はすっかり消えるのだろうか。

もう一人、古田と呑んだ、やはり三高の気風が濃かった京都の学者がいた。

## 2　大山定一――自由の「純粋な象徴」

### 一番の酒豪

大山定一（一九〇四―七四）（図26）はドイツ文学者、もう一人の強固な教養主義者だった。この面を主に説明してゆきたい。

仲間内で一番の酒豪とされていた。しかし大山が暴れた話をあまり聞いたことがないと小岸昭さん

図26●大山定一、1967

図27●祇園石段下14番小路

図28●西谷啓治、1982

がいっている。大山の逸話は日常の静かな飲酒生活のなかにあった。

酒房「梅鉢」が祇園石段下十四番小路（図27）にかつてあった。土地柄といい奥まった場所といい、緩めに和服を着付けてよく動いていた女将の気っぷといい、いかにも奈良本辰也、大山のような酒通人が好む店だった。

大山はこの店で静かに呑むのを好んだ。何かと騒がしい桑原武夫などは先に帰した。深夜二時三時になると、カウンターに坐ったままでうつ伏せになって眠った。女将は少し離れて同じ姿勢で眠った。市電の一番電車が四条通りを走る。その音で目覚めて、市電に乗って「百万遍」で降りる。自分の研究室に入ってまた眠る（奈良本辰也、真継伸彦、庫田叕による。いずれも吉川、富士編『大山定一』）。

店によってはふとんを敷いてもらって眠り、起きてからまた呑んだ。筑摩書房の竹之内静雄を、東洞院四条下ルの「七福」につれていって、また二時三時になった。その店には三畳の小部屋があって、ずんぐりむっくりの大山と背が高い竹之内が身体をくっつけあって寝た。翌日正午頃目覚めると、外は雪だ。喜んだ二人が雪見酒をやりだした。三畳に粗末なちゃぶ台をひろげて湯豆腐をつついた。夕方になると流石に二人ともふらふらになって別れた（竹之内「大山定一教授の思い出」、『大山定一』、のちに竹之内『先師先人』）。このときも静かな酒だった。派手な大立ち廻りにはならなかった。

店に坐るとずっとそのまま坐っている。ハシゴはあまりしない。学問でも同じだった。『ファウスト』について、学生のころから取り組んだ末、本格的な論を書いたのはなんと四十五歳になってからだった。それをさらに十一年後に完熟させた（人文書院版『ゲーテ全集』、『ファウスト』解説）。さらに四年後に出た版に変更がなかったので、それが本当の完熟だったとやっと分った（「世界古典文学全集」、『ゲーテ』解説）。ゲーテの他に少数の文人に深い関心を寄せて、あまり忙しいハシゴはしなかった。リルケ、カフカ、ホーフマンスタールらだった。

早朝に市電で研究室に来て、そこで寝ているはずだった。ところが、大学でも簡単には会えなかった。行方不明になる名人だった。桑原が学内政治について大山の智慧を借りたくなって、小山上内河原町の自宅に会いに行くと、夫人が「三日前から帰ってません。どこにいるのでしょうか」と桑原に尋ねる。知っているはずがない桑原は、仕方なく「梅鉢」などを探すと、たいていはどこかで会えた。桑原は探したところとして、「梅鉢」のほかにその近くにあった「コクリコ」をあげている。ほかにもあったようだが桑原はいわなかった（「達人」、『大山定一』）。

## ぬきさしならない関係

研究室にも書斎にも帰らずに呑んでいたのだ。寸刻を惜しんで勉強する学徒ではなかった。大山の業績は「寂寞である」、寂しいほどに少ないと、寸刻を惜しんで勉強していた吉川幸次郎がはっきりそういった。酒は「寂寞」の原因でもあり結果でもあった。「寂寞」をそれでもいいと受け容れる酒でもあった。かつて英文学者矢野峰人が深瀬基寛の酒について「悪癖だった」と嘆いたが、吉川は大山の酒について、悪癖だったとして歎きはしなかった。大山にとって酒は、善し悪しを他人が口出しできない、ぬきさしならないものだった。

ぬきさしならない関係は学問でも同じだった。特にゲーテとはぬきさしならない関係にあった。東京の高名なあるゲーテ学者を念頭に置きながら、当時の日本のゲーテ学者について、自分にあるようなゲーテとの親密な関係がなくなってしまったと嘆いた。大山もしかるべく成果を求めたが、その成果はゲーテの根幹に触れるものでなければならなかった。それに触れられるかどうかは自分の態度次第である。だから態度こそ肝腎なのだと毅然として説いた。

説いたのが偉かった、そこがいかにも大山らしかったと、直弟子だった谷友幸が追悼して称讃した（「思い出すままに」、『大山定一』）。大山とはどういう人だったかを一言でいえば、この態度を身に付けていた人だった。谷もまた大山を受け継いで、その態度が肝腎なのだと毅然として説いた。谷がそれを説いたのは一九七〇年代だった。その年代にそれを説いたのは分るが、大山がそれを説いた時期はまだ一九四〇年代だった。そんな早い時期に大山が叱ったような状況が日本で始まっていたのだ。

それとは反対に、大山がなくなったと叱った態度が今もなくならずに残っている。道籏泰三さんは京大のドイツ語教室にいた。二〇一五年に退職したとき退官のあいさつ文に、「自分はあることを学生に植えつけようと躍起になっていた」と書いた。「ベンヤミンを研究してりゃいいというわけじゃないんだよ、君。君自身がベンヤミンにならなけりゃだめじゃないか」と、先輩野村修から叱られた、そのことを自分は忘れなかったと書いた(『京都大学総合人間学部広報』)。大山の教えは野村を経て道籏に及んでいた。道籏は大山の次の世代の最後にあたる。

ゲーテの根幹に触れなければならないと、大山が説いたのは一九四〇年代だった。それよりも少しあと、ちょうど一九五〇年に、大山の周辺にある事件が起きた。土井虎賀寿はそのころ三高の講師で、大山の先輩格の同僚だった。その土井がニーチェの訳『ツァラトゥストラかく語りぬ』を一九五〇年に出した。同年に一高の竹山道雄も『ツァラトストラかく語りき』を出した。二つの訳書に対して、匿名の筆者が雑誌『展望』一九五〇年十一月号で誤訳を指摘した。筆者は語学が確かな本郷の東大教授某であるとされた。同僚だった土井を庇って西谷啓治がこういったと伝えられている――「誤訳をいちいち気にしていたら、きみ、翻訳はできないよ。考えてみると、誤訳が日本の精神文化を育み、発展させてきたといえるんじゃないのかな」(青山光二『われらが風狂の師』)。青山の同書は登場人物が実際の人物と同じときにだけ実名を用いた。西谷は実名で出ていた。誤訳があっても訳書全体が、これまで日本の精神文化を育み発展させて来たと西谷はいったのであろう。日本が外国の思想を吸収するときに、根幹を吸収すればそれで足りるという考え方だった。それは教養主義というべきものがえてしてとりがちな、おおまかな態度だった。

大山が『展望』のその記事に対してなにかを語った記録はないが、大山がどう思ったかは明らかである。大山はアカデミズムと教養主義の両方に跨っていた。中世ドイツ語学の碩学石川敬三を尊重した。当時影響力を持っていたドイツ語教室の人事に、語学力がある人を採用するように要望した。同時に、すでに明らかなように、対象の根幹を、中心にある精神を、日本の学者は体得しなければならないと強く説いた。西谷は土井を庇ったが、西谷も自分自身で大山と同じようにアカデミズムと教養主義の両方に跨っていた。西谷の「演習」に出席していた上田閑照によれば、西谷にはドイツ語の細部に注意する鋭利な語学力があった。その上で、教養主義の上に立っていたのだった。某教授に誤訳を指摘された竹山道雄も当然そうだったであろう。竹山は一高を卒業して一高で教え、駒場の東京大教養学部で教え、一高と駒場の気風を身に付けた人だった。『ビルマの竪琴』を書いて人々を感動させた。最近平川裕弘東大名誉教授の編で『竹山道雄セレクション』全4巻が出た。大山も西谷も、おそらく竹山も、片足をアカデミズムに乗せながらも、教養主義に乗せた片足の方を、踏み鳴らしたのだった。桑原武夫もそのような人だった。

## 放埓なほどの自由

大山はだんだん、気に入らない職務には従わなくなった。心に適う仕事しかしなくなった。学生の卒業論文の試問があるのに、いつまで待っても試問をする大山が現れない。家にいってみると熟睡していた。早朝まで仕事をしていたのか、深酒だったのか。悪びれた様子はなかった（谷友幸「思い出すままに」、『大山定一』）。試問を忘れる学生ならかなりいたようだ。私も一人を知っていた。のちにフェミニズムで名を成した大物の女子学生だった。しかしそれを忘れた教官がいたのは、谷が「これにはあきれた」と書いたところを見ると、当時でさえ椿事だったのだろう。

五十歳代になってから、授業をする意欲をなくした。科目によっては授業が年に二、三回というのが普通になった。深瀬基寛も同じ様な授業回数になった。回数が少なくても学生たちはそれに概して文句をいわなかった。授業が少ない教官から学びたければ著書があった。大山には名著『文学ノート』があった。ゲーテ『ファウスト』とリルケ『マルテの手記』の名訳があった。『マルテ』の冒頭、大山訳は――「人々は生きるためにこの都会にあつまって来るらしい。しかし、僕はむしろ、ここではみんなが死んでゆくとしか思えないのだ」。大山訳に導かれてたくさんの人々がリルケを愛読した。

休講が多くなっても和訳は熱心に続けた。和訳は相手と自分との関係を突き詰める。ここはこう読むのだと自分で決めるのだ。大山の芭蕉の読み方を聞いていた狩野直喜が、「さすがに一芸に秀でた人はちがう」と感心した。あの君山先生が感心したのだ。大山は和訳を生業《なりわい》にして、業績が少ないといわれても動じなかった。最晩年にはゲーテの詩を楽しんで訳して、その訳詩が絶筆になった。

京大教養部ドイツ語教室が解体されて、新しい学部に入ることになった。解体を惜しんだドイツ語教室が、記念論集『DURST――あるドイツ語教室の歴史』を出した。「DURST」は「渇き」で、学問と酒への渇きだった。同書のなかから文言を拾いあげてみると――「放埓なまでに自由な空気があった」。「論文に注をつけてはいけない」。「大学は人と人との出会いを約束すれば足りる。建物、制度は何の成果も約束しない」。「我々は根源的なものを真剣に追い求めてきた」。「学問する力量をもっていて、しかも酒の飲み方の見事な人、そういう人に私たちは敬意を表してきた」。黄色い表紙のこの記念論集を、小岸昭さんが教授会の時に大事そうに手渡してくれた。

先に拾い上げた文言の背後には二つのものがあった。一つは大山である。これらの文言は大山がいった文言として通用する。この旧教室には大山を敬愛する人が多かった。もう一つは大山の背後にあったものである。それは三高、京大文学部、京大全体を覆っていた自由な気風だった。

その気風こそ、幾多の先人たちが造った自由闊達な気風だった。その気風のもとで、若い教官はのびのびと振舞っていた。その一人、一高を出たが三高の講師をしていた、そのころの西谷啓治は口笛を吹きながら、ときには煙草を吸いながら、構内を闊歩していた。そのころから和服を着ていた西谷は、足袋をはかず素足に草履をはいて登校していた。これらの振舞がたまたま厳格な西田幾多郎の耳に入って、西田に叱られてしまったが、普段一緒にいる年配の教官たちは叱らずにむしろ感心した。その教官たちの一人深瀬基寛は感心してこういったものだ――「西谷はいい音楽の口笛を吹いているがずいぶんと音楽が好きらしい」。当時の三高には、「色々な不作法まで含めて自由で快活な『文』の雰囲気があった」と、西谷は懐旧していた。「文」とは文雅という意味である。

あの西谷が自分の昔の不作法をなんと誇らしげに回想している。これは西谷の仲間たちには驚くことではなかったであろう。仲間の一人下村寅太郎が西谷について、「性格として最も放胆である」といっていた。太平洋戦争下では時局に対して、西谷はとりわけ明瞭に発言した。西谷の常日頃の論には、口調は静かだがナタで木を切っていくような強さがある。彼の不作法が、後年に気鋭な生き方へと発展していったのだった。

引退してからの西谷さん（図28）を、元の三高の構内で見かけた。しばしば見かけた。自宅がその構内から直ぐ東にあった。いつも茶色の着物姿、弱ってはいない足取り、伏し目勝ちで、構内に用があるご様子はなかった。何かを考えておられるようだった。考えるためなら場所はあのあたりにはいくらでもある。考える場所に元の三高のなかを選ばれていたのだろう。度々昔の場所に出てこられたあの姿を私は忘れることができない。

そのころの枯淡な表情には、昔の不作法と放埓はもちろん見えなかった。けれども、思念と行動の根底に不作法は残り続けていたと見られる。だからこそ大山を追悼して、大山の不作法と放埓を褒めたのだった。西谷の「大山君の想い出」（『大山定一』、『著作集』二六巻）は、三高の精神を語っていて貴重である。

その追悼文のなかで西谷は、大山のことを、不作法をものともしない気風の「純粋な象徴というべき存在」だったと語った。大山が一番不作法だったというのではなく、大山の不作法のなかに「常に『文雅』の風が漂っていた」からだった。西谷は「大山君の憶い出」を次のように結んだ――「大山君と私の交友は空気のようなものだったとさきに言ったが、その空気には「文」の精神が漂っていた。

「人間」即「文」の精気が漂っていた。大山は亡くなったが、それは今もなお、立ち迷う黒雲の彼方に開けた静かな青空として、私の心の底に留まっている」。

西谷の「大山君の想い出」を、本書は結末でもう一度とり上げる。

そのころは「文雅」が尊ばれていた。だからこそ大山が大学で教えていたころ、今では許されない職務の怠慢が大目に見られた。

### 美しい文章

大山は近寄ってくる人々に素っ気ないところがあったが、それでも周りに人が集まってきた。彼の本を読んで京大の独文科に入ってきた人たちがいた。桑原、生島遼一、伊吹武彦の本を読んで仏文科に入った人たちもいた。当時としてはよくあることだった。

大山に見習って、「文体がすべてだ」として、良い文章を書いていた人たちが大山の周囲にいた。人文研にも文章がいい人が多かった。桑原と今西錦司の影響があった。良い文章を書く人が少なくなったとき、京都学派はなくなるであろう。現代のイギリスの、私が読んでいる分野の学者の文章で、これは誰の文章かが分る場合がしばしばあった。一九八〇年代あたりまでだったろうか。やはり現代のイギリスで、文章によって総てを語ろうとしている若い学者は、以前よりも少なくなっている。

大山の文章といえば、昭和四九年七月一日に亡くなるまでの、一年のあいだに書かれた三つの短文が、特に美しい。「ゲーテの詩」は『中央公論』の昭和四八年八月号。「酒」は「毎日」夕刊四八年九月一一日。『回想の古田晁』への寄稿文は四八年の秋から四九年の春までのあいだに書かれていた。それら三つの短文のなかの、たとえば「毎日」夕刊の「酒」は、次のように語っている——

「ちかごろは、まったく酒を飲まなくなった。いや、飲めなくなった。秋が来て、木の葉が黄色になり落ち葉するように、自然に、いつの間にか、飲めなくなってしまったのである。

以前は人からも強酒といわれ、自分もそう信じていた。七十歳ちかくなりながら、去年の夏までは、まだ毎晩ウイスキーを飲み、四日で一本開けるのが普通だった。それが不思議なことに、いつとはなく飲めなくなってしまったのである。（中略）

酒はやめてしまったが、いわゆる禁酒の苦しみやつらさは、ちっとも感じない。むしろ飲むだけは飲んだという、さっぱりした、満ち足りた気持である。すべてが自然の移り変わりのような気がして仕方がない。

春夏秋冬の移り変わりに似ているといえば——これが「老」というものであろうか」。

別の二つの文章でも、酒が飲めなくなったのを悠然として受け容れている。受け容れているのは生命の終りでもある。「悠然として」いたのは、口でそういっているだけでなく、文体がそうなのだ。

ところで、親友だった桑原が大山の文章について、いつもそれは美しいが、大山の心には嵐があるはずで、美しい文章がそれを隠しているのではないか、隠さなくなったときに大山の文章は本当によくなる、という意味のことをいった（「旧友の文章」、『人間素描』）。大山の最晩年の三つの文章は、桑原が求めていたような文章にはなっていなかった。文体に乱れがない。引用した文章でも、「さっぱりした、満ち足りた気持である」という頂点に向かって、悠然とした自信に満ちた文章が続いている。

生命の終りに臨んで、別の人がどういっていたかが想い出される。私の人生は寂しさだけだったといっていた西田幾多郎は、終りに至って寂しさが極ってきたといった。『杜甫詩注』にとり組んでいてガンに侵された吉川幸次郎は、「なんにも悪いことしてへんのに」と、『詩注』が未完で終わるのを悲嘆した。大山は、「さっぱりした、満ち足りた気持」だといった。そう書いたのはいかにも大山らしかった。

人はそれぞれの生き方によって、それぞれの臨み方で生命の終りに臨む。あるいは、それぞれの来し方の経験によって、終りに臨む。大山には物事を限ってしまう諦観があったようだ。これでよい、よくやったと思わせるような、過酷な経験が過去にあったのだろう。桑原が大山の心にあるはずだといった「嵐」も、ある過酷な経験が念頭にあったはずだ。一九三三年に大山は三高の教官だった。共産党に協力したのではないか、いわゆるシンパ活動をしたのではないかと疑われて、川端署に留置され、拷問も受けたらしい。「あれは痛いもんだよ」と、ふと漏らしたといわれている。捜査を受けたので三高教官を辞めたが、のちに苦労して復帰した。「さっぱりした、満ち足りた気持」の奥にあったものを想わないではいられない。

## 町の人が

大山は独文の仲間たちをつれて、島根、倉敷、金沢へと、食と酒の旅を楽しんだ。その旅に加わった町の人がいた。四条小橋西畔に酒房「梅ぼし」があって、そこの若い女将が加わって常連になった。当時の京都の女将は、店だけでなくそういうことをして客とつきあった。私が通っていた酒房「K」の女将は、常客だった京大の元総長と一緒に旅行をしていた。この旅は二人づれだったが、元総長はそのころお忍びではなく大っぴらにそれができる年齢になっておられた。じっさい道中は女将に手を引いてもらっておられたそうだ。この話は大学と町の近さについての話である。

この話ならまだある。小岸昭は大山の弟子だった。彼が通ったバーの女将は、店の合いカギを彼に渡していた。この話なら大山にもあった。「梅鉢」の女将がいたではないか。大山に付き合って朝まで、カウンターにうつ伏せになって眠ってくれた。

大山の「放埒なほどの自由」を受け容れたのは、文人を長いあいだ尊んでいた大学と学生だった。もう一つは京都の町だった。

次は古田晁の出番である。京都学派の人々の本をたくさん出してくれた人だったが――。

## 3 古田晁──京都学派の心柱

### 並外れた酒漢

古田晁（一九〇六─七二）（図29）は東大出の筑摩書房の創業者だった。それでもここに登場してもらうのは、彼が京都の学者たちの本をたくさん出版したからである。筑摩は京都学派の第二期を支えた心柱だった。

これこそが酒乱といえる酒乱の話を山ほど残した。酒乱の話はめっぽう面白い。しかし本当は不条理な話だった。悲しい話だった。以下でその本当のところを見ておきたい。

図 29●古田晁、「ラドリオ」にて

京大の学者と呑んだときの話から始めよう。英文学者深瀬基寛、独文学者大山定一と呑むのを好んだ。二人は古田が気楽になれた学者らしくない学者だった。

深瀬が講演のために上京した。待ち構えていた古田は、仲間を集めて呑み廻った。小石川にあった居酒屋「火の車」を根城にしていた。講演の前日、深瀬がせめて今夜だけは準備をしたいと旅館に逃れると、どこから聞きつけたのか古田らが、早朝五時に旅館を襲ってそこでまだ呑み続けた（橋本千代吉『火の車板前帖』）。

深瀬が午後講演を済ませて「火の車」に戻ってきた。一緒に行って講演を聞いた「火の車」の板前さんも戻ってきた。板前は深瀬がシラフで講演したと報告した。それを聞いた古田は胴間声でどなった――「一升瓶持ってしゃがんで、頃よくコップに注いでやるのが礼儀っていうもんだ。大学も大学だがお前もお前だ」（『火の車板前帖』）。

筑摩書房が京都の小売書店主たち四〇名を鴨川べりの料亭に招いた。古田は伏し目勝ちに短い挨拶をした。酒は最後まで呑まなかった。以前に失敗したことがあった。大いに気を遣った宴会が終って、一人で夜の町に消えた。宿には戻らなかった。誰と呑んでいたかは翌日になって分かった。

翌日、大阪の梅田近くで同じ招宴があった。夕方六時の開宴に古田が現われない。今度は六〇名の招待客が待ちくたびれていた。七時半になって廊下に激しい足音。襖があくと、大小二人の太った男がもつれ合ってなだれこんだ。小さい方は宴会に関係がない大山ではないか。大山は床の間の前に直行してそこで大の字になった。大きい方は床柱を背にしてドサッと坐り込んで、「古田です」といったなり頭がガクッと垂れた（野原一夫『含羞の人』）。

古田が京都に来たときに呑んだ相手は深瀬と大山だけだった。二人は一緒には決して呑まなかった。肌が合わなかったが、ほかにもなにかがあったのか。だから古田は二人と別々に呑んだ。その日の深更に深瀬と呑んだはずはなかった。深瀬の家には厳しい奥方がおられた。古田が以前に深瀬家を訪れて台所から入ろうとすると、奥方に水をブッかけられた。やはり筑摩の竹之内静雄がこれは玄関でご挨拶すると、「今回はご親切にもお寄り下さらないとばかり思っておりました」と追い返された。古田がその夜に呑んだ相手は大山だけだった。どこで仮眠したかは分らない。翌日また呑んだ。これは古田のやり方でもあり大山のやり方でもあった。そういうわけで大山は、わざわざ大阪までついてきて、関係がない宴席に乱入して、同じ大阪の今宮えびすに供えるマグロのように横になってしまった。いつもは静かな酒の大山が、このときばかりは相手が悪かった。

場面は再び東京の居酒屋「火の車」。これからは深瀬と大山は登場しない。出来上がっている古田が店からいったん外に出て、白山通りをいつも登ってくる屋台のラーメンをすすっていた。板前さんが一緒に外に出ていた。板前さんに向って「千代ちゃん、紙」という。受け取った紙を彼は黙って下にもってゆくではないか。不思議に思った板前が古田の足元を見るとこんもりしたものがあった。ラーメンをすすっていたままの姿勢でいつのまにかやっていた。余程あきれたのだろう、酔っぱらいには慣れていた板前がこの一件を『火の車板前帖』に書き残し、主人も『続私の中の流星群』に書き残した。主人は詩人の草野心平だった。第二期の京都学派もスカトロジー（糞尿譚）を容れた。

古田の酒乱はなおも嵩じた。深夜から早朝に知人の棲家を襲うようになっていた。深瀬が旅館に逃げたときもそうだった。寝室にまで乱入してから酒盛りを強要した。襲われた家は、書き残されているだけでも筑摩の社員の家が三軒、創元社の社長の家、他の一軒は間違えられた別人の家で、別人を叩き起こしてトラブルになった。そのときは早朝その家に配達されていた牛乳をラッパ飲みした。

どうしてこんなに呑んだのか。

それを知る前に、ある環境があったのを承知しておきたい。筑摩にいた柏原成光さんが、酒乱は筑摩の全社に及んでいたのを語っている（『本とわたしと筑摩書房』）。こんなことまで書けたのは、柏原さんが以前に社長を務めた人だったからだ——年に一度の全社旅行で、汽車に乗り込むとすぐあたりをかまわない酒盛りが始まった。夜の宴会ではいうまでもなく酒、酒、酒。乱闘が始まって、それぞれの部屋に退いてからも続き、部屋によっては朝まで安心して寝ていられなかった。朝は朝でめいめいに出されたお銚子一本を御飯にかける人もいた。旅行が貸し切りバスになると、往きの酒はますます増えて、どこにいったのか覚えていない人がいた。着いてからは、役員が旅館の女性従業員の部屋に乱入した、若い社員が素っ裸でエレベーターに乗った——社長が語ったこういう全社的な酒乱によって、古田の酒乱も多少は割り引かれるであろう。

## 気の弱さ

だがすっかり割り引かれるものではなかった。人間の根本がそうさせたのだった。普段は人の顔を見て話ができなかった。酒は古田にとって、「しらふの気まずさをふり捨てて、一挙に相手の中にとびこむための跳躍台にほかならなかった」。こういったのは古田を一番よく知っていた臼井吉見だった。古田は好き嫌いの激しい人だった。好きな人とも、恥じらいがあったのでうまく付合えなかった。嫌いな著者に対しては、手も足も出なかった。大きな身体を小さくして、下を向いたままで黙り込み、顔から脂汗を流した。だから酒に助けを求めた。

普通の出版人は、酒の力を借りずに著者と対等に立てる。対等に立っていたときの一例として、次の印象深い場面を示しておきたい。主人は哲学者の九鬼周造、客は岩波にいたころの布川角左衛門、布川が九鬼邸を訪れて退室しようとしていた――

「先生（九鬼）はいつもの口調と声で『まだよいでしょう』と引き留められた。私は、先生がなお話されることがあるのかとも思ったが、それがなく、しばらくして私が再び席を立とうとしたところ、また『まだよいでしょう』といわれた。そのため、私は坐り直し、さらに三十分ぐらいも対座していたであろうか。

その際のこととして、私の記憶に鮮明に残っているのは、先生が何か深く考え込まれていて、話がとぎれとぎれであったのに、私が少しも気づまりを感じなかったことである。自然にそこの雰囲気に引き込まれ、退屈するような気持も起らなかったことである。どうしてであったか」

（『九鬼周造全集』7、「月報」）。

それは布川が、その時間のあいだ人として九鬼と対等だったからだ。布川は古田と違って著者の本を読み、このように潔白な文章が書けた。職人肌の謙虚で実直な人だったが、心の底では職務に誇りと自信を持っていたから、頼む人と頼まれる人が居るのではなく、人と人とが居る、純粋な時間のなかに安らかに入っていけた。シラフの古田はこのような時間に入って行けなかった。古田の人間の弱さ、いや、弱さだけでは説明しきれない、何か分らないものが、対等の交わりを困難にし、酒に向かわせたのだった。

## 窮地

会社が大きくなってから、酒は一層激しくなった。口には出さなかったが、意に反することが多くなった。出版に理想を求めたので経営が悪化していた。高利貸しからも借りるようになっていた。金策の苦しみが重くのしかかってきた。あとになってはじめて漏らした――「桟で区切られた障子を見ていると、障子紙の一枚一枚が次から次へとやってくる手形に見えた」。会社が借金地獄のなかにあるのを知られたくなかった。バカ殿様のふりをした大酒だった。

別の理由もあった。彼らしい理由だった。自分の酒乱は許されると思っていた。彼は本当の殿様だった。社員には相変わらず高い給料を払い続けた。家族を失った社員などに大金を贈って励ました。呑み仲間には本を出してやった。俺はパトロンだという意識があった。利益を与える者とそれを受ける者の力関係が、古田と周辺の人たちとのあいだにできていた。だから平気で草野の店の前で脱糞し、社員らの家を襲ったのだった。彼は社員などに物品を贈ったとき、いかにも恥ずかしそうにそれをしたといわれている。同じパトロンの意識が彼をときに含羞の人にした。古田の伝記を書いた古田に近かった人たちは、含羞の人の魅力にひきこまれた。しかし含羞はパトロンの意識から出ていた。これから伝記を書く人は、従来よりも増して、経営者の意識として前近代的だったパトロンの意識を批判しなければならないであろう。

### 寂しい男

彼のすさまじい酒乱を、周辺の呑み仲間たちはどう見ていたのだろうか。廻り廻って古田を知るために、これにも立ち入っておきたい。

先に古田が脱糞したシーンを見た。それが終わってまだラーメンをすすっていたとき電車が通った――「終電に近い都電が架線に青い火花を散らしながら古田さんの背中を横切った」。一緒に外に出ていた板前さんがこう描写した（『火の車板前帖』）。昔ここを読んだとき私は「おや」と思った。「この板前さん、詩を書こうとしているのか？」。そのつもりで書いていたらここは詩になっていた。走り去った都電が脱糞した古田を支持して浄化したようにも書けた。古田を叱りつけたようにも書けた。いずれかに書くのが詩人だ。しかし橋本さんは本気で詩を書くつもりはなかったようだ。都電を古田がいる景に一瞬加わらせただけで、古田を支持も批判もせずに走り去らせてしまった。

この都電から二つの電車を私は思い出す。

一つは、京都に走っていたチンチン電車だ。その電車が「熊鷹」という居酒屋の前を通っていた。千本中立売西にあった店の前で道が少し曲がっているので(図25参照)、電車がそこを曲がるときに車輪がきしんで「キイーッ」という音がした。チンチン電車は重いので「キイーッ」は腹に響いた。店の前でその音がするのは普通の人ならいやなものだ。お茶屋で舞妓さんが舞っているすぐ脇を、三味線の音か白川の水の音ではなくて「キイーッ」が聞こえたときを想像してみるとよい。その「キイーッ」を店のなかから聞くのがたまらなく好きだと、「熊鷹」に入り浸っていた深瀬基寛が書いた。場末の薄汚い居酒屋が自分は好きだ、それをいうために「キイーッ」が好きだといったのだった。

二つ目の電車は、今から三〇年前のＪＲの通勤電車。詩人田村隆一は鎌倉に住んでいた。前夜新宿で深酒をして終電を逃した。バーで一夜を過ごして翌朝始発の電車で帰った。当時の横須賀線の終点は逗子だった。田村は寝込んでしまって手前の鎌倉で降りられず、逗子まで行って同じ電車で引き返した。電車が逗子を出発するときのことだ。ドアが開くと通勤客が田村の前に乗り込んできた。「ヒゲをきれいに剃り、毛髪も爽やかに整え、さ、仕事だ、と言わんばかりのスマートな男性諸君、それに優るのは、むろん女性諸嬢、若いお母さんもいるだろう」。勤務に向かおうとしているキビキビした人たちを、坐ったままで見上げている二日酔いのだらしない自分。田村は「自己嫌悪と罪悪感」を感じた（『自伝からはじまる70章』）。
　二つの電車とあの都電とを較べてみよう。チンチン電車の「キイーッ」は、深瀬に反骨の見得を切らせた。ＪＲの輝くばかりの朝の通勤電車は、外面とは違っていた田村の真面目な本性を現わした。都電は、それらのようには板前さんの心を動かさなかった。一つの景に留まった。心に届かなかったその理由は、一人の客人古田のそのときの苦境に無関心だったからだ。
　そもそも、飲み仲間の筆頭だった草野心平が古田の苦境に無関心だった。草野は古田の没後に古田を偲ぶ文章を書いて、次のように結んでいる――

「毅然たる矜持を持ち、あふれる人情を持ち、豪宕で親切で、無口で忍耐強く憔かな透察と眼力をもち、またよく握り拳をした腕で横なぐりに涙をふいたりした大男の古田よ。心情は大きくまた細やかだった古田よ。そしてオレの晩酌を腕ぐみしながら眺めている写真（図29参照）の中の古田よ。「俺のことはもういい加減忘れろよ」とつまらなそうに言いそうだが、どうもオレは一生涯、そう簡単には忘れられそうもないよ」（『続私の中の流星群』）。

　これは草野が書いた古田の墓碑銘になっている。うまい文章だ。ところが冷静に読むと、古田を正しく語ってはいない。偲ばれているのは古田の生の人間だけである。この人間味こそ多くの人々を魅了し古田を慕わせた。しかし人間性は古田の私的な面であるにすぎなかった。出版人古田は「文化遺産」を遺したといわれた。古田のあの酒乱は「文化遺産」を造ったことと不可分だった。草野は古田と一緒に暴れながら全詩集を出してもらった。古田は売れないのが分っていたので、「この全集は持っていれば必ず値打ちが出るから」といって社員に購入を求めたという。全集のあとは年に一度年次詩集を出してもらった。これらは売れる部数は少ないと決まっている詩人にとってめったにない恩恵だった。古田のお蔭で草野は著名な詩人になり文化勲章を受けた。古田にしてみれば草野には、その恩恵を書いてもらいたかっただろう。草野は恩恵を書かずに別のことを書いた。別のことについてのこれは作品である。

草野が書いたような古田の人間味についてはすでに十分書かれてきた。今の人が知るべきなのは、古田の筑摩が出したたくさんの良書の一覧である。一覧は私家版の『筑摩書房の三十年』に収められている。その一部だけが筑摩叢書版『筑摩書房の三十年』の年譜に見えている。

古田は人に慕われたが、人間の奥までは理解してもらえなかった。こんなこともあった。古田は知人の棲家を襲うようになってから、襲われたどこかの人が筑摩の顧問臼井吉見に抗議し、取り継いだもう一人の顧問唐木順三が古田夫人に会って、古田を順天堂病院に入れて一時は断酒させた。「肝硬変の疑いで」ということにした。入院を勧めたのは草野らの呑み仲間ではなかった。「古田は寂しい男だった」と臼井は古田を追悼した。本心では自分のことを想ってくれない呑み仲間たちに対して、古田自身も内心で寂しい思いをしていたのだろう。そのことが切実に思われる。

臼井は流石に古田の公的な面に気をつけていた。酒浸りになっている古田を一時は見捨てた。しかし他方では、良い本を出すという古田の執念が周囲に分ってもらえていないのに同情した。「古田は寂しい男だった」はその同情の表明だった。臼井は古田の没後に古田をどう扱ったか、それを示している事例がある。臼井は五部にわたった長編の大河小説『安曇野』を、出版人古田の恩恵で完結させてもらった。完結する直前に古田は亡くなった。『安曇野』の出版記念会が新宿の「中村屋」であったとき、主賓臼井が隣に設けた席にいつまでもやってこない人がいた。

臼井だけでなく出版関係者たちも、公人としての古田の業績を忘れなかった。飲み仲間たちとは違っていた。

あの大阪の宴会では、古田を知っていた、阿倍野筋にあったユーゴー書店の店主が、テキパキと動いて会を無事に終わらせた。一九七八年に筑摩が会社更生法を申請すると、小売業界は結束して筑摩の本を売って古田の筑摩に助け舟を出した。当時の新聞の見出しによると――

「がんばれ筑摩書房／八重洲ブックセンターが専用コーナー設置へ」（「日経」）

「〝筑摩文化〟を死なせるな／倒産一か月返本激減」（「毎日」）

その頃について、「『古田のためなら』『古田の会社なら』という形で、応援してくれた人が少なからずいたのです」と、筑摩のある社長が回想した。

## 京都学派の本を出す

古田と京都の学者との関係に戻りたい。

古田の筑摩は京都学派の関係者の本を最もたくさん出した（そのことは第Ⅱ部、本書の96頁で示した）。このことを京都の関係者は分っていながら、十分に語ってこなかったきらいがある。私の目に留まった限りでは深瀬の謝辞だけである。それも小さな私的な謝辞だった。停年退職の記念に随筆集を出してくれたことへの謝辞だった（『乳のみ人形』への「あとがき」）。古田から接待されて酒を飲んだ人たちは、それを語るのが後ろめたかったのかもしれない。三高出の中野好夫が古田の葬儀のときに、小さい声で「古田にはずいぶん世話になったなあ」というと、周りにいた人たちはおし黙っていて中野のことばを続けなかった。そのこととは別に、本を読まない酒乱の社主のところから本を出してもらったことに、複雑な思いがあったのではなかろうか。

筑摩が「第二期」の京都学派を支えた時代よりだいぶ前に、書肆弘文堂が、草創期とその直後の哲学科をめぐる京都学派を形成させた。弘文堂が哲学の分野に対して果した役割については、本書の93－94頁に伊藤邦武さんの記述を掲げた。伊藤さんのその文章を、草野が書いた古田の墓碑銘のような文章と較べてみると、草野の文章の私的な性格がはっきりしてくる。草野が伊藤邦武さんのように語るのは無理だったにしても、京都の誰かが十分に語っておくべきだった――京都学派第二期の形成に古田が果した役割のことを。

大山定一が前出の筑摩の出版リストに入っていない。これは大山に著作集がなかったからだ。単行本は筑摩から出していて、寡作の大山にとってはそれが著作集のようなものだった。その大山を列に加えると、古田の時代に筑摩から全集か著作集を出していた学者は一三名である。そのうちの六名が酒豪だった。唐木、吉川、深瀬、大山、松田、多田であった。六名の酒と学問は一体だった。激しく酒を呑みながら立派な業績を上げた。古田も激しく酒を呑みながら良い本を出した。まるで酒を介して学者たちと古田が結びついていたようだった。そのような異常な結びつきは岩波書店と著者たちとのあいだにはずっとなかった。

古田が造ったこのような結合も、古田のあと社長になった竹之内を最後に途絶えた。倒産後に、岩波の番頭だった前出の布川角左衛門が筑摩の社長に就任したころは、この結合はすでに遠いものになっていた。ましてや今日では、はるかに遠いものになっている。良し悪しは別にして、この結合がかつてあったことを覚えておきたい。

## 最　期

古田が根城にしていた「ラドリオ」は昔のままに残っている。神保町の「書泉グランデ」の裏手、小路に面しているその店の、煉瓦に味がある（図30）。ラドリオはスペイン語で煉瓦の意味である。この店には古田がいつも坐っていた場所があった。入口から直ぐ左手にある角柱の蔭で、入ってくるお客からは顔を隠して、身長一八五センチの大男が大きな背中だけを見せて、高くはないスツールに腰かけていた。亡くなったその日は、そのスツールではなく奥の、背もたれがある席にいた。その日は午後に、故郷の信州を舞台にした映画「朝やけの詩」を見た。いたく感動して、感動を人に語りたくて、四軒もの酒場を廻った。二軒目が「ラドリオ」で、さらに二軒廻ってから「ラドリオ」に戻ってきた。十一時になっていた。古田は頭を椅子席の背にもたせかけて目をつむっていた。別の人によると椅子の上に崩れるように倒れた。マダムがタクシーを呼んだ。タクシーが待つ靖国通りまで店から三〇メートルほどある。筑摩の若い社員二人に両脇をかかえられて、野原一夫さんによると「足を引きずるように歩いて」、タクシーに乗った。

図30●「ラドリオ」

古田はその頃東大病院で心臓を診てもらっていた。映画を見て興奮したその日は別だったが、普段は酒と煙草を控えていた。心臓のことをその晩古田と一緒にいた人たちは知らなかったらしい。知らなくても、これは疲れではないと気付いた人はいなかった。乗せたタクシーを誰も病院に向けようとはしなかった。この点に注意した人も最期を書いた人のなかに一人もいなかった。書いた人のなかには心臓のことを知っていた人もいた。それなのになぜその点に注意しなかったのか。そのとき世話をした仲間たちを庇っただけだったのか。書きにくいが、結局は深いところで古田自身に原因があったのではなかったか。映画に感動したのは良いにしても、それは所詮は古田個人のことだ。自分一人で静かに感動を味わう人もいたであろう。その晩古田は興奮をいつまでも人に語ったそうだ。古田さん、もういいから早くお宅に帰ってお休みくださいという思いが、周囲にあったのではなかろうか。「古田は寂しい男だった」といった臼井のことばを思い出す。病院には行かなかったタクシーは、神奈川県二宮町にあった自宅にやっと着いた。日付は翌日になっていた。同乗していた社員二人が、「着きましたよ」と肩をゆすっても古田は動かなかった。

古田の破天荒な酒乱を見てきた。それに対しては社内からの見方、一般社会からの見方がありえて、また京都からの見方がありえる。

京都からは古田への感謝があった。その頃の日本の文化にとって恩人だった。殊に京都の学者たちにとって恩人だった。学派第二期の心柱になってくれた。三度にわたった吉川幸次郎全集、初めての内藤湖南全集、数々の書物が学派の威容を顕してくれた。

偉業の裏にというよりも偉業と並んで、地獄図のような酒乱があった。まるで今も古田の胴間声が鳴り響いてくるようだ。閉じている店を開けさせようと、深夜に「火の車」の表戸を叩く、山鹿流の陣太鼓といわれた「ドン、ドン、ドーン」が聞こえてくる。早朝知人夫婦が寝ている二階に、階段を駆けあがってゆく靴音が聞えてくるようだ。壮挙と愚行が、偉業と赤恥が同居していた。文化と文化からの脱落が同居していた。それは不条理な劇、また悲しい物語だった。古田にとってそうだった。同時に京都にとってもそうだった。古田の葬儀のとき、会葬した京都の人々はただおし黙っていたという。彼らはそのとき、不条理な劇の終りに臨んでいたのではなかったか。

最期の場所だった「ラドリオ」を訪れた。店にいるところを撮った古田の写真を持って訪れた。図29がその写真である。「ああ、このお写真ね。ホラ、この椅子に座っているところを撮られたのです」。定番のウインナコーヒーを頼み、頼みたくなかったケーキをお義理に頼んだ。昔に上演された一つの長い不条理劇を思い出して、長くはいられなかった。

学派の第二期が終了したのは、新しい筑摩になって筑摩との繋がりがなくなったからではなかった。もっと大きな、社会の変動が原因だった。第二期のまだなかにいたのが富士正晴と高橋和巳だった。高橋より六歳若い小岸昭は第二期の残照のなかにいた。これからその三人が登場する。三人とも酒量は古田の酒量に近かった。

# 4 富士正晴――侠気と絶望

## 竹林の酒仙

富士正晴（一九一三―八七）（図31）は学者ではなく文士だった。しかし京都の多数の学者たちと交流があったから、京都学派の一員として扱われてきた。

竹林の酒仙、竹林の隠者と呼ばれながら藁屋根にトタンを張った農家造りの家に住み続けた。大阪府茨木市の市街地の周辺、安威という村に住んでいた。竹林童子、竹林の賢人とも呼ばれた。

この富士という特異な存在も、第二期の形成に影響を与えたのだった。

図31●富士正晴、1987
（佐川二亮撮影）

まず型どおりに酒の場面から見てみよう。

中国史学者貝塚茂樹もその夫人も富士をかわいがった。富士が久しぶりに茨木から京都に出てくると、貝塚家にも泊めてもらった。大学者のところに手土産も持たずに泊めてもらうのだ。上気して大酒になった。あるとき失禁して小便をどっと漏らした。ざるから水が勢いよく流れるようだったと自作の詩に書いた――「尻漏れのする妙な酒　甲斐もなや　わが身は　ざると　なったか」(『酒の詩集』)。相手に気を遣って飲んだからこうなった。貝塚夫妻の好意に立派な醜態で答えたのだった。大漏らしは少なくともう一軒であった。中国文学者原田憲雄の家だった。一緒にいた杉本秀太郎がそれを証言した(『京都綾小路通』)。やはり厄介になった目上の人の家だった。

個展をやったときにもよく呑んだ。絵は若いときから描いていた。「彩墨」画、水墨画、版画の個展を生涯に二一回開いた。京都では祇園四条通北側の「俵屋画廊」で五回やっている。そこでの会期中は祇園町南側にしばらく泊った。ある年には酒を三日三晩続けたので動けなくなり、長女が来て車に押し込まれて家に帰れた。知人たちが絵を見に来てくれた。画廊は絵を売って貧しい生活を「大いに潤してくれた」。皆さんに気を遣って酔ったのだった。

有名になってからは客人たちがぞくぞくと安威の草庵にやってきた。客人たちの前でもよく呑んだ。すぐに酔ってはホラ話をしてサーヴィスをした。サーヴィスが効きすぎて女性客がいった――「わたしもう帰るわ。ここにいると知能程度がさがりそうだわ」(島京子『竹林童子失せにけり』)。

そうして酔っては、深夜の十二時一時になると電話魔になった。相手は桑原武夫、吉川幸次郎、司馬遼太郎、松田道雄といった、富士を助けてくれる目上の有力者ばかりだった。昔の人は目上の人のところに挨拶に行ったものだ。「人恋しくて」かけるのだといってはいたが、富士の電話はその挨拶に当たった。外出しないので電話で情報を集めていたところもあった。電話魔にしてもホラ話にしても、それをしないと身を立てられなかった。それをするために酒が大いに役に立った。

酒は味を楽しまず、酔いさえすればよかった。そのためにはウイスキーが最良だった。そうは見せたがらなかったが、酒は生きてゆくための道具だった。酒を利用したところは桑原の酒に似ていた。しかし違っていたところがあった。桑原は集まってくる人たちが和を保てるように酒を利用した。富士の酒は偽悪を伴った自己救済の酒だった。そこから自分のなかでは悲しみが生まれた。親しい人々のなかでは忍耐と慈悲が生まれた。

道具だった富士の酒について結論を先にいうと、師匠だった無名の詩人、竹内勝太郎を世に残す仕事のような、本当にしたい仕事をするために、やむなく大酒を呑んだ。富士の酒は、煎じ詰めればそういうことになる。

## 竹内勝太郎

なぜそういうことになったのか、それをこれからゆっくり説明してゆきたい。なぜかを知れば感動を覚えるであろう。

富士の大酒は普通の暮らしができていれば要らなかった。「あんたは貧乏やなあ」と、司馬が対談のために藁屋根の富士の家を訪れて、部屋のなかを見廻しながらつくづくそういったものだ（司馬遼太郎対談集『日本人を考える』）。「あんたは貧乏やなあ」を引き延ばしてゆくと、富士正晴の酒だけでなくすべてが見えてくる。

その家は富士の父親が、一番安い家を買っておいて、事務長をしていた近くの日赤病院の社宅から定年後に移り住んだ。その家は持ち主が替って、父親は三代目だったという。住んだ人が出たくなったような家だった。父と母がいたその家に、結婚した富士が居場所がなくて仕方なくころがりこんだ。社宅のときからころがりこんでいた。選んで隠者になったのではなかった。富士の子供たちはその家にはもう住んではいない。家もすでに取り壊された。

両親は正晴を医者にしたかった。正晴もそのつもりで三高の理科甲類に入った。ところが入ると詩を書きだして、奈良にいた志賀直哉を訪れ、ある詩人を紹介してもらった。

無名の詩人、竹内勝太郎は、道元を読んでいる求道者だった。次のような詩を書いた人だった。最晩年に書かれた「春の犠牲」から——

夜はまだ暗い、
地上に燃える火の色を
聖なる巫女は静かに見守り、
空には渡る幽かな風の音。

底を這う地熱の息吹きは
彼女のからだを取巻き、
春の甦って来る確かさ、
草は彼方の砂漠を越えて青い。

八行のなかに巨大な地球を収め、自然への畏敬が満ちている。壮大な音楽がゆっくりと始まろうとしている。「巫女」は狭い日本ではなく広い世界に跨っている。最後の行の「砂漠を越えて」は、春が及ばない大きな部分が地球にあるのを示していて秀逸である。典拠があろうが、この一句が書けた竹内は相当の詩人であった。このような没個人の、主知的な竹内の詩は当時の日本には珍しく、杉本秀太郎のようなヴァレリーなど西欧の詩を知っている読者に理解された。高村光太郎は晩年の竹内の詩を、「生成的混沌を含む超数学的詩論を創造するに至った」と評価した。

この詩人を富士はいたく崇拝し、三高生としての学業を捨て、竹内を頻繁に訪れて日常を共にした。そのために二年に進級できず、一年生を二度やったのち退学、ところが受験し直して文科丙類に再入学した。竹内が読んでいた仏詩人ヴァレリーを読むつもりだった。今度も授業に出ずに、竹内が指導した、詩を載せる同人誌『三人』への寄稿と編集に熱中して、再び一年生を二度やり、今度はとうとう退学してしまった。このとき富士は二十三歳、その年に竹内は黒部渓谷で遭難死した。

竹内との出会いが富士のそれからの人生を決めた。出会ったので大学に進めなかった。三高を中退しただけで職業に就いた。転々とした職は総てが臨時雇い同然だった。職を順に見ておくと——高松で道路工事。大阪府権度課で度量衡についての仕事。四つの出版社でそれぞれ短年の編集の仕事。公立中学で一学期だけの教職。毎日新聞社資料室で臨時雇い。何一つ生涯の勤めにするつもりはなかった。生涯の目的が別にあったからだ。

## 人生の二つの目的

富士は自分の人生の目的を二つに定めていた。このことが重要である。一つは竹内が始めた同人誌『三人』の活動を継続すること。もう一つは竹内が遺した著作を出版することだった。それら二つの目的の方が安定した勤務先をえるよりも大きかった。

その後、勤務を辞めて文筆生活に入った。自分の隠遁と酒びたりについてしばしば書いた。手近な題材について書いて自分と家族の生活を支えなければならなかった。文筆活動は多作であり、とりわけ四十八歳からの一九六〇年代から七〇年代ずっとまでが最も多作であった。その時期は三人の子供の学齢期に当っていた。六七年に子供たちは高校三年、中学三年と小学六年だった。来年は三人全員が新しい学校に入学する。金銭がいる来春のことを考えるとリツゼンとすると、この父親は山田稔への手紙に書いた（山田稔『富士さんとわたし』）。このなかの二人が大学を出た。そのころ妻静榮に慢性腎不全の治療が始まっていた。

活発な文筆生活でも収入は少なかった。売れる小説を書く文士ではなかった。有力者たちが助けに出た。

彼らが助けた有名な話を二つだけ紹介しておきたい。

評伝『桂春団治』を、桑原と貝塚が富士に強く勧めて書かせた。富士は頭が良く、学問はなくても直観によって人と物事を見透した。物を調べ始めるとその才能が開花した。富士は桑原らの慫慂に見事に応えて、この評伝は毎日出版文化賞をえた。その受賞によって富士のその後の本が出やすくなった。その受賞はまた、大河内伝次郎の評伝、竹内勝太郎の評伝など、数点の優れた評伝を書くきっかけになった。評伝と、ふてぶてしい中国での従軍記とが、富士が書いたもののなかで後世に残ると見られている。富士は応召して中国大陸に行った。

桑原と貝塚は、富士が個展を開いたときにも助けに出た。小さな助けではなかった。除隊してからの三四歳、職がないころに、版画だったが初めての個展のようなものを、京大の近くで二度開いた。それから一九年が経った一九六九年に、初めて本格的な個展「富士正晴文人画展」を、銀座の「文春画廊」で開いた。長い間この個展をやりたがっていた。

富士は嬉しそうにこう書いている——「その出品画の取捨をきめたのは桑原の家で、出す絵をこれはいい、これはだめだと即決するのが桑原武夫、取った絵に即座に題をつけるのが貝塚茂樹、絵の出し入れ整理をするのが桑原門下のＶＩＫＩＮＧ同人連であった。画き手の私はその傍らに坐って、その電光石火的処理をただ感心していた……」（「貝塚さんはどんな人」、『極楽人ノート』）。その場にいた山田稔によると、富士は実はその場にいなかった。桑原らが呼ばなかった。

選びだされた作品は二七点。その場にいた人々に「優先的に自分の欲しい絵を手に入れる（買う）権利が認められた」（山田、『特別な一日』）。彼らが買った絵は会場では「売約済」として展示された。売約済は多くの個展であり、売約済があるときの方が作品はよく売れるので、いささか強引に「売約済」の札が貼られるときもある。このとき「売約」にしたのは桑原、貝塚、多田道太郎、山田、杉本秀太郎だった。彼らは山田がいうように優先権をえたというよりも、この個展のために出費して協力したというのが本当のところだった。

個展の期間には京都から大勢の学者が銀座に出ていった。桑原は略礼服に蝶ネクタイで来客に挨拶した。貝塚、吉川幸次郎、鶴見俊輔もやってきた。痔の手術の直後だった山田が「にこやかで優雅な物腰」（山口静子）で受付に坐り、杉本が山田のきれいになったお尻のあとに坐った（山田『特別な一日』）。富士は感謝感激の内心を隠して、彼らの「智謀や実行力」（『極楽人ノート』）に驚嘆したと書いた。「智謀」といっているのに注意しておきたい。

この個展のあと、富士の個展を開きたいと申し出る画廊がでてきた。個展によって「貧乏生活が大いに潤った」。功労者の筆頭は桑原だった。桑原の弱者への慈善を、貝塚が「聖恩禽獣に及ぶ」といって称えた。「禽獣」とは、貝塚のつもりでは、自分を狸だといっていた富士を指していただろう。桑原が旗を振り、桑原の朋友と部下が出動したのだった。にわかには信じられないような大掛かりな助けだった。美談には違いなかったが、彼らは自分たちで楽しんでもいたのだと私は思う。

京都学派とは人脈のことだといわれている。桑原武夫らが事ある毎に富士を盛り立てた。富士にそれだけのものがあったからだった。権威への反骨、大げさな賞讃への嘲笑、観念でなく実感の尊重、本質的なものへの洞察力、風狂、そういった京都学派が尊んできた価値を、富士がそっくり持っていたからだった。彼は桑原らによって京都学派のなかに招き入れられた。富士が大学を卒業していれば桑原は大学のなかになんらかのポストを与えていただろう。京都学派は多くの在野の侍たちにポストを与えた。そのことが思い出される。

大事なことに及んでおきたい。富士の自由放埓な空気が、京都学派第二期の空気に影響を及ぼさないことはなかった。桑原も貝塚も影響を及ぼしたと思っていたに違いない。富士は混乱とアナキーのなかに真剣さ、深刻さを隠していた。物事をよく見ていた。時代が軽薄になるのを憂えていた。

ところが富士は東京の人々には関心を持たれにくかった。このことは、富士が第二期の空気の化身のような人だっただけに、第二期にとって大きい事柄である。司馬は警世家の富士のことを、「寝ころんで吠えているようだ」(司馬遼太郎対談集『日本人を考える』)といったが、「寝ころんで」いるマナーに東京の人々は目を背けたのだろうか。富士はこんな調子だった——「きれいこと言う人はちょっとあぶない人多いわ。左翼、右翼とかに限らず、画商とかな」（『薮の中の旅』）。東京は富士よりも丸山眞男を好んだ。桑原武夫よりも丸山を好んだ。一方京都の方では、桑原は丸山よりも富士を好んだ。富士をめぐる問題は京都学派の問題だった。

くどいようだが、竹内との出会いが富士のその後の人生を気の毒なものにした。三高を途中で辞めたのでその後の生活に困り、酒を浴びるように呑まなければならなかった。富士の苦労がどのように始まったのか。竹内に出会ったころの機微を窺っておきたい。ただし誰が悪かったという話ではない。『三人』の三人とは、富士の他に、筑摩書房の社長になる桑原静雄のちの竹之内静雄と、小説家になる野間宏だった。『三人』には間もなく数人が加わった。吉田行範、井口浩、土井正一、尾崎安四、瓜生忠夫だった。桑原静雄と野間は竹内をどのように崇めていたのか。

桑原（竹之内）によると、「私たち『三人』の仲間は、それぞれ全人間をもって竹内勝太郎を敬し愛した。毎日、何時間となく、竹内さんのところへ行っていたものだった。それ故にこそ、決定的な影響を受けた。それは思想の左右というような問題ではない」（『先師先人』）。

野間によると、「竹内勝太郎に出会うことがなかったならば、もちろん今日の私はないと私は考えている――（中略）――私は詩人竹内勝太郎によって、芸術のなんであるか、そして生きるということが何であるかをはじめて、自分の手に掴みとることが出来たのである」（富士「詩人竹内勝太郎の形成――手紙を読む」）。

ところが、桑原と野間からは聞けない、富士独特の口吻が富士の回想記のなかに聞ける。これは興味深い。六四歳のときの「自伝抄同人雑誌四十年」のなかには、自分が竹内に迷惑がられていたという口吻が何度も聞かれる。例えば、「際限もなく持ちこむ詩にもなっていない原稿に竹内勝太郎は閉口し、こいつどっかへ行ってくれんかなと思った」。さらに、富士が授業に出ないのを、また学校を辞めようとするのを、竹内は叱ったと、これもしつこく書いている。

しかし、富士が書いたことは事実に反していた。竹内は「肉親の子を偶然、精神の子を必然」といって、三人を実の子以上に愛していた。竹内には先妻とのあいだに二人の子があった。精神の子の三人を自宅（図32のA）の隣りの家に合同で住まわせた。中世ヨーロッパの僧院に倣ったのだった。ただし合同生活は三人のあいだがうまくゆかずに解散した。富士は左京区田中樋ノ口町に一度離れたが、すぐにまた竹内の家の道をへだてた向かいに戻ってきた。道幅は約五メートルである。竹内は遠ざけなかった。富士は合同で住む前も、遠い北白川から竹内家の近所二個所に移ってきていた。まずやってきたのは浄土寺真如町二四番地（図32のC）、ここから竹内の家へは緩やかな坂を下って七、八分で行けた。次に移ったのは鹿ケ谷御所ノ段町一八番地（図32のB）、ここから竹内家へはほんの三分で行けた。真如町の下宿は野間と一緒だったが鹿ケ谷では単身だった。竹内との距離が縮まっていたのだった。鹿ケ谷にあった三階建の下宿は取り壊されて駐車場になっている。霊鑑寺の高い敷地を囲む石垣の脇に下宿の家があった。取り壊される前の三階建の様子を図にまで書いて、一九番地におられる

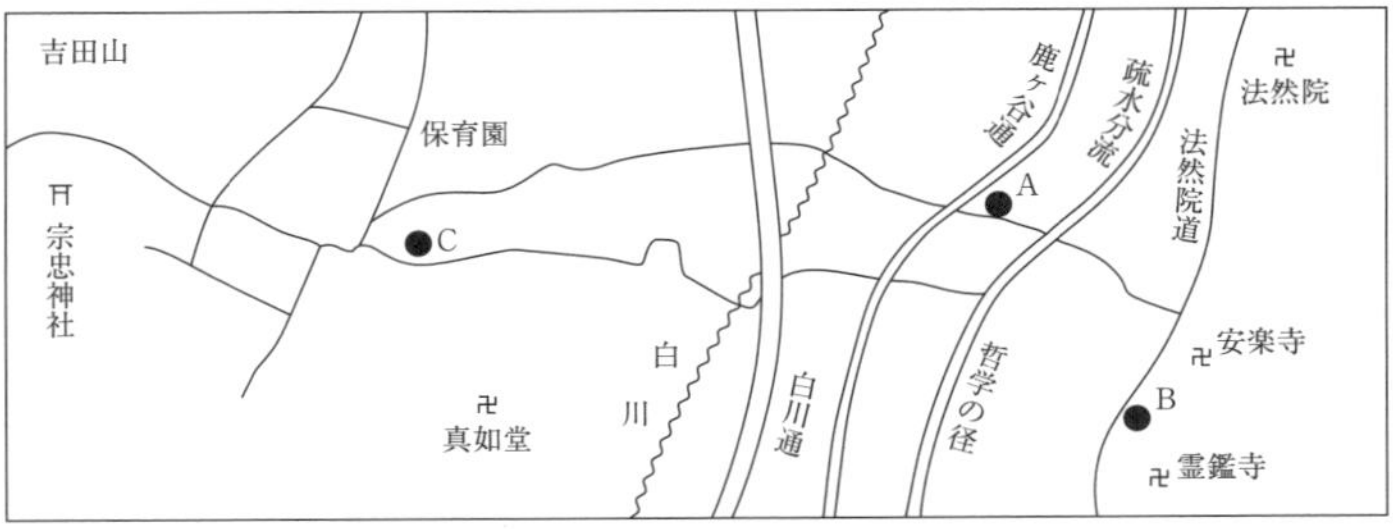


図 32●竹内勝太郎旧宅付近　A：旧竹内宅　浄土寺南田町（現下南田町）137
B：富士の元の下宿跡　C：同左

図 33●富士正晴旧宅跡と隣家

図 34●富士宅跡がある丘を「ダンプ街道」から望む（宅跡は右手竹やぶの裏）

高木千代さんに教えていただいた。二つの下宿があったあたりは昔の風情が残っていて、授業に出ないで竹内の家にばかり通っていた童顔の富士に今も出会えるような気がする。竹内は三人に詩を作ってくるのを課して、三人が自宅に持ってきた作品を、待たせておいて入念に添削して、あとは長時間批評した。桑原によると、「もう帰ります」と一人がいい出しても、「まだいいだろう」と引き留めた。

### 危険

青年にこのような生活が続けば危険であった。

危険は桑原と野間には訪れなかった。二人はすでに三高にいたときから竹内一辺倒ではなかった。二人は三高の名物教授、「ドイトラ」こと土井虎賀寿に好まれ、桑原は土井の家に留守番で泊まったほどだった。そのとき桑原は、土井が西田幾多郎の家で留守番をして西田の蔵書を読んだように、土井の蔵書を読んだ。変わった学生が好きだったこの土井虎にも、変わっていたはずの富士は近づかなかった。桑原と野間は京大文学部に進んだ。そこで見聞を広めていった。桑原は吉川幸次郎に敬服した。専攻した中国哲学史の小島祐馬にも敬服した。野間の方は、フランス文学科に入って左翼思想に傾倒していった。

大学に行かなかった富士だけが、竹内一辺倒のままでとり残された。富士だけが。

竹内グループはヨコ社会を造っていた。竹内はタテ社会のなかの地位も権力も持たなかった。今西グループを率いていた今西錦司もかつてはそうだった。二つのグループの人々は、竹内がいて今西がいても正規の授業の単位を取り卒業論文を書いて卒業した。ゆくゆくは彼ら自身がヨコ社会を造りしかもタテ社会のなかに属していった。富士だけがヨコ社会に入ったままだった。

竹内勝太郎の住まいは法然院の西南、哲学の道から西に入った浄土寺南田町一七三の一、今は下南田町になったが地番はそのまま残っている。この地番を富士は「疏水をへだてて法然院と対していた」(「同人雑誌『三人』の成立」)と記述し、また「哲学の道の西側にくっついていた」(『竹内勝太郎の形成――手紙を読む』)と記述し、この二つの記述がずっとそのまま信用されてきたが、しかしこれらは美化されていて正確ではない。図32で示したように、実際には法然院からも哲学の道からも離れている。法然院の道を隔てた向かいではなかった。法然院から西すぐの清楚な哲学の道に沿ってもいなかった。それより西に坂をかなり下った、鹿ケ谷通りにごく近かった。その家屋は底地の斜面にあった。東には法然院の裏山、西には吉田山の神楽岡が高く、二つの高地に挟まれた底地に、東から近づいてゆく斜面にあった。

その家屋は富士によると「二階建ての文化住宅」で、間取りは一階が書斎、あまり広くない調理場兼食堂、三畳ぐらいの仏間、二階が寝室二部屋だった(『竹内勝太郎の形成』)。一七三の一番地には現在四角い二軒長屋が一棟建っている。竹内は家屋を新築したと富士は書いた。竹内が居たのはこの間取りからして当時も二軒長屋の一つだったのか、それとも小さい戸建ちだったのか。いずれであったにしても、富士が通い詰めていたのは美しい法然院からかなり離れた、小さい家屋のなかの小さい書斎だった。

別の広い世界があった。富士が坂を登るのをいとわなければ、吉田山を越える道が最短の通学路だった。吉田山の頂上から西を眺めおろすと、左に旧三高、中央から右に大学が拡がっている。ここで学生は多くの師友に出会う。この広い景に較べると、富士が通い詰めた無名詩人の書斎はまことに小さい一点であった。一点がとりもなおさず富士の世界だった。

多くの人が青年期に、一人の作家、一人の師によって人生と世界に開眼される。しかし、人間の精神の成長とは、青年期に受けた大きい影響から脱してゆく距離によって計られると、英国詩人T・Sエリオットもいっていた。富士も後になってそのことが分るようになっていた。晩年、『VIKING』同人島京子に向ってこういった――「あいつ（竹内）より年とったら、ようわかるわい、ようあんな男について行ったもんや、あほらし。皆同じとちゃうか、若いとき偉い思うちゅうことは」（島『竹林童子失せにけり』）。「あほらし」という自覚は、遅くとも「同人雑誌『三人』について」を書いた四十九歳のときにはすでにあった。そこですでに、竹内への傾倒を執拗に自分のせいだけにしていた。六十三歳になってからの「自伝抄同人雑誌四十年」で、やはり自分のせいにしていたこと、すでに書いた。

「自分は竹内にいやがられていた」、「竹内は学校に行けと勧めていた」と、富士は何度も書いていた。そう書いて、自分の一生が竹内によって狭められたことについて、竹内を庇い、自分の責任にしたのだった。富士はよく嘘を書いたが、これは立派な嘘だった。人を感動させる嘘だった。このことを指摘しておきたい。

「あほらし」といったあと富士はこう続けたと島は述べている――「そやけど、やっぱり竹内の遺稿集は出したらな、だれも出すやつはおらんからなあ、わしがせなしようなかったかなあ」。

遺稿集の刊行は、一九四一年、富士二十八歳のときに始まった。詩集『春の犠牲』の刊行がそれであり、合計八冊、一九六〇年、『竹内勝太郎詩集』(河出市民文庫)の刊行で完了した。

自分の人生の目的にしたもう一つは、雑誌『三人』の継続だった。『三人』は一九四二年の二十八号を最後に、戦中の統制令のために終了させられた。しかし終戦と富士の復員後、一九四七年に雑誌『VIKING』を創刊した。この新しい雑誌は、富士が主宰し、厳しい合評を行っていたから、『三人』を続けていたようなものであった。

長い歳月をかけて、富士は人生の二つの目的を達成した。

## 司馬遼太郎の不思議な文章

司馬遼太郎は富士を高く買った。司馬にしては不思議な文章を、富士の小説『往生記』(一九七二)の「跋」に書いた。「跋」から長い部分を引いて、不思議な文章への私の解釈を添えてみよう――

「氏の小説や随筆を読むばあい、氏の精神の健康な病みぐあいやら腫瘍部の組織の変色やらをのぞき込んで、それだけにとらわれては読み手としては損なような気がする。不意に目をあげたときに見えるかもしれない変な風景が氏の世界である。（中略）自分の持っているものを放下して読んでさえいれば妙な風景がうかんできて、ああ草叢がみえた、茶色い犬がむこうを向いている。その犬が二年経ってもおなじ草叢で同じ姿勢でいる、死んでいるのである。犬は富士家の愛犬だったのだが、死後もそうしている、それが主人と犬の愛情なのかどうかそういう痒い所は作品は掻いてくれないが、読みおわると愛情などというようなものよりもっと地下何尺かの、あるいは虚空何尺かの一点がわかるような感じがして気持ちがはればれとひらけてくるのである。放下の文学ともいえるかもしれず、またそういう名札を付ける手の下からするする遁げてゆく文学ともいえるかもしれない」。

死んで放置されている犬が『往生記』のなかにでている。「怯え」という作品にでている。この「怯え」のなかの犬を司馬は記憶していたに違いない。しかし司馬はこの犬から離れて、自分の犬を自由に創造した。「怯え」の犬はすぐに腐って死臭を発した。司馬の犬は二年間原形を留めている。まるで縫いぐるみの犬のようだ。

司馬の心眼に見えていた犬だった。この犬の主人は、富士ではなく竹内勝太郎である。富士が犬になっている。それはこの引用文の前を読むと分る。富士はあるとき司馬にある話をしてくれた。師匠の竹内に富士が献身した話だった。「いたたまれぬほどに美しい話」だった。富士が竹内を慕う「美しい」姿を、司馬はこの犬に見ようとしたのだった。富士という犬と竹内という主人が神話のなかに入った。忠犬ハチ公と帰らぬ主人とが思い出される。

司馬は「地下何尺かの……一点」といった。その「一点が分るような感じがする」といったその「一点」とは、何から成っているのだろうか。「一点」とは、犬の富士から見ると、富士に『三人』を続行させ、竹内の遺稿を出版させた、「侠」というべき行為であろう。侠ということばは「怯え」のなかで主人公の行動に対して使っている。富士の根幹に関わることばである。

この「一点」は美しい。しかし「病」と「腫瘍」にとらわれていると見えてこない。富士の混沌と絶望にとらわれているとそれは見えてこない。「一点」を隠している覆いを「放下」せよと司馬は勧めたのだった。

ところが司馬はこれでは終わらなかった。富士の文学は「放下の文学という名札を付ける手の下からするすると遁げてゆく」と結んでいる。この結びは前段と矛盾する。覆いは簡単には「放下」されないようだと、司馬は最後になって正直に思い直している。

普段の司馬には珍しく、ここには迷っている司馬がいる。富士にある二つの相に忠実だったからだ。「一点」とその覆いから成る全体が富士の世界であろう。繰り返しになるが、「一点」とはおそらく侠、覆いとは混沌と絶望だった。この「一点」にはこの覆いがつきまとっていた。つきまとっているのを認めなければならない。

このような富士の世界を富士はある場所で自分で語っている。『贋・久坂葉子伝』を富士は真剣になって書いた。久坂は若くして投身自殺した『VIKING』の同人だった。『伝』のなかで、自分の分身が自分の酒について告白している。自分はただ酔うために呑む。呑むと本当の自分とは逆の自分になる。本当の自分は酒に隠されている方の自分だ――。酔いは司馬がいう「とらわれるもの」、私の表現では「覆い」に当り、本当の自分は「一点」に当る。

司馬の一見不思議なあの文章は、論理がこのように辿れると私は思うが、文章の本質は強い感情にある。司馬は「はればれとした気持ちになり」、富士を一層強く好きになったようだ。文体が司馬のいつもの、句点が多い簡明な文体ではない。富士の文体に近づいている。例えば追悼詩のときのように、あるいは弔詞のときのように、書き手話し手が相手と一体になっているのを示そうとすると、文体が相手の文体になる。川端康成の弔詞は死者の文体だった。イギリスの追悼詩もそうである。

引用した司馬の長い文章から二つの事を教えられる。

富士の「一点」を司馬は明晰な論理では伝えなかった。他の人もやはり伝えにくいだろう。伝えにくい原因は読み手にはなく富士の側にある。やはり難しい内田百閒でも富士よりは読者が多かった。百閒も富士のように自己に捉われていたが、富士よりはよほど他者に心が向いていた。だから読者は百閒の「一点」が分る。富士は他者に「一点」を隠しすぎた。他者に向いているかどうかは作家にとって大切なことだ。隠し過ぎたから、富士は百閒ほどたくさんの読者を持たなかった。

あの文章が教えているもう一つは司馬についてである。司馬は知の人だったが情の人でもあった。美しい話にいたたまれなくなった。「一点」が見えてはればれとした気持ちになった。「一点」についての文章をまごころをもって書いた。だから司馬は多くの読者をえた。

### 棲み家の跡

富士は最晩年、東京の長女の家に引き取られていたが、そこを脱出して茨木に戻って元の一人住まいをしていた。敷き布団から半身を出してパジャマをはだけた姿で遺体が発見された。遺体の世話をしたとき長女だけが目に涙をためていたようだったといわれた。近所の人たちと「VIKING」の若い同人たちがやってきただけで葬式というようなものはなかった。

私は富士の生前に棲み家を訪れる機会がなかった。この文章を書いているときに初めて訪れた。没後二五年になる。家は跡かたもなかった。富士が通っていた「塚酒店」のおやじさんと、隣家の抱《かか》孝《え》さんご夫妻から話を聞いた。家は業者によって取り壊されなかった。市役所がやってきてきれいにして、生えていた竹も刈ったという。竹はまた生えている。住居跡の東半分には、切り倒された竹が積み重ねられている。地主がしたのだろう。西半分には、バスタブと洗濯機、コンクリート造りの台所用流し台がなぜか残っている。流し台は小さく、これを使って富士が晩年に自炊していた。ポリのバスタブは五〇年代あたりのものだからこれまたごく小さい。

自分は隠者だといったが、隣家の裏とは声が届く距離だった（図33）。家があったころに家を写した写真も隣家を入れていない。他の生活圏からも遠く離れていたわけではなかった。西側、酒屋などが密集している集落からは一分、東側、「ダンプ街道」と呼ばれている幹線の亀岡街道からは二分の距離にある。つまり、富士が「坐って」いた書斎の右前すぐに隣家の裏側があり、左の竹林の向こうすぐに「ダンプ街道」があった（図34）。そもそも、住んでいた茨木市安威は、いかにも隠者が住むような地だと世間が思いがちな奥地ではない。私も富士の長女と息子が通っていた茨木高校に通っていた。また、近くの吹田市にずっと住んでいるから、安威という地について知っている。安威は市街地の周辺にあり、少し不便なだけだ。といっても、世の隠者たちは人里離れた奥地に住んでいたわけではない。隠者陶淵明は「廬を結んで人境に在り」といわれた。「廬」はあばら家である。本書がこれからとり上げる、本当の隠者青木正兒も「人境に在っ」た。本当の隠者は軽率な隠遁を望まないで「人境」に住むのを選んだ。だから富士という隠者が安威に住んでいたのは、それはそれでおかしくはない。ただ、富士が書いていたような理想郷ではなかった。ことに狭すぎる空間にあった。この環境のことを、ここを訪れた桑原武夫を含めた人たちははっきりとは書かなかった。富士が気の毒だったからであろう。

跡地を訪れてこの環境を初めて目で見た私には、ここに生涯籠って日々を送っていた富士が痛々しかった。

富士は世間に向って、自分を唯心論によって成型した。自著の題名もそれを示している。『八方やぶれ』、『不参加ぐらし』、『どうなとなれ』、『せいてはならん』などと続く。しかしこの人を理解するには、生活に「窮していた」のを知り住居の環境を知るような、唯物論が欠かせない。

富士の酒は、煎じ詰めれば、師匠竹内が始めた『三人』を続けるため、遺稿を出版するためだった。司馬がいった「一点」を守るためだった。しかしそれを守るのは簡単ではなかった。晩年には徒労感が残ったようだ。だから酒は、いつまでも彼についてまわった。富士の混沌と絶望のように。富士の貧乏のように。あの棲み家のように。

富士には八方破れのような見せかけ、外見があった。そのような外見は富士だけにあったのではなかった。愛嬌があった親分の桑原にも、人から見るとほんの少しそれがあった。町人風京都弁丸出しの今西にも、飄々を見せびらかしていた深瀬にも、八方破れに近い外見があった。外見は、それは外見だといって内実から切り離せるものではない。富士にあった問題、また京都学派第二期そのものにもあった問題は、内実に関わる外見の問題であった。その問題がヨーロッパで大きな問題になったのはバロックの時代だった。草創期を雄勁なルネサンスの時代と見るならば、第二期は複雑なバロックの時代に向いていたのであろう。

好きだ、嫌いだ、から離れて、高橋和巳を見る時代になっている。

## 5 高橋和巳──『人間にとって』へと向かって

### お茶屋と待合

高橋和巳（一九三一─一九七一）（図35）は祇園のお茶屋が好きだった。あるとき桑原武夫につれられて大勢でそこに行った。その席が面白くないといって途中で抜け出したのに、次に自分から行ったところもまたお茶屋だった。初めてのお茶屋だった「木村咲」にはやはり桑原につれていってもらった。お茶屋には小説が売れだしてからは自分で度々行った。まだ売れだしていないころにも、度々おいでになって色々のことがありましたと、お茶屋「大恒」は回想する。

お茶屋で高橋は子供のようになった。舞妓を相手に「綾取り」遊びをしていたとき、高橋の細くて長い指が舞妓の柔らかい指や手に絡んだ。そのとき「高橋の相好は崩れ、うれしさにほとんど泣かんばかりになると見えるのだった」（杉本秀太郎「綾取り」、『西窓のあかり』）。

待合も好きだった。行ったのは父親の行きつけだった待合で、奈良に近い生駒の宝山寺の門前にあった。この待合に、あるときそわそわしながら多田道太郎と杉本秀太郎をつれていった。翌朝支払いのときに金がひどく足りない。「ええやないか、おばさん、出世払いや」。実名が出て来るこの話は、杉本自身が語ったものとして、吉岡秀明『京都綾小路通──ある京都学派の肖像』ですでに公表済みである。公表できた時代の出来事だった。このときとは別のあるときに、そのまた別のあるときに、この待合で高橋が楽しんだときの有様を、一緒に行った仲間が語り残している。そのうち、高橋が二、三人でJR京都駅あたりを歩いていただけで、「また生駒やろ」と、その姿を見かけた仲間が思ったものだ（山田稔『富士さんとわたし』）。待合待合と私は書いてきたが、そこはれっきとした旅館で、時代が時代だったから待合にもなったのだった。高橋はこの旅館を、「対話」という同人雑誌の会合に使っていた。ここで友人たちだけを招いた結婚披露宴もやった。「出世払い」というといかにも横暴に聞こえるが、高橋はこの旅館にとって上得意の客だった。

図35●高橋和巳、1969

図36●「豊津アパート」（左の棟にいた）

お茶屋にしても待合にしても、そこに行くのは高橋にとってお祭りに行くようなものだった。暗い観念の世界を描いたあの高橋が、そういうところに行くと子供のようになった。暗い小説を書いたときも子供のようになっていた。このことは後述する。

### 酒乱二話

大酒呑みだった。それでたくさんの逸話を残した。総てをここに書くことはできない。まだ京大の学部の学生だった頃のことだ。その頃高橋と親しかった小松左京と石倉明によると、昭和二七年五月三日、高橋と三上和夫が昼間から泥酔して、東山五条の駐車場にあった外車を三上が運転し、五条通りから大和大路を南下したところで松原署員に逮捕された（石倉「高橋和巳と三上和夫と」、梅原・小松編『高橋和巳の文学とその世界』）。杉本秀太郎によると話が少し違っていた。同じ二人が深夜に泥酔して、東大路で舗装工事用の車両を動かし、松原署に留置された高橋を、指導教官だった吉川幸次郎が署に出かけて身柄を引きとった（『京都綾小路通』）。事件が二つ別々にあったのか、それとも同じ事件で、京都人だった杉本が高橋らを庇って世間に通りやすい話にしたのか――。泥酔の末の乱行は当時の学生にはよくあったが、自分の身に危険が及ぶことをやった点で高橋は並の学生ではなかった。晩年の酒がすでにそこにあった。

一人で大酒を呑んだ。

場面は吹田の「大阪府住宅供給公社豊津団地」、当時は「大阪府住宅協会豊津アパート」といい、垂水神社の森つづきの住宅地に今もある。図36に見えている二棟のうちの手前の棟の三階に住んでいた。立命館大学の講師だったが、それを辞めてそこで小説書きに専念していた。夫に代わって働きに出ていた妻のたか子が、ある夕方勤めを終えて、おかずを買っていそいそと坂を上って帰ってくると、机に向かって小説を書いているはずだったのに、部屋には異様な景が拡がっていた。布団のなかで大いびきをかいている。布団から出ている片手に飯粒がたくさん付いている。ご飯に塩を振りかけて手で掬って酒の肴にしていたらしい。側にはおこげが付いた釜が転がり、空になった安物のウイスキーのビンが転がっていた。この類の狼藉を、たか子はあきれはてながらいくつか書き残した（『高橋和巳の思い出』）。

高橋の酒量について、その大きさに坂本一亀が脱帽した。坂本は東京の編集者だったから、関東の酒豪の文士をたくさん知っていた。坂本に依れば高橋の酒量は東の酒豪たちにひけをとらなかった。

## 独酌

酒量以外では違いがあった。東の横綱たちは大酒を呑んで相手とやり合った。新宿の「ナルシス」に集まった田村隆一らは、やり合って相手から大いに学んだ。草野心平がやっていた居酒屋「火の車」では、弁舌でやり合って結着がつかないと拳で結着をつけた。小林秀雄らは、やり合って互いに向上し、しばしばやがて相手を嫌悪して離反していった。このように東では、それぞれのグループにそれぞれの壮絶な闘争があった。

高橋の酒は相手とやり合わない酒だった。呑んでいて相手から攻撃されても、ニコニコしているだけで反撃せず、自分のなかに籠ってしまった。彼の酒には相手との関係がなかった。外界を遮断して自分と対話した。一緒に呑んでいる人の前で突然泣き出すときがあった。「高橋得意の泣き」（小松）とされた。相手と呑んでいても独酌をやっているようなものだった。

小説が売れ出してから、唐木順三の世話で明治大学から招かれたので、鎌倉に五〇〇万で小さい家を買って移った。せっかく落ち着いたのに、このあと最大の大酒になる苦しい状況が待っていた。明大に赴任してからまだ二年経っていない時期に、吉川幸次郎が京大中国文学科の助教授に高橋を招いた。その招きを本人は受諾したが、たか子は強く反対して鎌倉に残り、何度もフランスに行って夫と往来を絶ち、京都には単身赴任になった。これが最後の大酒の下地になったのだろう。

赴任してからほどなく大学紛争の嵐が襲った。この嵐で高橋は倒れた。「孤立無援」になって一人で酒を浴びた。一方で、全共闘側に立って教授会と対立した。他方で、支援していた全共闘側の同志から攻撃されて深く傷ついた。就任してからわずか二年余りで、「京都引き揚げる」と玄関に入るなりたか子にポツリといって鎌倉に戻った。翌々年の昭和四六年に逝去した。京都で症状が出ていた結腸のガンが肝臓に転移した。

## 酒　悲

京都での最後の大酒はひどかったらしい。これまで一緒に呑んで彼の酒を語っていた友人たちが一緒に呑めるような酒ではなくなっていた。「人から聞いたところでは」というかたちでしか、この頃の彼の酒を語れなくなった。泥酔のあまりこんなことをしでかしたという風説が、この時期にとみに多くなった。酒によって憂さが晴れるのではなく、憂さが深まる状態を中国では「酒悲」といった。このごろの自分は「酒悲」の状態になってきていると自分で語った。エッセイ「酒と雪と病」は、自分の「酒悲」の状態を静かに語った名文である。

「酒悲」になっている酒と死ぬのを覚悟して呑んでいる酒とは違う。高橋には物事がどちらともとれる中間性がつきまとっている。中間性は曖昧、右往左往、不決断など、高橋を特徴づける様態になった。最後の酒についても中間性があった。過失でもありまた定めでもあった。過失と定めの中間だったといっても同じである。自分でもそう思っていたのではなかろうか。自分は「酒悲」の状態にあるといったとき、その状態を反省していたようでもあり、いないようでもあった。

文人の酒は高橋の酒と対照的である。徳川時代の文人画家浦上玉堂を引き合いに出してみよう。玉堂は大いに酔って、素面ではやれない強いタッチで山水画を描いた。「訪友」の図を得意にした。酔ってこそ現実を超えた新しい現実を描けた。描いた新しい現実を生きようとして、酔いが醒めてから実生活をそれに沿わせるように心がけた。玉堂に限らず文人の酒とはそのようなものだった。

高橋の酒に文人の酒にあった創造性はなかった。現実を超えた新しい世界を創ろうとしたのは、高橋の酒ではなく想念だった。彼の想念は文人たちの酒に相当した。彼の酒を理念化すれば、今いる現実の世界から自分が住みたい想念の世界に入って行くただ足掛かりを求めて呑んでいたのではなかろうか。酒を呑んでいて突然泣き出したのは、求めている想念の世界と現実の世界との隔たりに気付いたときだったのだろう。

## 新しい小説？

これで酒からひとたび離れて別の話題に移っていく。

高橋が没したとき、多くの若い人たちがその死を悲しんだ。悲しんだ人たちは、生きていれば新しい小説を書いただろうと予想した。書けなかったのが惜しかったという思いが一つの社会現象になった。

高橋自身は、死の床につく直前に新しい小説を試み始めていた。『遥かなる美の国』と題され、新しい作中人物を作ろうとしていたらしい。人物はこれまでのように高橋が動かさずに、インドの古代文学の説話に基づいて、大きい宇宙に動かせようとしていたらしい。書き始めの部分の草稿が残っている（「文芸」追悼特集号）。

他方で、文芸評論家だった秋山駿との対談「わたしの文学を語る」のなかで、自分の原体験のようなものが森田草平と鈴木三重吉の淡泊な心境小説にあるような気がすると述べていた。最晩年には、志賀直哉と島木赤彦の短編小説を見直さねばならぬとも述べていた（山田「失われたユートピア」、「文芸」追悼特集号）。そんな淡泊で清涼な小説が書けていただろうか。

書けていただろうかについて、色々な人がどう思っていたかを調べてみた。そうすると高橋に対する多種多様な見方が芋蔓式に次々に出て来た。

高橋のファンたちは書けるだろうと口を揃えていた。その現象とは裏腹に、彼に近かった仲間たちは一致してなにもいわなかった。それには仲間たちが高橋の小説をどう見ていたかが深く関わっていた。彼らは腹をくくった見方をしていた。

高橋が書いてきた小説には重大な欠陥があったと、友人だった小説家の山田稔さんは見ていた——「どの作品においても生きているのは作者だけで、作中人物は『自ら発光しない衛星』の地位に甘んずることを強いられている。……彼のほとんどすべての作品に見られる肩肱張った表現を、もしかりに《論》としての正しさ、鋭さを理由に黙認するとすれば、わたしは一体何のためにいま筆を取っていることになるのか」（「失われたユートピア」）。山田は怒っていた。当時の山田にとって、高橋がこれから新しい小説を書けるかどうかまでは考えなくてもよかった。「私は一体何のためにいま筆をとっていることになるのか」と、そこまでいった山田にとって、事柄はすでに終わっていた。

小松左京と高橋とは、大学時代に一緒に文学活動をした仲間同志だった。高橋の処女作『捨子物語』のなかで、若い浮浪者が列車に飛び込む。車輪の下にいる瀕死のこの男に警官が問いつめる——どうして飛び込めたのか、どうして聖人みたいなことが出来たのか、教えろ、教えろ。高橋は死ぬまでずっとこの警官のようだったと、小松は高橋を叱った。小松は続けて、高橋が求めなければならなかった「言葉」は、「絢爛かつ眩惑的な千万言の修辞にエスカレートして行く警官の質問の側にはなくて、死の淵に身を横たえてここから人生を眺めている浮浪者の側にあったはずだ」（小松左京編『高橋和巳の青春とその時代』）。小松は心の底から出てくる簡潔なことばを高橋の小説に求めた。次のようにも求めた――いやしくも成熟した小説家であれば、若者に距離をとって若者を指導すべきであって、若者の狂躁のなかに登場するロックやフォークソングの人気歌手のようであってはならない。高橋が新しい小説を書けるかどうかは小松の念頭になかった。

仲間の一人、妻たか子の見方は一貫していた――「和巳は意識の深みのみを棲み処とする人だった」（『高橋和巳という人』）。その「棲み処」から生まれた小説もどうしようもないものだった。だからこれまでの夫の小説を、それしかないものと見て否定しなかった。夫が死の直前に新しい小説を書きたいというと、「そうね」と相槌を打ってやっただけだった。

高橋を良く知っていた別の仲間たち、桑原武夫、杉本秀太郎、多田道太郎は、書けるかどうかについて関心を持たなかった。桑原は『悲の器』が受賞したとき、「私は高橋君に刺激をあたえたかもしれんが、この小説から刺激なんか全然受けませんでした」（山田『富士さんとわたし』）といった。多田も杉本も高橋の小説について書いたことがなかった。この三人とこれまでの三人の合計六人が、新しい小説について関心を持たなかった。

梅原猛さんは違っていた。欠陥を表だって指摘せずに、このような小説を書いてほしいとただ願った。梅原によると――高橋はドストエフスキー的作家だが、彼の作品のなかにドストエフスキーの作品にいたアリョーシャはいない。「アリョーシャの眼は物を意図的に見ようとする眼ではないが、人間の世界の本質を最も深く見ている眼である。世界はどこに行くか、そして世界になにが必要かをはっきりながめている澄みきった軽い眼である。高橋和巳の重いイワンの眼からアリョーシャの眼が生まれてほしいのである。現代という時代とともに自己解体すべきではないと私は思う」(『作品集』「月報」1)。哲学者は世の中がどうあるべきかを社会に説く。梅原も高橋が新しい小説を書けるかどうかは予想してはいない。予想するのは哲学者の役目ではなかった。

小田実と辻邦生もまた、梅原と同じように予想ではなく願望を語った。

小田の願望は弔辞のなかで語られた。高橋の人間には「笑い、冗談口、やさしい目」すなわちユーモアがあったが、それらはこれまで「作品の外に追いやられがちだった」。そういうものが作品のなかにいよいよ「たちあらわれようとしていたとき、高橋和巳よ、きみは突然死んだ」(「文芸」追悼特集号)。この弔辞には冷静な分析はなく深い悲しみがあった。「たちあらわれようとしていた」はあくまでも願望をいったものだった。

辻の高橋論はこうなっていた――

「小田実と同じく、私もまた、高橋和巳の文学的遺産を考えるうえで、その苦悩を鋭く照らすものとしてのユーモアの存在を、積極的に強調する必要があると思う……それはなにも彼の作品のなかに（ユーモアが）あるか、ないか、の問題ではなくて、彼の文学的遺産をいかすためには、さらにひろげた文学圏のなかに（遺産）を置いて、そのうえで、（文学圏）から栄養をとる必要がある、ということなのだ。それは高橋和巳が終生敬愛してやまなかった埴谷雄高の文学世界にひびく哄笑の精神によって、高橋和巳の作品をとりまいてみるだけでも、ある程度、その方向がはっきりする。それが、この誠実無比な作家を、より積極的な形で、うけつぐ、ほとんど唯一の方向ではないか、という気さえする」（「その死の前後」、『北の森から』）。

高橋の小説にはユーモアがほしいと、元は埴谷雄高がそれを望んだ。ところが辻は、ユーモアがあるかないかの問題ではないといって、埴谷と小田の説を一蹴した。辻は大物だった。高橋にそんな小説は書けないと辻には分っていた。あくまでも後世の誰かが、高橋の小説を受け継いで新しい小説を書くときに、ユーモアがある暗い小説を書くようにと望んだ。

山田稔が紹介したある話が思い出される。文楽の太棹の、ある名人の弾き手が杉本秀太郎にこういったそうだ——後世に伝わるほどの深い悲しみを語った音曲にはかならず「はしゃいでいるところがある」（「失われたユートピア」）。その山田は、高橋の小説に欠けているものとして「気楽さ」、「軽さ」をあげた。いずれも「はしゃぎ」に通じている。はしゃぎと気楽さと軽みからは、世阿弥の『風姿花伝』がすぐに思い出される。このようにして、高橋の小説を考えていると、良い芸術とはどういうものかという芸術論に移ってゆく。

この移行を、高橋の生き方や思念を尊重していた人たちは好まなかった。好まない文芸評論家だった松原新一はこういった――

「高橋和巳に対してなされる否定的な批評には、いわばすでに公式といってもいいような発想の型が出来上がっている。例えば文体をとり上げて、あれは小説の文体とは言えないとして、その非芸術性をあげつらって、高橋和巳の文学を全面的に否定してしまうというやり方がその一つの好例である」(「井上・高橋における〈告発〉の構造」、『国文学』、昭和四九年四月)。

松原はすでに見た山田稔のやり方を嫌った。芸術論を展開した辻のやり方も嫌ったはずである。芸術作品として見るか見ないかが、高橋の小説を評価するときの分岐になった。しかし意味や生き方を尊ぶ人たちも、尊ぶ理由を文体を含む表現をとり上げて実証するのが望ましい。二手のなかの芸術派の方は、松原がいったように連携していたわけではなく、各人が独立していた。意味と生き方を尊ぶ人たちが大勢をなし、自分たちを「正統」と呼んだ。

芸術派だった辻は次の世代に望みを託したが、結果として、高橋を母胎とする、あるいは高橋に接ぎ木したような、高橋に似た新しい小説家は出て来なかった。その理由は、高橋の小説が、安保闘争に始まり学園闘争が拡がった一九六〇年代の、また第二安保闘争があった七〇年代の、社会現象だったからであろう。高橋の時代が終わって別の新しい時代に入ってしまうと、高橋を受け継いでいてしかも向上している小説家は出てこなかった――。

## 「自己解体」

それでは、高橋の時代が強く支持していた高橋の世界はどういうものだったのか。その世界は独特の、観念の世界だった。今の若い世代の読者におかれては、これから紹介するような観念の世界が、六〇年代七〇年代の若い知識階級に受け入れられていた事実を知っておいてもらいたい。

「自己解体」は彼の世界の核心だった。

それはまず高橋自身にあり、次に小説の主人公たちにあった。二つはむろん相関していたが、ここでは高橋自身の解体だけを単独でとり上げる。どのような方法でとり上げるかといえば、解体について語っている自身の文章を細かく分析してゆきたい。この方法は研究者が文学作品や評論に対して普段行っているが、高橋の文章に対してはこれまでなぜか普段に行われてこなかった。彼の解体は文章のなかに存在している。

自身の解体は京大を辞任したときにあった。自伝的評論集『わが解体』に収められている「わが解体」がその辞職を弁明している。それを弁明している重要で有名な個所が二つある。細かく読んでみよう。こういう読み方を普段はなさらない方もついてきていただきたい。

第一の個所はつぎのように始まっている。吉川幸次郎の要請を「浮世の義理」で引き受けて、京大に赴任してこれまでなんとかやってきたのだったが――

「……私が自己批判せねばならぬことがあるとすれば、その第一は、元々それが分っておりながら、〈浮世の義理〉とでもいうか、それ自体は悪いものではなかろうが、自己の営為の原理とは抵触する別な法則性に従って身を処し、懸命に異質な原理のあいだの調和をはかろうとしていたこれまでの自分の精神のありようであった。

こういってしまえば単純なことだが、これこそがまた私にとっては、一番痛い点であり、苦しいことでもあった。学園闘争の中で、私をともかくも支えてきたもの、その同じものが、目下の自己の身分や地位のありようが虚偽であると自分に告げる。私を支えるものは文学であり、その同じ文学が自己を告発する」。

複雑な、目が廻りそうな、これが彼の文章だった。

前半を注意して読んでみよう。

このやや長い一つの文章には主語が二つある。始めは「浮世の義理」だった。ところがいつの間にか「自分の精神のありよう」に移って、「ありよう」の方が主役の主語になっている。「浮世の義理」

に従ってしまった高橋のミスが、「浮世の義理」が主語でなくなったので、うまく棚に上げられているではないか。

このような前半部全体に向って、「こういってしまえば単純なことだ」と自分で主張している。これはおかしい。もし前半部を「単純」に書くなら、「〈浮世の義理〉に従ったのは私の間違いだった」とでもなるはずだ。単純ではないいい方を単純だったと主張して、「自分の精神のありよう」を実は弁護し正当化している。高橋にとって重要なのは自分がおかしたミスではなく、あくまでも「自分の精神のありよう」の方だった。これが将に高橋だった。

「こういってしまえば」で始まる後半を読んでみよう。

「学園闘争の中で」はどこまで続くのだろう。「私を支えてきた」で終わるのではなく、最後の「身分や地位のありようが虚偽であると自分に告げる」にまで続くはずだ。そうであるはずだ。以前は気が付かなかったが、「学園闘争」のお蔭で、「目下の自己の身分や地位のありようが虚偽である」と気が付いた。しかしこちらが注意して読まないとここまで続くのを読み落としてしまう。読み落とすほどこの文章は「闘争」が高橋に与えた影響を明言していない。すでに明言する気持がなくなっていた。「闘争」のことを高橋はもう思っていない。「闘争」を投げ棄てるようにして彼は辞職した。

もう一つ読み落とせない個所がある。「私を支えるものは文学である」といっている。「文学」は通り一遍のことばではなかった。そもそもは「自己の営為の原理」だった。「原理」として高橋を支えていたのは政治ではなくて文学だった。別のところで文学を哲学歴史学などの諸学と並べ、ときに文学で諸学を代表させた。「文学」にはなおそれ以上の特別な意味があった。これからが高橋らしくなってくる。まず、「文学」を学問に対立させた。彼はこういっている——私は教授会のあなた方とは決別します。これからは「文学」だけをやります。私を支える原理は学問ではなく「文学」です。「文学」の意味はこれでもまだ終わらなかった。これ以上の特別な意味を持たせた。高橋の「文学」の主人公たちは没落に向っていた。『悲の器』の正木典膳、『邪宗門』の千葉潔、『憂鬱なる党派』の西村恒一らである。高橋によると、彼らが作者の私から独立して私を追及してくる——駄目ではないか、お前も我々のように誠実に自己を解体しないと。高橋が造った主人公たちが背後から高橋に解体を迫った。高橋の「文学」にはこれだけたくさんの含意があった。

これらのたくさんの含意を知ると、「私を支えるものは文学であり、その同じ文学が自分を告発する」がよく分る。ただ、これだけたくさんの意味を持たされたので、「文学」は自分だけの主我的なことばになっている。それはとりもなおさず、「文学」が彼に迫った「自己解体」が、主我的な想念であるのを示している。なんと主我的な、自分流の「自己解体」であろう。ことばに従わずに、ことばを自分に従わせたところがあった。

お断りしておくと、高橋の「自己解体」を解明するときに、解明は文章（テキスト）を読み終わってからなされずに、文章を読むこと自体によってなされる。解明は文章を読むこと自体のなかにある。

この方法が本書が第Ⅰ部でとり上げた、京都学派が文学研究で行ってきた重要な方法であった。

次に、「わが解体」を語っている二番目の個所をとり上げよう。この個所はエッセイ「わが解体」の結びに置かれて、このエッセイの主張を要約している。要約だからゆっくり読まなければならない

――


「(A)全国の学園紛争から言えば些細な事件にすぎないとはいえ、内紛というものが避け難くもつ、芋蔓式につらなった憂鬱な人間関係のからみあいとその矛盾があばかれれば、芋蔓式につらなるものゆえに、生涯許されざる不倶戴天の敵対ともなるだろうし、(B)また他者に加えた批判は、必ず自らに照り返すゆえに、同時にそれは自らのよって立つ地盤を奪うことにもなるはずである。

なぜこんなことになったのか。なりつつあるのか。数ヵ月前の自分と比較して今昔の感に耐えないが、しかし誰も怨むことはない。自ら選んだ自己解体の道なのであるから」。


最初の段落はAとBの部分からできている。Aの部分から見て行こう。

「内紛」ということばが突然出ている。全共闘派学生側のそれをいっている。「内紛」が高橋に与えた大きい影響が語られているらしい。しかしこれは尋常な文章ではない。意味不明である。どうやら「不倶戴天の敵」が現われたらしい。この状況が分るように書いている別の文章が二つあるので、そ

の二つを見てからこのＡの部分に戻ることにしたい。そうすると意味不明なＡの文章にある値打ちが分ってくる。まず一つの文章は――

「思想の発生源を同じくする集団同士が、なぜ権力者に対する以上の憎悪と嫌悪をもって互いに罵りあい、排撃しあわねばならないか。いま、私には腸がねじれるような辛さでもって理解できる。単に抽象的に理論を対比するだけではそのことは解らない。具体的な行為の累積によって、そうならざるを得ない不倶戴天の敵対関係というものがあるのである」（「差別について」、『人間にとって』）。

Ａが入っている元の本文は一九六九年一〇月に発表された。右の『人間にとって』からの文章はＡからおよそ半年後に発表された。「不倶戴天の敵対」がまた使われていて、この事柄が重大だったと分る。半年後に書かれたせいで、敵対の内容が「具体的な行為の累積による」と、やや明瞭に語られるようになっている。

次の文章はＡから更に遅い、一年後に発表された――

「ともに支えあっているべき身辺の人の一、二を、大学の当局者や教授会内の敵対者よりも激しく憎んだのである。……僅かな（私）個人の内面の翳りを解明するためにすら、何百枚もの紙数と、何ヵ月もの内省を必要とするように思われる」（「内ゲバの論理はこえられるか」、『わが解体』）。

「不倶戴天の敵対」ということばは使われてはいないが、それが使われているに等しい。これでやっと状況がはっきりした。これほど大きい打撃をこの「敵対」は高橋に与えた。「敵」は「一、二」の人に絞られている。仲間と思っていたのに、そのうちの「一、二」が書いた、高橋を訴追した文書、「清官教授を駁す」が突然出された。高橋はこれに深く傷ついた。事件から一年以上経って初めて、その事件をほのめかすようになれている。書き方の変化から、この事件が高橋に与えた大きな影響が分る。このようにして本文以外の二つの文章から、事柄と状況がほとんど明瞭になった。

ここで本文Aに戻って、その個所をもう一度読んでいただきたい――「……内紛というものが避けがたく持つ、芋蔓式につらなった憂鬱な人間関係のからみあいとその矛盾があばかれれば、芋蔓式につらなるものゆえに、生涯許されざる不倶戴天の敵対ともなるだろうし」。竜巻のような文章である。続けようと思えばどこまでも続けられる。書き手が渦に巻き込まれてもがき続けているではないか。状況は読者にはまだ分っていないが、分らないからこそ、受けた打撃だけが伝わってくる。打撃がこの文章のなかにある。およそ人に加害しなかったあの高橋が、子供のようだったあの高橋が、「一、二」の相手を名指しで追及しないで、自分一人でこんなに苦しんでいる。その様子を読者はこの文章から体感することができる。苦しかったであろう。

これでAの部分を終えてBの部分に進もう。「他者に加えた批判は、必ず自らに照り返す」といっていた。

「自らに照り返す」のを語った別の文章があった。「自己解体」を語った第一の文章はこうなっていた――「学園闘争の中で、私をともかくも支えてきたもの、その同じものが、目下の自己の身分や地位のありようが虚偽であると自分に告げる。私を支えるものは文学であり、その同じ文学が自己を告発する」。二つの文章は辞職を正当化する理屈であった。この理屈は辞職してから後で付けられたのではなく早くからあったものだった。いつ頃からかといえば、形になっているものとしてははるか昔に書かれた初めての小説『捨子物語』からすでにあった。

少しだけ横道にそれておきたい。AとBで辞職の理由が並べられている。こちらで整理すれば高橋はこういっているのだ――「辞職する理由は二つだ。一つは直近に起った内紛だ。二つは元からあった自己解体という私の行動原理だ」。高橋は優秀な学者だったから、辞職の理由についても理路を整然とさせて書けたはずだった。しかしエッセイ「わが解体」は、「肉体疲労し、神経はずたずたになり、読書もほとんどできぬ支離滅裂の状態」で書かれた。記述は混沌として理路整然から遠い。混沌がエッセイ「わが解体」の値打ちだった。そのエッセイの結部に対して、やむをえない方便として、私は理路をはっきりさせておいた。理路がはっきりしない混沌が、当時の若い読者たちに受け入れられていたのだ。

さて、行動の原理としての「自己解体」はあらかじめ用意されていた。「自己解体」について語った二番目の文章に、「誰も怨むことはない。自ら選んだ自己解体の道なのであるから」とあった。あらかじめ選んであった道だった。「自己解体」にせよ「誠実」にせよ、あらかじめあった行動するための原理は想念の産物だった。想念が描いた理想の行動のイメージだった。頭が描いたイメージだった。

しかし、人生には実生活という現実の世界がある。想念が描いた「誠実」と「自己解体」に従ったあと、高橋の実生活には惨状が残った——

「学園闘争が収拾段階に入って、半ば必然的に私が窮地にはまり込んでゆく経過が病状の急速な悪化をもたらしたことは争えない。そうでなくても日頃の無理がたたって私は疲れ果てていた。若い、体力旺盛な学生たちとの深夜にまで及ぶ論議、パンや牛乳だけですませておく不規則な食事、心痛と不眠、そして神経を麻痺させるための飲酒—（中略）—仮寓に戻った私は、さらに寝酒を飲み加え、神経を麻痺させようとした。—（中略）—酒で感情を抑えて仮眠した私は、時刻定かでない明るみのもとでふと目醒め、そして不意に嘔吐するように嗚咽した」。

身心はズタズタに切り裂かれた。想念に従って演劇的な生ばかりを生きてきたのがいけなかったかもしれない、高橋はそう気付き始めていた。気付き始めていたのは最後の著作を集めた『人間にとって』を読むと分る。

遂に訪れた変化だった。

**『人間にとって』こそ**

その著作にいう——

「病に倒れた時、私は学園闘争のことで頭がいっぱいだったはずであり、自らの不甲斐なさも含めて、もっとも現在時に近い体験のあれこれに猛然と腹を立てていた。……にもかかわらず、最も気懸りなはずのことが、すとんと欠落し、全く忘れ去っていた記憶、それも幼少年期にかかわることばかりが、意識を占拠した。……どうやら、論理の牙城を築きたいと考えていた私の意向そのものも、自らに復讐されて解体への道を歩まねばならないのであるらしい」（「経験について」）。

「自己解体」がこの「論理の牙城」に当る。高橋にとって必要な本当の「自己解体」は、今までの解体をさらに解体することにあると気づき始めていた。

またこうもいっていた——

「今度の大病の過程においても、自分の中に率直な生命に対する愛着の情というものがあることを感じつつ、同時にそういうことを感じている自分というものを喜んだ。存在への愛惜、生命の尊重、そういうものは、文学的な営みの基本的な感情であって、一木一草にも仏性を認め、そこに自分と同じ生命が流れているという感覚を今後も大事にしていくことが私の作品を深めるのではないか」(「死について」)。

『人間にとって』は重要な著作集である。死の直前のおよそ一年半の間に、断続的に書かれた八つの章を辿ってゆくと、混迷と葛藤のなかにも、新生へと向かう幾歩かの足取りが認められる。その足取りが高橋が到達した最終的なものだった。「自己解体」は最終的なものではなかった。それ自体が解体されようとしていた。

これが「自己解体」というものの実体だった。それなのにこの実体は、高橋が亡くなってからかなりあとまで、多くの支持者たちによって承認されてこなかった。『人間にとって』よりも『わが解体』の方が、長い間強く支持され続けてきた。それを強く支持する立場は高橋を語る人の立場であって、高橋自身の立場ではなかった。『わが解体』は到達点ではなかった。到達点、といえなければ、到達点を指示しているのが『人間にとって』だった。この事実を受け入れなければならない。亡くなってから四五年が経って、それが受け入れられる状況になっているはずだ。「自己解体」に限らず、高橋的なもの全体を、それを支持するかしないかではなく、それがどういうものだったかを客観的に捉える時期に、ずいぶん前から入っていたはずだった。

高橋は優秀な学者だった。それなのに小説家になったのに対して京都の学者たちは不満を抱いていた。『悲の器』が受賞したお祝いの席でのスピーチを、山田稔さんが記録していた（『富士さんとわたし』）。梅棹忠夫は小説など書くなと叱った。松田道雄も学者としての才能の方を買った。桑原武夫は前出のように、「私は高橋君には二、三の刺激をあたえたかもしれんが、この小説をよんでぜんぜん刺激なんかうけませんでした」と突き放した。しかし多くの仲間たちは、その不満を概してあまり語りたがらなかった。山田稔がそうだったように、彼の小説への当惑が強すぎたのであろう。別の事柄についてもあまり語りたがらなかった。高橋は吉川の招きを受け入れた。学者に戻るのが大人の社会人としての責務だった。その責務を果たせなかったことに対しても、周囲の同僚たちはおおむね沈黙していた。彼らはそれまでに経験しなかったような状況に直面していた。

## 近所に居た高橋

私は修業時代の高橋が住んでいた「豊津アパート」からごく近くに今も住んでいる。だから彼の姿をよく見かけた。私よりも五歳年上だったし、声をかけて名を名乗れるほどの自分ではなかった。それだけに目を凝らして彼を見ていた。大阪では色白で清楚な別嬪を「はくい」という。高橋は「はくい」男だった。明らかにものが違って見えた。皮をむいたウドの白い茎のようにも見えた。

彼が京都に出かけるときもよく見ていた。昭和三一（一九五六）年から四〇年までのことだ。高橋が立命で教えていた頃がこの期間に入っている。阪急の「豊津」から京都に行くには「淡路」で京都行に乗り換える。高橋も私も急行の先頭の車両に乗った。二人とも京都の大学に行くから時間がほぼ同じだった。急行を待つあいだに、高橋はホームでじっとしていなかった。先頭車両の一番前のドアになるあたりと中央のドアになるあたりのあいだを行ったり来たりしていた。そんなことをしながら待っている人は他にはいなかった。伏し目勝ちにしていた。笑いを含んだような得意げな顔だった。最後の一年は『邪宗門』の連載が始まっていた。ホームで何度も見た得意げな顔が、高橋を考えるようになってからだんだん私のなかで大きい意味を帯びていった。暗い小説を書いていても、作品の世界のなかに没入しているとき彼は一番幸福だったようだ。祇園のお茶屋で綾取りを楽しんでいたときと同じだったようだ。

最後の病床で、「治ったらこうしよな」としきりにたか子に語りかけていた。そのなかに「釣りしよな」があった。たか子は夫が元気で釣りをしていたころのことを書いている――「豊津アパートの近くには池がいくらでもあって、ないお金の中から大げさな釣り道具一式を買いもとめてきて、釣池で一人で釣りをするようになった。釣りにゆくのにかぶっていた青い登山帽を、いま私はありありと思い出す」。

私は少年時代に釣りに凝っていたから、あのあたりの池は知りつくしていた。池はそれほど「いくらでもあった」わけではなかった。高橋が行っていた可能性がある池は二つある。たか子が「一人で釣りをする」といっていたから、有料でいつも釣り人がいた「大池」よりも、高橋の家から二分の「上ノ池」だっただろう。農業用水のため池だった。田んぼがなくなったので今は埋め立てられた。殆ど釣れない池で、たまに小ぶりの鮒とハスが釣れた。釣り人は休日にだけちらほらいた。平日に高橋が行けば「一人」だったろう。高橋が釣りをしていた頃、私は釣りをしなくなっていたから、釣っている彼の姿を見かけなかったようだが、立派な釣り道具、派手な帽子の高橋の姿をもし見かけていたら、「おや」という奇異の感じをいだいていたであろう。たまにしか釣れなかったはずだから、その姿から想念と現実のずれという、高橋にあった問題を感じとっていたであろう。

第二期は、高橋が七一年に没してからあと、八〇年代まで続いたと見られる。第二期の末期とその残照のなかで、当時の教養部ドイツ語教室に隆盛期があった。隆盛をもたらせた学者たちの多くが大酒家だった。小岸昭さんはそのなかの一人で、故郷を追われたユダヤ人すなわちマラーノ研究の日本での第一人者になった。小岸は高橋より六歳若い。

# 6 小岸昭――受難への旅

## どんぐり橋

小岸昭さん（一九三七―）（図37）は諸国を巡礼した。スペイン、ポルトガル、オランダ、ドイツ、イスラエルなどに旅した。ブラジル、中国にも旅した。諸国にマラーノがいた。

「マラーノ」とは何か。

キリスト教に改宗させられた旧ユダヤ教徒をいう。「豚（Marrano）」という蔑称だった。元は一五世紀末にスペインとポルトガルに住んでいた。異端審問所の追及を逃れて国外にしばしば移住した。キリスト教の文化は表で世界史を造ったが、マラーノの文化は裏で世界史を造った。

**図 37**●小岸昭（同氏提供）

小岸はゲーテ学者からマラーノ学者に転じた。転じようとしていたころにある偶然の出来事が起った。「その出来事以来ますます異端研究にのめりこんでいった」（『DURST―あるドイツ語教室の歴史』）。これからこの事件を軸にして小岸昭を語ってみたい。

出来事は夜更けの「どんぐり橋」の上で起った。鴨川に架っているその橋は「四条大橋」から南に見えている（図38）。今も人通りが少ない橋だ。そういえばこの橋には異端の風がある。

その日は大学で研究会があった。会が終っていつものように町にくりだした。池田浩士さんと三原弟平さん、それに小岸の三人だった。出来事が起きるまでに彼らは二軒で呑んだ。呑んだ店と歩いた町について小岸は書いている（『ＤＵＲＳＴ』）。酒呑みは店と町を愛するから書いたのだ。私も酒呑みだったから、そのとき彼らと一緒にいた気になって、楽しみながら、彼らがその夜訪れた店と町を辿ってゆきたい。

彼らの一軒目はたいてい川端三条の「伏見屋」だった。そこはいわゆる酒場で、魚が新しく女将が元気だから酒がスイスイ入る。彼らはいつもここで三合ぐらい、その日もおそらくそれぐらいで次の店に向った。向うつもりだったから三合でやめた。やめないとそこに居坐ってしまう。彼らの酒は計画的だった。

東にしばらく歩いてから、花見小路に入って南に下った。向っている次の店「丸梅」は、四条通りよりもさらに南だ。祇園町南側までまだかなりある。四条に近づくにつれて店々の灯りが強くなってきた。広い四条通りを横切る。花見小路に入る。一筋西の、「蠅庭酒店」がある小路に廻り込んだ。「蠅庭はん」はお茶屋に酒を一手に入れている店だ。祇園で呑んでいてこの店を知らない人は「もぐり」だといわれている。「蠅庭」の横を下ってゆく。この小路は静かだ。風情が何ともいえない。石

図38●どんぐり橋、四条大橋から

図39●「『丸梅』が近い」（つきあたりは建仁寺）

図40●「大きい窓からは夜景が俯瞰できた」（中央左）

畳をゆく彼らの靴音だけがあたりに響く。渋い構えの鰻屋「う」はもう閉まっている。いよいよ「丸梅」が近い（図39）。

「丸梅」はお茶屋に手をいれた粋な店だ。四条小橋東詰南からそこに移っていた。移る前からこの店に小岸は気を許していた。前の店では店の合いカギを渡されていた。酔いつぶれて赤じゅうたんの上で一夜をよく過ごした。前の店は小さい五階建てのビルの最上階にあり、大きい窓からは夜景が俯瞰できた（図40）。京阪電車が四条駅に入っては出て行った。右手にどんぐり橋、橋の先はお茶屋が並ぶ宮川町筋の入り口だ。窓からは見えないけれども、うしろ側には「フランソワ」、学者がよくゆく喫茶の名店が静まっていた。小岸のその夜は新しい店になった「丸梅」だった。祇園に移ってからは格が上ったので「だいぶ敷居の高いものを感じながら」、それでも豪気な女将の顔を立てたのだろう、遠い三条からわざわざやってきた。花街に移ったその「丸梅」で、大先輩の前田敬作が、退官記念の夜に舞妓も呼んで豪勢な三次会をやったことがあった。彼らの酒量からすれば、やってきたその夜ここでもやはり三合は軽かっただろう。彼らと仲間の酒量は、慶大から京大に赴任した高橋義人さんにとって「怖しい」ものであった。その店を出たときはさすがに廻っていた。「おぼつかない足取りだった」。「もうかなり夜も更けていた」。

それでもまだもう一軒行くつもりだった。店を出てから北に戻らずに南に向かった。「どんぐり通り」につき当った。西に折れた。建仁寺と永源院の土壁色の塀が両側に続く。ここを歩いていると平安時代の京を歩いている気分だ。やがて縄手通りを横切る。遅くなるといつもいるおかまと呼び込みをゆっくり抜けて、橋に入る。出来事が待っていた。小岸の記述に見よう（『DURST』）――

「酔って朦朧となった私の目に、橋のうえをこちらに向かってくる人影が見えた。白いスーツを身につけた男とひらひらするピンクのドレスを着た若い女性の、ふたり連れらしい。ぼうっとかすんだ街の明かりを背に、二人はゆっくり近づいてくる。さっと吹いてきた夜風に一瞬私は立ちどまり、息をつめた。友人たちも、数歩先で止まった。いよいよ接近してくる男を、私はもはや避けることができないと思った。とつぜん、男の鉄拳が私の鳩尾《みぞおち》をおそった。私は胸をおさえ、前かがみになってくずおれた」。

この出来事によって彼は異端の人々が拷問されて受けた苦痛を一層身に感じられるようになった。一九八四年のことだった。一九八八年からははっきりマラーノ研究に向えるようになった。この経験がなくても彼はマラーノ研究に入って行っただろうが、それがあったので研究は自分で納得できる腰が入ったものになったらしい。事件は小さかったが事件が与えた意味は大きかった。

何らかの物理的な刺激によって事柄が肉体化することが小岸にはあった。中国の北宋時代の首都開封に、遠く地中海沿岸から迫害を逃れてユダヤ人が移住した。開封のある狭い区域に住んだ彼らはそこに井戸を掘った。現在は一家族を除いて旧ユダヤ人は残っていないが、古井戸は残っている。小岸はその井戸を二度目に訪れたとき、井戸の蓋を開けて下に黒く光る水を見た。その瞬間、遠方から中国にやって来た「開封のユダヤ人の、今日まで伝えられている集合的な記憶の歴史が、私の体の中に一挙に流れ込んでくるように思われた」(『中国・開封のユダヤ人』)。ユダヤ人の長い時代に渡った経験が小岸に肉体化された重い瞬間だった。このような瞬間は小岸に何度も訪れた。これらの瞬間への序曲のようなものが、どんぐり橋でやくざ風の男から受けたあの打撃だった。

## 相乗

どんぐり橋の事件から私は次に以下のことを思う。

「なぜ男の鉄拳があの時私めがけて飛んできたかは、今もって分らない」と小岸はいう。彼らが立ち止まったのが原因になったかもしれないが、彼らの酔いが原因の根本だった。そうだったはずだ。酒は小岸にいつも生産的に作用した。このときは受難の引き金になったけれども、受難が小岸の異端研究を腰が入ったものにした。だからこのときの酒も、将に、生産的に作用したことになる。

小岸らの普段の酒について、前出の高橋義人さんは書いている――「酒を飲み、激しい議論を交わしながらも、それによってかえって交誼を深めてゆく……これこそ、いわゆる京都文化の根底にあるものにちがいない」(『DURST』)。普段の酒はまた彼らにとって、ごく単純にエネルギーの源にもなった。後に説明するポルトガルのベルモンテという山村に向う途中、列車に乗る前にレストランで昼の弁当を調達した。一行五人のための、鶏の丸焼き三個、パン七個、赤ワインが五リットルだった。一人当たり一リットルになる。あまりの量に、北海道に電話をかけてご当人に聞き合わせたが、それでまちがいないということだった。

旅のエネルギーになった酒について、もう一つの例を示そう。先に述べた古井戸を翌日にも訪れたとき、ある方法で水をくみ上げた。持っていた老酒の瓶を、途中で寄った菓子店でもらったビニールの紐に掛けて井戸に降ろして水をくみ上げた。これもまた旧ユダヤ人の経験を小岸が肉体化した瞬間だった。このとき小岸が老酒を忍ばせていたのに注意しなければならない。このときの一行は小岸の他に三名、この顔触れは小岸の呑み仲間ではなかったので、そのなかで小岸は老酒という強酒を忍ばせたのだ。

旅の最中を含めて、小岸は呑んで仕事をしていた。酒量と仕事量とは相乗した。並外れた酒量と、マラーノ関係の単著だけで六冊ある、書き続けた本の冊数を並べてみると、その相乗は誰の目にも明らかである。

この相乗は彼だけのものではなかった。

彼が長く所属していたドイツ語教室には、前出の前田敬作などの酒豪が揃っていた。中世ドイツ語の石川敬三、高木久雄、前田、土肥美夫、野村修、小岸、池田らのころにこの教室は黄金時代を迎えた。石川とそのグループは別にして、酒があったのがこの黄金時代の特徴だった。この黄金時代には研究会と研究同人誌が多く設けられた。それらのための会合のあとは必ず酒になった。酒が会を推進していった。表現主義の研究、カフカ、ベンヤミン、マラーノ、ナチズムなどについての研究が成果を上げ、主に異端研究の、この教室は拠点になった。酒量は異端研究派に大きかった。

遠くは雑誌『支那學』でも同じだった。青木正兒、小島祐馬、本田成之が雑誌のために集まっては痛飲して、その雑誌を日本の中国文学研究史の画期とした。このことはこれから「青木正兒」の章で詳しく述べる。近くは人文科学研究所でも同じだった。酒を奨励した桑原武夫が所長だったころにそこも黄金時代を迎えた。

呑み、かつ研究するという小岸のやり方には時代という背景があった。酒がそのようにして呑まれたのはおよそ一九九〇年代までだった。そのころからあと学者が集まる酒場がぼつぼつなくなりはじめ、現在は皆滅状態である。

やはり学者が集まるサロンのような店はまだ残っている。酒と出会いと話題を提供する店だ。木屋町四条上ルの「八文字屋」もそういう店である。ここに小岸が出入りしていた。杉本秀太郎、池田浩士、徳永恂、井上章一らが出入りした。まだ続いているこういうサロンはこれからの時代にもあり続けてほしい。

「八文字屋」の主人甲斐扶佐義さんは小岸の海外研究旅行に参加した。写真家でもあったからだが、店主であり一市民であるのには変わりはなかった。市民が加わる研究活動を小岸は好んだ。停年で退職してから自身と夫人の故郷北海道に帰って、多数の市民が参加する雑誌『ブレーメン館』を興し、継続中である。講演、映画のプロモーション、出版なども併せて行ってきた。『同館』を中心とするこれらの活動は、「革新的な文化活動に取り組む団体」として、「サッポロ・アートラボ」から「北の聲アート特別賞」を受けた。この活動には研究者が小岸以外にも参加している。前記の徳永は常連の寄稿者である。

草創期の中国学者小島祐馬も、退職後に帰郷して高知で文化活動を行った。小島のこの活動が近年になって明らかにされた（岡村敬二『京大東洋学者小島祐馬の生涯』、二〇一四）。小島の活動は単独でなされて、小岸のように地方の研究者を仲間にしなかった。ガリ版刷の冊子を発行したが、『ブレーメン館』のような定期刊行物にはならなかった。しかしもともと気骨がある人間が、信念を持って地方誌に寄稿しまた講演した。この小島の活動と小岸の活動は並べられる。小岸は小島と同じように、孤高ではなく新しい時代に向って開いている学者である。

## 火花から始まる

どんぐり橋での受難から次に以下のことを思う。

なぜ自分が撲られたか未だに分らないというが、あの文章をよく読む人にはそれが分る。小岸をよく知っている人にもそれが分る。小岸は橋の上で立ち止った。「男をもはや避けることができないと思った」。目が合っていただろう。小岸は相手が自分を好むかどうかに敏感だった。だからこのとき男がかかってくるのを直ぐに感じとれた。おそらくそれが呼び水になって、男は小岸にかかってきた。小岸の方から相手を呼び込んだに等しかった。きざな言い方だが、相手は小岸を愛していた。相手はこの紳士は反撃しないのを見て取っていた。それだけではなく、小岸がこれをきっかけにして異端研究にのめり込んでゆくことまで見て取っていたかもしれない。そんなにまで思ってしまう。アダムは楽園を追われたのをあとで神に感謝するようになった。私はどうもこの男を神様にしているようだ。あくまでも結果からすると、このとき小岸の心のなかで、人と人とが合体するときの火花が散ったのだろう。

小岸は相手とのあいだに発した一瞬の火花から動いていく人だ。彼の本を読んでいると、旅で出会った異国の見ず知らずの人々に助けられて、研究の手がかりをえてゆく話が多いのに驚く。

こんなときもあった。北ポルトガルの山村に、マラーノが集団で住んでいるのが発見された。その山村を三度目に訪れたときだった。信じられないようなたくさんの偶然が重なって、その山村ベルモンテに住んでいたマラーノ学者、マリア・アントニエータ・ガルシア女史に会えた。女史は親しみをもって、たくさんの貴重な知識を初対面の彼に授けた。相手が彼でなかったら、火花から始まった心の交わりが二人のあいだになかったら、これほどの出会いになってはいなかっただろう。信じてくれる相手への独特な親愛の情が糸口になって、彼の研究が進んでいったのだった。

またこんなときもあった。先に見た中国の開封にある、かつて旧ユダヤ人が住んでいた南教経胡同と呼ばれている区域を初めて訪れた。入り口で立ち止まって持ってきた資料をめくっていると、中国の「おばちゃん」たちが集まってきて小岸を取り囲んだ。一人の「おばちゃん」がある写真を見ながら叫んだ――「これ、ここの博物館にあるよ！」。「これ」こそ、ユダヤ人たちの移住とそれからの生活を記録した、「重建清真寺記」を彫った石碑だった。何度もあった倒壊の危機を逃れたその石碑が、今どこにあるかを小岸はまだ知らなかった。それを偶然に知ったのだ。中国の「おばちゃん」たちが見ず知らずの日本人の小岸を好んでくれ、小岸も「おばちゃん」たちを好んだからだった。

## 弱いマラーノと詩人

日本に戻って、どんぐり橋での受難から、さらにもう一つのことを私は思う。

撲られても反撃しなかった。うずくまらずに立ったままだったとしても、やはり反撃しなかっただろう。マラーノには、抵抗して闘った激しいマラーノもいたようだ。小岸によると、スペイン生まれのフアン・デ・プラドが戦闘的だった。自身がマラーノで、激しい気性の人だった哲学者スピノザに、プラドが影響をあたえたと見られているらしい。小岸が心を寄せたのは、プラドのような激しいマラーノではなく、どんぐり橋の上で耐えていた自分のように、苦痛にただ耐えていたマラーノの方だった。あるいは、ベルモンテのマラーノのように、マラーノの意識が薄れかけているマラーノの方だった。

た。あるいはまた、中国に吸収されてユダヤ人だったことをほとんど忘れてしまったマラーノの方だった。そのことは、様々なマラーノを語っているときの彼の筆致で分る。強いプラドを語るときは理念的であり、ベルモンテのマラーノを語るときは優しさがある。中国の旧ユダヤ人たちを語るときも優しさがある。

この優しさが、マラーノ学者としての彼の役割を特徴づけている。彼は自分の役割について、『十字架とダビデの星』（一九九九）の結びの部分で書いている。結びの前半を彼の持論に即しながらこちらで要約してみると――マラーノたちは固い信仰をもっているわけではない。キリスト教とユダヤ教のどちらにも属せずに身を引き裂かれている。それだからこそ他者に「寛容」になれたのだ。本当は強く大きな存在になれるはずだ。キリスト教は自分たちだけが正しいと盲信して異教を弾圧してきた。すなわち異教に「不寛容」だった。そのキリスト教の暴力に対抗できる、奥深い大きな力を、マラーノたちは持っているはずだ。マラーノたちは荒廃した「世俗的近代」の蔭でひっそりと咲いている美しい花だった。花であるのをただ人に知られなかっただけだ――。このあとは、詩のような小岸自身の文章を読んでみよう――

「その花の種子は、風に乗って（ベルモンテを抱いている）エストレーラ山脈を越え、このはるかなヨーロッパ周縁の地から青空の下を世界中の大きな国、小さな国へと運ばれてゆき、寛容というもう一つの救済に身を向けようと努力する人々の心のなかへひらひらと舞い降りてゆく。権力としてのあらゆる不寛容のなかで目立たないこの寛容に、歴史家も思想家も詩人たちも、これまでと変わりなく、いやこれまで以上に表現を与え続けてゆくことだろう」。

「歴史家」、「思想家」、「詩人」の三人に自分を重ねているのは明らかである。これら三人はここでは別々の人になっている。同じ一人が三人の要素を併せて持っていた場合もあったであろう。どの要素が強かったかという問題であろう。マラーノだったスピノザは思想家が強かった。やはりマラーノだったプルーストは詩人が強かった。小岸にはどの要素もあるが、かなり強く詩人である。彼は孤立して分裂しているマラーノに情を通わせている、リルケのような詩人である。

ここに小岸のマラーノ研究家としての特徴があるであろう。その特徴すなわち独自性が現われている、彼の行動と見解を最後に追加して記しておきたい。

## 体感

一千年前に中国の開封に移住したユダヤ人の共同体は、すでに一九世紀半ばに消滅した。それは歴史家にとっては確定した史実であった。この史実を小岸は、開封で調査を進めるなかで、この分野の研究の第一人者潘光教授に上海で会って教えられた。小岸はそのとき、教えられたことをそのままには受け入れなかった――「今もって地下水のようにユダヤ教信仰の痕跡を保持し続けている人が存在しているのではないか」、そういう人を、そういう痕跡を、自分は探し出してみよう。旧居住地にはただ一人、末裔の老婆が残っていた。この老婆は別にして、自分たちの祖先がユダヤ人だったのを忘れていない三人の男を小岸は見つけ出した。第一の男は、中国から夫婦で不法出国してイスラエルに着き、そこで再びユダヤ式の結婚式を挙げて定住していた。第二の男はその人の弟で、いずれは合法的に出国してイスラエルに行きたいと準備をしていた。第三の男は、イスラエルに留学した学生だった。彼はイスラエルには住まないで、中国の旅行会社に就職して、開封に来るヨーロッパからの観光客を案内していた。老婆は別にして、小岸が見つけ出した、遠い祖先を忘れていなかった人々は、わずかに三人だった。その数は歴史家なら無視する。しかし小岸は無視できなかった。彼にとっては大事な人々だった。

昔のユダヤ人の痕跡である事物にも執心した。旧居住地にあった古井戸を見つけ、二度目に訪れて蓋をはずして中を覗き込んで、中国に居住したユダヤ人たちの長い歴史を体感できたので感激した。翌日井戸に舞い戻って、老酒の瓶で水をくみ上げて日本に持ち帰った。彼らの心を日本に持ち帰ったのだ。さらにまた、先祖が移住のことを記した石碑を見つけ出して、碑文の拓本を日本に持ち帰り、仲間も助けて解読をなしとげた。

人と事物にマラーノたちの痕跡を熱心に求め続けた。小岸は歴史家であると同時に宗教色が濃い詩人だった。『中国・開封のユダヤ人』のなかで読者に感動を与える美しい個所は、彼らの歴史を小岸が自分のなかで体感している個所である。小岸は先の、清真寺の屋外に置かれていた石碑、「重建清真寺記」が辿ってきた変遷を次のように説明している。この寺院に何が起こったかが分かるので、少し長いが全部を引用しておくと――

「一四八九年に建造されたこの石碑は、一八四九年に黄河の氾濫でユダヤ人社会が壊滅的な被害を受けるまで三六〇年間、開封のユダヤ人の集団的礼拝を見続けてきた。だが、またもや大洪水に襲われた一八六〇年以来澱んだ池と化した寺扯跡地に半世紀以上も見捨てられたように立ち続けていたこの石碑は、一九一二年英国系聖公会に売却された。そして一九三八年六月五日に日本軍の爆撃を受けて破壊された同教会の敷地内に、誰からも顧みられることなく立ちすくんでいたのである。なんという運命を、この石碑は辿ってきたことだろう。今開封博物館に保存されている石碑はそれ自体、ユダヤ教の主流から離れて一千年も生き続けてきた開封ユダヤ人共同体の「孤立」と崩壊を象徴しているかのようである。それでも、「石」にかつて深く刻みこまれていた過去の記憶がこの「石」そのものからにじみ出て、後の世代のために失われた開封ユダヤ人の歴史を語り続けようとしているのだ」。

生きている小岸がまるで石碑になって、石碑が受けた環境の変化を小岸の身体が痛がっている。石碑から「にじみ出ている」彼らの過去を自分の過去のように受け止めている。小岸の体感はこのようなものであった。ことに石碑から「にじみ出ている」とは小岸でないと書けない。これは詩人の記述である。小岸の著書が多くの人々に読まれるのは、著書が知識を与えてくれるからだけではない。

## 「呑ん兵衛の旅人」

これでベルモンテ、開封を去って、どんぐり橋がある京都の、彼と私が属していた大学に戻ってゆきたい。

彼と最初に会ったときのことを覚えている。彼が大学院生だったころ、ある共通の友人が私を彼に紹介した。当時はコンクリート敷きだった西部食堂の夕どきだった。彼はアルミ合金のお盆を持ってこちらの方にやってきていた。遠慮勝ちで礼儀正しい人だという印象を受けた。この第一印象は正しかった。

我々二人は母校に教官として戻った。学制が変って教室制度がなくなろうとしていたとき、最後になる教室主任が三人集まった。山本淳一、小岸と私だった。改組をめぐる問題について何度も話し合った。

この三人が戦略を練ったことは一度もなかった。戦略は改組が決まっていた当時の状況では組めなかった。そのうえ山本も小岸も私も政治の人ではなかった。「大学はただ人と人の出会いを約束すれば足りる……新しい制度、建物は何の成果も約束しない」、これはドイツ語教室高津春久の意見だった。そういう意見を持っていた人はかなりいた。といっても、高津も不要とはいっていなかったように、大学には制度も建物も必要であり、それらにとり組む人も必要である。ただ、小岸はそのような人ではなかった。小岸のこの傾向は彼のマラーノ研究にも現われている。彼の研究は政治学、社会学、経済学の色合いよりも人間学の色合いがより強い。彼はマラーノが内から発している光を尊ぶ。

私の研究室は彼が出入りしていたドイツ語中央室の真上にあった。そのせいで私の部屋にときどきやってきてくれて昼の弁当を一緒に食べた。そのときも改組の話をした。改組は決まっていたが改組への対応の仕方に問題があった。その仕方もすでに大勢が決まっていた。主張はするが負け戦になるだろうと見通すのがいつもの落ちだった。亡くなってしまった山本と、生きている小岸と私とは、負け戦を戦った戦友になった。弁当を食べ終って彼が部屋を出るときは、「旅をしよう」といって出ていった。いつも必ずそういって出ていった気がする。彼の研究は旅から始まった。学内の問題に行き詰まると心は旅に向っているようだった。その頃はインドに行っていたはずだ。インド製の「元気がでる薬」を飲んでいた。インドにも昔マラーノがやってきた。大航海時代の頃だった。西海岸ゴアにポルトガルが領事館と町を造った。そこに多数のマラーノたちがやってきた。

小岸はマラーノを諸国に尋ねて旅を続け、マラーノの苦しみに共感し、マラーノの悦びにも共感した。体感したというべきものだった。研究者と詩人が同居していた。彼は旅をする自分のことを「呑兵衛の旅人だ」と自慢していた。たしかにこの旅人には、フィールドワークがくれる喜びに加えて、道中の酒がくれる喜びもあった。

だからあのようにいい顔になった。

この後に登場する三人は、時代を遡った京都学派草創期の学者である。この人たちに登場してもらうのが、司馬遼太郎が描いている明治の人たちと同じように、今の日本のためになるという思いが私に強いので、むしろ「とり」に登場していただいた。三人は第二期の人々とは違っていたので、三人からこれまでの第二期の人々を振り返っていただければ、第二期の特徴が浮かび上がって来るであろう。

# 第3章……草創期の三傑

1 原勝郎　2 九鬼周造　3 青木正児

## 序

平凡なことばは使わないほうがよいのだが、草創期の学者たちは偉大だった。とりあげるお三人は擬似酒人（原）、または酒人（九鬼、青木）であった。たまたまその基準で選んだだけだが、この三人もまた草創期の偉大さを具現していた。

原は京都嫌いだったが、京都はその原にどう相対したか。

九鬼は第二期に一層注目されてきた。とり上げられる機会が増えたが、私のような文学畑の人間が見るとどうなるのか。

青木は隠者だった。原も九鬼も現代人とは違っていたが、なかでも青木はもっとも現代人から遠い。戦中戦後の時局に対する態度が、進歩的知識人の態度と極端に異なっていた――。

# 1　原勝郎——都に落ちた雷

## 京都嫌い

京都のことを悪くいっていた学者がいた。悪くいうときは怒鳴りまくった。怒声は語り伝えられていて、その学者に会ったことがなかった人の耳のなかでさえ、「あの怒声が耳をつんざいて縮みあがらせるような生ま生ましさをもっていた」（鈴木成高）。その人原勝郎（一八七一―一九二四）（図41）は、歴史学者、ほぼ一世紀前の人だったが、画期的な著作と奇抜な言動によって、今も関係者に記憶されている。

図41●原勝郎

怒鳴りまくっていても、昼間から酒気を帯びていたわけではなかった。それなのにここに登場していただくのは、まるで酒が入っているようにののしっていたからだった。登場してもらうのはこじつけによるが、それでもなお原に登場していただきたい。

原は京都の人と気候を嫌った。景色も嫌った。原が嫌った景色を京都人は好きでたまらなかった。その景の一つ

**図 42**●円山公園から見た東山

（図42）を、杉本秀太郎は次のように慈しんだ——

「京都の東山、祇園八坂神社の境内を山のほうに抜けると、あたり一帯が円山公園、鴨東第一の名境、祇園の神を鎮めて雪月花の三景を尽し、四時の遊楽ここに極まるなどといっては文飾大いにすぎる嫌いがあるにしても、あのあたりが良いところなのはたしかなことである。殊に、池畔に立ってながめる東山の曲線は、おだやか、なだらかというのでは物足りず、たとえば泣き腫らした女のまぶたのような張りをそなえていて、うれしいにつけ、悲しいにつけ、何かをこらえて見ていると、東山とこちらのあいだに、おのずと情のかようものをおぼえる」（『私の歳時記』）。

馥郁たる文章、公園を描いた前半、整った「文飾」が、整っていて古雅な近景を見事に現出させている。公園から眺める東山を描いた後半、「おのずと情のかようものをおぼえる」が極め付けである。ところが、原勝郎がもし杉本のこの文章を読んでいたなら、眼をむいて怒りだしたにちがいない。こう怒鳴ったであろう——箱庭ではないか、この公園は。情がかようとはなにごとだ。遠く高いのが山だ。人を鼓舞激励してくれるのが山だ——。

原は盛岡市で生まれ育った。市内どこからも望めるのが岩手山、この山は東山よりも遠くて雄大である。原が中国を旅したときの紀行文「貢院の春」を読むと、やはり遠く雄大な、箱庭ではない景色を喜んでいる。原はまた、自分が情をかよわせるのを抑える人だった。同僚だった考古学者濱田青陵によると、顔見世を一緒に観たとき、原は悲しい場面に今にも泣きだしそうだったが、泣くのをこらえるために、役者の演技に八つ当たりしていたという。なんと好ましい情景だろう。

声にだして怒鳴りまくっていたのは、原が住んでいた大正時代の京都に対してだったが、書いた本のなかで、平安時代末期の京都に対しても、筆で怒鳴りまくっていた。何度も何度も怒鳴りまくっていた。主著の『日本中世史』から、あちらこちらで聞えている怒声を根気よく書き留めておこう。

平安時代の王朝文化が気に入らなかった（要旨）――

公卿たちは本当の自然を知らなかったではないか。せっかく都を出て地方にやってきても、都で見慣れている人工的な自然から離れられなかった。例えばある公卿が、広々と開けている和歌の浦で、「上を見ると翠《みどり》の松が覆いかぶさり、下を見ると白浪が馬の蹄を洗っている」と感心したけれども、これでは都で見ていた床の間の、ちっぽけな山水画に描かれた自然を見ているのと同じではないか。また、ある公卿が熊野に詣でたときに、宿で強風に会って、風の音で一晩中寝られなかったと愚痴をこぼしたけれども、せっかく荒々しくて崇高で峻厳な姿を見せてくれていた自然に、このご仁は感応できなかったではないか。公卿の気宇などこの程度のものだった。だから停滞したのだ、文化が。

原の罵倒は王朝文学にも向けられた（要旨）――

　文学もまた、国家の将来に向えなかったではないか。あの紫式部にしても、確かに写実には長じていたが、事物に隠れていたはずの、警世に繋がるような寓意を探り出せなかった。清少納言もまたしかり、時代を側面から眺めていただけで、時代の外に出て、時代が進むべき途を示せなかった。

このような独自な見解が、驚くべし、今からほぼ一世紀前に出されていた。この独自な見解は、例えばフェミニズムのような、主義に基づく歴史観の先駆であった。

原は王朝文化を罵倒したあと、平安時代から鎌倉時代への移行について詳述してゆく。原にとっては待ちに待った鎌倉時代だった。近世を迎える準備がその頃から始まった。それを力説して、原は鎌倉時代を大いに尊んだ。せっかく移行を詳述し終えたのに、それからの原の記述はなんと遡行して、平安文化の退廃をまたしても罵倒してゆく。これは普通の歴史書の記述のしかたではない。それを超えたものである。

むし返されている罵倒を味わっておきたい。

原はこれでもかこれでもかといわんばかりに、まず公卿の無能を、次に僧侶の堕落を、さらに人心の衰えを、憤っている。衰えた人心を憤っている部分を引用してみよう。要約では接せられない原の謦咳に接することが出来る。原文を掲げたのち、あとで念のために翻案文を付ける――

「斯かる時代にありては人々皆其耳目口鼻の欲を恣にし、力めて安逸に就きて、以て一生を過ごさむことを欲するなり。彼等は人生のあらゆる順境逆境を予想して、其間に自己の義務を尽さむと欲するの覚悟あるものにはあらず。彼等は楽天的観念を有するが如くなるも、これすらも極めて浅薄なる者にして、前途に大なる希望を抱き光明を認むるにはあらず。其平素求むるところのものは唯浅露ある欲念の充足あるのみ。されば彼等は真正の意義に於て失望すべき機会もなく、其自暴自棄に寛恕すべき理由あるにもあらず。花香を逐《お》いて翩々《へんぺん》たる胡蝶は実に王朝人士の好類例なり。彼等は屢歓楽の下に哀情多しと歌へるなれども、其称して哀情と云ふものも、いづれも極めて滑稽的のものなるに過ぎず。暗澹たる征路に上らむとして先づ暫く憩はむとするは足利時代の人民の心なれども、王朝にありては人々不測の深淵脚下に存するを悟らず、世はいつまでも都大路に花を折り得べき者と思ひたりき。斯く歓楽を逐ひて日も惟れ足らざる時代には自己欲望の充足の外に、何等の念頭に存するものなく、己を致して民を済《すく》ひ国に報ゆる如き愛他の心は到底求むべくもあらず。若し僅に之れ有りとせば、そは夫婦親子の間に過ぎず。男性も女性も区別を失ひて、民心の活動の委靡せる此時より甚しきはあらざるなり」。(『日本中世史』、東洋文庫版、八七―八八頁)

私の説明を加えた自由な翻案文は――

「このように堕落した平安時代にあって、人々は耳、目、口、鼻の欲をほしいままにし、安楽の生活をえて、そのまま一生を過そうと懸命になってる。いずれは順境が来るから、あるいはいずれは逆境が来るから、今は我慢して自分の務めを果そうと努めてはいない。彼らはただ楽天的なのだと見えるかもしれないが、実は極めて浅薄な人間なのであって、その楽観も前途に希望を抱いて光明を信じているというような楽観ではない。求めているのはすぐに消える欲望の充足だけだ。だから彼らには本当の意味で失望する機会がない。また、彼らは自暴自棄に堕ち入るがそれを赦せるような理由がない。王朝人は花香を求めてひらひら舞う蝶にそっくりだ。歓楽の下には哀れがあるものだとよく歌っているけれども、彼らが唱える哀感は極めて滑稽だ。これから困難な道へと出発するから今のうちにしばらく休憩しておこうとなるのが足利時代の人心だが、平安朝の人々は、行途の足元には思いがけない深淵があるのに気付かず、都大路でいつまでも花を折っていられると思いこんでいる。歓楽を一日中追ってまだ足らないこの情けない時代には、自分の欲望を充足させる以外に念頭にあるものがなく、自分の最大の力を出して他人を救い国に報いるような愛他の心はとうてい求められない。他人への愛がわずかにあるとすれば、それは夫と妻、親と子の間にあるにすぎない。男性と女性の区別もなくなって、この時代ほど民心の活動が衰えている時代は他にはなかった」。

自分を出してはいけないとされている歴史記述に、原の生身の人間をもろに出している。平安朝末期の人心に対する原の歎きをもろに出している。人間を出すのは、原という歴史家にとって究極の、最終的なことだった。これをあとでまたとり上げたい。このような記述が歴史書から消えて久しい。

以下は余談ではないはずだが、ここで原が怒っている平安人の様態が、現代の日本人の様態にそっくりではないか。たしかに、男と女の区別がなくなっているのを怒っているところは、現代には通用しない。しかし、区別がなくなっているという様態自体は、現代と同じである。ことに「欲望を充足させる以外に念頭にあるものはない」は、現代の日本にそっくりそのまま当てはまる。驚かずにはいられない。気がついてみると、原のように警告する人が今の日本にいなくなっている。これまた驚かずにはいられない。

この文章には問題も含まれている。原の怒りが激しすぎて、どこがどうという説明は省略するが、主語が宮廷人なのか庶民なのかという、大切なはずの区別に意識が向かっていない。原の激情がここでは主語を曖昧にしている。まるで現代の日本に向けられているように受け取れるのは、一つには主語が曖昧だったからである。

## 人馬一体

しかし、この短所よりももっと大切な長所があった。原は歴史の流れと一体になっていて、原の罵倒は私的な声ではなく、歴史の流れが声になったものであった。原の感情が記述に生命を与えた。日本の文化が平安時代の奢侈から鎌倉時代の質実へと移ってゆく、その歴史の流れと原の感情とが、共鳴し交響した。「人馬一体」ということばがある。騎手は原、馬は歴史である。「一体」になったので、歴史が躍動した。

こんなことがあった。歴史学者鈴木成高（図12参照）が、原の著作全部を「我を忘れて読んでしまった」（原『東山時代に於ける一縉紳《しんしん》の生活』筑摩叢書版「解説」）。原の没後半世紀たっていた。歴史家原の文章は詩だと、原の時代にすでに称えられていた。鈴木はこのことについて、「それはたんに文章の上手下手というような問題ではない」と述べていた。どういう問題だったのか。歴史と、歴史を語る歴史学者が、一体になっているかどうかの問題だった。鈴木に我を忘れさせたものは他にもあったが、この一体が大きかった。対象と一体になっている人が対象を描くとき詩になった。原が歴史を語ったときは、原という生身の人間全体から語った。さらにいえば、原の生身には、同じ道義でも感情に裏うちされた道義が詰まっていた。原は情と理が一体になった生身の自分をもろに出して、歴史のなかの清と濁を、喜びまた憤りながら探求していった。そのような探求が先に引用したあの長い原文になった。

生身の人間のことと関係があるが、原にもグローバリズムがあった。留学したとき原は、日本が欧米から誤解され無視されていたのを憂慮した。日本がグローバルになるのを切望した。そこで日本史の概説書を英文で書いた。最近その翻訳が出版されて（中山理訳『原勝郎博士の「日本通史」』）、読んでみると私も鈴木のように我を忘れてしまった。日本人原の道義と感情が、この英文の本を書かせたのだった。やむにやまれない思いでそれまで日本人がやれていなかったことをやった。原のグローバリズムは日本を捨てることではなかった。日本らしさを世界に向って説くことだった。このような原のグローバリズムは、次に登場する九鬼周造のグローバリズムと同じだった。また、九鬼より少し後の、いわゆる「京都学派」の哲学者たちが太平洋戦中に説いたグローバリズムにも通じていた。

## 武士道と京の文化

原の感情、あるいは正義感のことはこれで終えて、原が好んだ鎌倉時代へといよいよ移ろう。移るのであって入るのではない。『日本中世史』はその時代への移行までで終わっている。未完のままだった。しかしとにかく移行までたどり着いた。移行を説明して、ここでやっと怒らずに冷静になって事柄を記述するようになっている（要旨）——

平氏を退けた東国の武将が、京都の公卿に替って国家を治めるには、教養と修養が要った。それらを武将たちはいくつかの「経路」を通して身につけていった。京都に出ていた東国の武将たちは、宿衛として公卿に仕えていた。仕えながら京の文化を身に付けた。その文化を郷里にもたらした。さらに、東国に流された公卿と縉紳たちによっても、文化が東国にもたらされた。京都から東国に出ていった僧侶たちによっても、それがもたらされた。僧侶たちは説教だけでなく、後世がいう寺子屋の教育によっても文化をもたらせた。

文化の東漸をいっている。ここでは挙げるのを省略するが、原はたくさんの東漸の事例を挙げている。東漸に対する原の心意気がそうさせた。

武士道についても詳しく述べている。いよいよこの大事な論点に到達した。武士道は原が好きだった鎌倉文化の精髄だった。武士道の起源について、原は新鮮な説を提出していた。原の京都嫌いとは逆になる説であった。しばらくこの説を紹介してゆきたい。

武士道はあくまでも武士から出たものとされていた。ところが原によると、なんと京の文化が、武士道の生成に関与していたという。一体どういうことだったのだろうか。

まず武士道は武士から出たものであるという通説を確かめておきたい。奈良本辰也は次のようにいっている――

「武の道というものは、本来血気の勇者であることによって生まれてきたものである。それは、敵に向って、ただ真正面からぶっつかることであり、それに背を向けないことであった。……知識とか、道徳とかが先にあって、武士道が出てきたのではないのである。だからこそ、学問や知識のある公家達は、彼らを東夷とさげすんだ……」(『武士道の系譜』)。

武士道はここでは公家の文化とはまったく対立したものとして捉えられている。ところが、原は武士道が「うまれてきた」出生の場所を、平安朝末期の、都の文化が関わっていたある特定の事柄にあったとした。その特定の事柄を知るには、原の論全体を知っておかなければならない。

武士道を生成させたものとして三つの成因をあげた。公卿の住居を衛るすなわち宿衛のために、都に常駐している武将がいた。三つの成因はいずれもその武将が身に付けていたものだった。それらは「文学の嗜み」、「仏道への帰依」、「勢力の拡張」であった。

当時の戦記文学は主君のために命を捨てるたくさんの武士たちを描いていた。都に住んでいた武将には「文学の嗜み」があったから、書物を読んで武士道を身に付けていった。武将は都で「仏道に帰依」していたから、死を定めとして甘んじて受け入れた。三番目に、都に居た武将の「勢力が拡張」して、強くなった主君を下級武士が「仰慕」するようになり、主君のために命を捨てるようになった。都の武将は任務のために郎党を雇っており、郎党の数が増加したので「勢力が拡張」したのだと原は述べた。

次の個所が重要である。文学と仏道をめぐる武士道の成因は、宿衛として「京洛に住していた」武将が身に付けていたと、原はさりげなく述べたが、「京洛に住していたから」と読むことができる。武将はそこに住んでいたから、文字が読めるようになった。また仏道に帰依しやすかった。第三の成因の「勢力の拡張」についても同じことがいえる。郎党の増加は都に住んでいたからもたらされた。公家を保護するという任務がもたらせた「拡張」だった。「から」は論に含まれていて表に出されてはいなかった。表に出すと論の意味と意義がはっきりする。

原が三番目にあげた「勢力の拡張」は、武将と「郎等」(郎党)とのあいだの「世襲的主従関係」によってもたらされた。そのなかにこそ、いよいよここに、武士道の特定の起源、武士道の出生の場所が含まれていた。

おおむね次のように述べている——都を衛っていた武将たちに仕えた郎等がいた。郎等の妻か娘が乳母になって武将の子女を養育した。夫も主家に奉仕する場合は「併せて乳母といった」。郎等は武将に代々傭われていた。その身分への恩義から、乳母になった郎等の妻子も夫も、武将に「忠実」(忠誠)を尽くし、養育する武将の子女にも忠実を尽くした。乳母たちは数ある義務のなかで「忠実」という義務を義務の第一とした。乳母が文字通り身を以て示した子女への「忠実」から、武士道が始まった。原は乳母の養育だけに武士道の「発端」ということばを与えてそれを特化した。武将が持っていた「文学の嗜み」などには、武士道の「発達に感化を与えた」として、「発端」と区別した。重要な役割を果たした乳母の素性については、不明な点が多いといいながらも、「地位素養が乏しくなかった」と繰り返した。

乳母は主君の武将とともに「京洛に住み」続けていたから、乳母もまた武将と同じように京の文化から影響を受けていたことになる。原は強調してはいないが、このことが論に含まれているのが注意される。

原は他方で、生成段階の武士道について、「それは理性よりも感情に基づくものであった」と強調した。武士道が乳母と武将の子女とのあいだで授受されたときには、確かに二者のあいだの強い愛情に基づいていた。近世になると、儒者と青年とのあいだでそれが授受されるようになった。そのときは感情ではなく理性に基づいていた。そのときとは違って平安末期には、武士道は乳母が愛情を持って武将の子に授けた――原の説を簡単にすればこうなる。

私を含めた一般人は、宮本武蔵、吉田松陰、新渡戸稲造らが説いた、完成された武士道に触れるだけであった。起源についても、奈良本がいった「本来血気の勇者であることによって生まれてきた」という記述に納得してきた。ところが、原の起源についての説は、一般人の目を見張らせる。中世史がご専門の上横手雅敬さんによると、乳母がした養育に「発端」があったとする原の説は、継承、発展されてはいないという。私のような一般人は、「発端」説の是非は別にして、武士道の生成に京の文化が関わったと見ていた点に強い興味をいだく。

平安時代の都の人と文化が、原によって罵倒されたはずだった。それなのに、東漸という史実が、ことに都が武士道の生成に関わったらしいことが、原の罵倒を包み込んでしまった。あれほど原に罵倒されていた京都の文化だった。ここに罵倒を巡る事柄の核心がある。

## 書生同士

これからあとは、事柄の核心ではない周辺にあたる。原が京都を罵倒しても、原の周囲の同僚たちは罵倒をとりあわなかった。周囲が大人であった。
原の京都嫌いは原の罵倒癖、議論好きと絡みあっていた。罵倒癖、議論好きに対して、同僚たちはそれを受け流していた。受け流していた様子が同僚たちが書いた原への追悼文に見えている。(『藝文』第一五年三、七号)
追悼文で原の罵倒は落雷に喩えられた。雷が落ちたあとは直ぐに空が晴れて太陽と月が輝いたとも語られた。追悼文を書いた四人のうちの三人が落雷の喩えを用いていた。この喩えが当時陳腐だったのを示している。陳腐な喩えが用いられたのは、原の罵倒に同僚が始めから距離を置いていたからである。
議論癖に対する他の同僚たちの受け取り方も同じだった。原が文学部長だった頃の部長室の様子を、西洋史学者坂口昂が語っていた（要旨）――

部長室は出入りが自由でクラブのようだった。逸話が百出し、悪口が飛びかった。原は談笑に後れて入ってきても、「なに、君？」と問いかけてたちまち話を自分のものにしてしまった。部長室のソファーには二、三人が坐り、テーブルには四、五人が坐っていたが、原はソファーとテーブルの間のわずかな隙間をすり抜けながら、部屋の中を東へ西へと動き回り、傍若無人に放談したものだった。

部長室が活発な議論の場になっていた。中国学者狩野直喜が部長だったときもそうだった。草創期の学問の府には活気があった。活気のなかで原はまるで檻のなかをうろつく野獣のように、坂口によって滑稽に描かれている。

同僚だった『広辞苑』の編者、国語学者新村出にとって、原の「あの負けん気と弁論とで縦横にまくしかけてくる態度は、知り抜いている人々でも、ああまたかと笑いながらも、こまったものだと辟易したものだ」。

坂口と新村は悪口をいった。二人の悪口がなんと、原を弔う追悼集のなかで浴びせられていたのだ。この時代ならではの、また京都学派の草創期ならではの、これも闊達の一例だった。中身のないお座なりの弔辞は彼らにはありえなかった。彼らは追悼文に悪口を連ねた。彼らと原とを鳥瞰して較べてみると、闊達さは同じであり、あったのは闊達さの程度の微差だった感が深い。

部長室ではなく共同研究室だったが、そこにフランス哲学の河野與一が西田幾多郎につれられて入った。部屋では原が二人の同僚を相手に議論していた。そのときの様子は河野によると――「そこは全く書生同士のような活発な議論の場で、京都大学の威勢に驚歎した」(「西田先生その片影」)。河野はそのときまだ若い三高の講師だった。若い河野はその場面を「京都大学の威勢」の一面として捉えた。

河野與一のこの見方が正しかったように思える。原が議論していた相手は、倫理学の藤井健次郎と、教育学の小西重直だった。藤井については下村寅太郎が語っている(『遭逢の人』)。下村が学生の頃に藤井先生に、「友人は卒論が書けそうにありません。先生、なんとか」と懇願すると、藤井は「お前書いてやれ」といった。下村は藤井の「豪快」な態度に感服した。当の藤井は、研究生活の傍ら、当時の社会の諸問題に倫理の立場から発言し続けて、「第一次大戦後の世論形成に顕著な役割を果たした」(『京大七〇年史』)。原が議論していたもう一人の相手、小西もまた大人物だった。西欧ではルソー、ペスタロッチ、日本では広瀬淡窓、上杉鷹山らの教育思想を総合した、壮大な「小西教育学」と造り上げ、総長にもなった。こういう二人が「書生のようになって」、原と議論していたのだった。河野を教官室に連れていった西田幾多郎も、そのときの三人の議論に加わった。西田が「当時の政界の人々をあしらわれる様子も思いがけないものだった」と河野は付け加えた。河野はその部屋での議論に、個人の「威勢」ではなく、「京都大学の威勢」を感じ取ったのだった。

京都学派草創期の人々は偉すぎたと、桑原武夫が繰り返し述べていた。桑原がそういったのは業績に対してであったが、卓越した業績を造った研究者としての態度は、「書生のようになって」語り合う態度だった。大学から近くの田中に住んでいた西田、内藤湖南が、よく狩野直喜の家を訪れては包み隠さない自由な談論を交わしていた。そのことをときどき同席した吉川幸次郎が証言した。このような態度は第二期にもありはしたが、第二期ではしばしば酒の力を借りたのだった。しかし草創期には酒はなかった。原らが大学の共同研究室で議論していたときも、西田らが狩野の家で談論していたときも、酒はなかったのだった。

原は京都が嫌いだったのを私は最初に取り上げた。この点に戻っておきたい。原の生の罵言そのものは放談だったから原の書物のなかに書かれてはいない。同僚たちがそれを語っているだけだった。とにかく京都嫌いだったと語り継がれた原だったが、坂口によると、「世人はよく京都には原が居るといっていた」。原は「世人」と接触していた。「世人」のために大学が開く公開講演会に度々講師として登場した。文学部長になってからは各界から招待されて各界の要人たちと接触した。原に馬鹿にされていた京都の町が、原が京都にいるのを誇りにしていたようだ。

京都の「世人」は原の罵言を包み込んでしまった。京都は原にいわば逆転の勝利をえた。一部始終は、原と京都が参加したお芝居でもありお祭りでもあったようだ。

## 都の勝利

京都が勝利したといったのは、ここでは原の罵倒に対してであった。それは小さい出来事だった。しかし歴史の舞台で、京の都は占領した武士に対して結局勝利していた。それを原自身が強調していた。原は「慶長元和の京都」のなかでおおむねこう語っている――武士がいくら京都に出入りしても京都は武士に征服されなかった。信長には一時征服されたが、そのあと京都の室町文化は征服されたことによって大成した――。お祭りの本当の主催者はこのような史実、歴史だった。

ふり返ってみると、京都学派の草創期には、原のように京都を嫌った学者がかなりいた。坂口昻、新村出、英文学者上田敏、英文学者厨川白村らが嫌った。西田と田邊元は停年後それぞれ鎌倉と軽井沢に去った。生粋の江戸っ子だった九鬼周造は最晩年山科に居を新築したが、複雑な家庭の事情から仕方がなくそうしたのだった。京都を嫌っても、桑原が立派過ぎたと称えた驚嘆する業績によって、彼らは京都の大学と町の名を高めた。

坂口、上田、厨川の京都嫌いは陰にこもっていた。ことに上田は強く嫌って、晩年は一人娘を聖心女学院に入れて家族を東京に移し、自分は頻繁に東京に帰った。いかにも帰ったという感じだった。彼らに較べると原の京都嫌いは陽性だった。まるで酒に酔っていたかのように、まるで落雷のように、激烈な悪口を浴びせて、あとはけろっとしていた。ご子息の原弘二郎氏は長く関西に留まり、関西大学の教授を勤められた。

悪口はあっても構わない。原勝郎の落雷が懐かしい。

九鬼周造が今の時代に戻ってきたならば、原が戻ってきたときと同じように今の日本人を驚かすだろう。例えば九鬼のグローバリズムは、原のそれと同じように、現代の日本のグローバリズムとは大いに違っていた。

## 2 九鬼周造——遊里と遊離

### 遊里

九鬼周造（一八八八—一九四一）（図43）、京都学派の哲学者のなかで戦前までは傍系だったが、戦後は主流のなかに入ってきた。『「いき」の構造』がいまもよく読まれている。酒を自身はたしなむ程度だったが、浸っていた遊里にはいつも酒があった。

九鬼には伝説がある——

「母と妻が祇園の芸妓だった」。

図43●九鬼周造、1937

「祇園のお茶屋から大学に講義にでかけた」。

伝説は風説に過ぎなかったのか、それとも本当だったのか。しばらくこれを解明してゆきたい。解明する途中で現われてくる九鬼の立ち姿が重要である。

九鬼には遊里の蔭がかかっていた。遊里の美意識と生き方のなかで生きていた。『「いき」の構造』が分析した「いき」は、辰巳芸者が持っていた美意識であり生き方だった。辰巳芸者は文化・文政期の江戸深川の芸者だった。春信などの浮世絵に描かれている。深川は江戸城から辰巳（東南）の方向にあった。だから「いき」は京都の花柳界の美意識ではない。あくまでも江戸の、ことに深川の美意識だった。九鬼は江戸っ子だった。学生時代に深川の遊里に入り浸っていたかどうかは分っていない。

外国に行ったときのことは分っている。パリに留学中、異国の遊里のたくさんの女性たちと親しくなった。可憐な彼女らが九鬼の詩歌集『巴里心景』の中に匂い立っている――

ひと夜寝て女役者の肌にふれパリの秋の薔薇の香を嗅ぐ
灯のもとにイヴォンヌが笑む横顔はドガの絵よりや出でて来にけん
ルイイズが我を迎えてよろこばせ日本の刺繍《ぬい》の衣《きぬ》を着けて出ず

遊里の蔭は九鬼の精神と身体に、つまり人間全体のなかに入っていた。

周囲にいた人たちにも遊里の蔭がかかっていた。

周造の母は波津子。遊里にいたという説がいささか強引に出されて、そのまま通用し続けている。もし仮に芸妓だったとしても、祇園のではなく新橋の芸妓だったろうと大岡信は見た。男に好かれる女だった。経歴は松本清張『岡倉天心』（一九八四）と高橋眞司『九鬼隆一の研究』（二〇〇八）が解明したが、ことに未婚の頃について新しい発見が待たれる。父は隆一、母と離婚してから家に妾《めかけ》を置いた。

もともと女道楽が激しい人だった。

周造の最初の妻は縫子。縫子の祖母が芸者だった。縫子の母親ゑつは周造を好み、周造の八年にわたった外遊と、山科の一〇〇〇坪の敷地に建てた新居とに、資金を援助したらしい。芸者がいた縫子の家系は後述のように財産があったので周造には恩恵になった。縫子との夫婦生活は周造の三一歳から四四歳までのおよそ一四年間だった。事実上の二番目の妻は中西きくえ、この人だけは間違いなく祇園の芸妓で、源氏名で「福一（ふくかず）」と呼ばれていた。周造は四一歳で京大に単身で赴任した。縫子と四四歳で離婚したが、きくえとは赴任後いつごろから親しくなったのだろうか。山科に家を新築したときは一緒に住んだ。その翌年五三歳でガン性腹膜炎により没した。きくえとは最も長くておよそ一〇年間だった。

このように、周造自身にもまたその周囲にも、遊里の蔭が濃かった。この蔭は当時の貴族階級にしばしばあった。父隆一は文部行政を支配した高級官僚で、男爵になった。前妻縫子の父中橋徳五郎は大阪商船の社長、四つの内閣に入閣し、爵位は持たなかったが勲一等旭日大綬章を受勲した。この人の妻ゑつの母親が芸者だった。芸者だったその母親は大阪商船前社長田中市兵衛の妻になった。当時芸者は財産家の妻によくなった。

祇園の芸妓だったという伝説は、中西きくえについてだけ事実だった。それにもかかわらず、周囲に及んでいた遊里の蔭が明らかになるにつれて、母も妻も祇園の芸妓だったという伝説が、いまだに世間に行われているらしい。

遊里の蔭が濃い周造が、草創期の京都学派の学者のなかに入ってきた。私の喩えだが、湿田に舞い降りた一羽の鶴のようだった。母親に似て美貌で色白で背が高かった。

次に、「祇園のお茶屋から京大に通った」という伝説があった。周造の環境と生き方をしばらく見ておかなければならない。

同僚から酒を誘われても断るときがあった。「翌日の講義の準備ができていない」ときだった。先輩格の考古学者濱田青陵と国語学者新村出に、宴会のあと二次会に誘われたが、同じ理由で断ってしまった。九鬼は授業を含めた職務について「窮屈な」気持ちをいだいていた——「私は私の全精魂を要求する職務をもっている。……私どもが学問精進に油断をしてはならないという念で抑えつけられているこの重苦しい気もちは同じような職にあるものでなければ想像はつかないのかもしれない」(「書斎漫筆」)。

同僚は大家ばかりだった。身を縮めるような「重苦しい気もち」のなかで行われた講義は、『西洋近世哲学史稿』、『現代フランス哲学講義』などになった。当時の最先端の哲学が、周到な準備を経て明解に精緻に語られていた。最先端と明解精緻とは野田又夫に受け継がれ、京都の哲学の新しい柱になった。九鬼の「重苦しい気もち」が造った新しい柱であった。講義の前夜は自宅の書斎で夜を更かしていたであろう。

お茶屋から大学に講義に通ったはずがなかった。

酒に誘われた九鬼は、濱田にも新村にも好まれていたのが分る。二人は文学部を代表する古いタイプの学者だった。濱田は文学部長になり総長になった。濱田や新村が飛び入り者の九鬼を迎えてくれた。それは一つには、九鬼が職務に真剣だったからであろう。

## 風流人

周囲におもねることはしなかった。「いき」という花柳界の美意識は、研究のテーマとして異端だった。しかし異端のテーマでも自分の実存を賭けて研究すれば正統的な研究になるのだと九鬼は確信していた。哲学の研究テーマとしての「風流」も「いき」とともに異端であった。九鬼には「風流に関する一考察」がある。この初めの部分でおおむねこんなことをいっていた——風流は離脱から出発する。世俗を断ち因習を脱して孤高を貫くという気魄が風流の根本である。少数者におもねる媚びも大衆におもねる媚びも捨てている自在の人が風流人である——。「小数者」は大学の同僚が念頭にあったはずだ。

九鬼は研究者として風流人だった。我が道を行くのだという信念と「気魄」があった。学問の道においては人を相手にするのでなく天を相手にせよともいっていた（「書斎漫筆」）。

生活者としても風流人だった。桑原武夫が街で九鬼を見かけた。そのときの様子をこう語っている

――「ある夕、新京極を芸者、妓、女将などたくさんを引き連れて遊弋《よく》されるのを見かけたことがある。五尺八寸という長身の先生の冷静なお顔だけが雑踏の中から浮かんで見えたことは忘れえない。……そのころ「美人座」という大きなカフェがあった。（先生はそこで）お供の女たちや集まってくる女給仕たちに、めいめい好きなものを注文させ、御自身はあまり酒はのまず、静かに紅茶など召し上がっていらっしゃる模様であった」。

当時の「カフェ」は今のカフェと違って一種の性風俗店だった。九鬼自身もそういっていた（「カフェーとダンス」）。当時は戦時中というご時勢だった。桑原は「先生の世間を顧慮せずわが道をゆく大胆さ」に「驚きと感銘」を受けた（『九鬼周造全集』9「月報」）。

趣味でもやはり天を相手にする風流人だった。そのような生の根本が次に見る出来事によく現われている。林芙美子と成瀬無極が南禅寺草川町にあった九鬼の家を訪れた。小説『放浪記』を書いた林は東京の下町が好きだった。ドイツ文学者の同僚成瀬は根岸の生まれだった。三人が九鬼の家にあった小唄のレコードを聴いて感動した。「三人とも一緒に瞼を熱くして三人の眼から涙がにじみでていた」。九鬼は続けて――

「私はここにいる三人がみな無の深淵の上に壊れやすい仮小屋を建てて住んでいる人間たちなのだと感じた」（「小唄のレコード」）。

三人は普段は仮小屋に住んでいるときは本来の立派な家の中に住んでいる。だが小唄を聴いているときは本来の立派な家の中に住んでいる。すなわち「いき」の世界の中に住んでいる。九鬼は「いき」をしばしば岡安南甫訂の『校訂長唄集』から心得した。「いき」は「媚態」、「意気地」、「諦め」から成り立っている。それら三つが『校訂長唄集』のなかの長唄に揃って含まれていると九鬼は感じた。三人が聴いたのは手軽な小唄だったが、そのとき三人は本来の生に戻れた。

三人が揃って感動したといっている。三人にこだわっている。レコードを聴いたときの感動が単独者の好事趣味ではなく、普遍性をもっているといいたかった。

新京極を歩いているときに、九鬼は「冷静」な顔をしていたと桑原は先に書いていた。その文章が発表される直前に多田道太郎が、桑原の名前を伏せてある同僚から聞いた話として、同じ話を発表した（岩波文庫版『「いき」の構造』解説）。そこには桑原の話には含まれていないことが含まれていた。多田は書いている――九鬼は新京極で「桑原をみとめたあと、わずかに頭を垂れ、そして何ごともなかったように、冷徹な感じですれちがい、去ってしまった」。桑原は多田と親しかったから多田にそのとおりを語ったのだろう。桑原の方は「先生」に遠慮してその通りを書かなかった。遠くから見たお顔が「冷静」だったとしか書かなかった。多田は「冷静」と書かずに「冷徹」と書いた。「冷徹」は「冷静」とは違う。「冷徹」は自意識が強い遊離の態度である。多田によって九鬼の本領が一層よく語られたのだった。

九鬼は研究にも生活にも、単独者の矜持と気魄を持ち続けた。それらを周りの大家たちが造り上げていた「重苦しい」空気のなかで持ち続けた。

## 天心の酒乱

九鬼は講義の前日は酒の誘いを断った。泥酔するような人でもなかった。次にとり上げるのは、九鬼自身の酒ではなく、他人の酒に対する九鬼の態度である。九鬼は天心岡倉覚三の酒乱をどう見ていたのか。よく知られているように岡倉は、周造の母波津子と深い仲になった。周造は岡倉の酒を、七、八歳から五〇歳に近づいた頃まで、永い間にわたってずっと見つめていた。都合五つの時期に、自分は岡倉の酒をどのように思ったかについて書いている。母を「悲惨な運命に陥れ」た人の酒だった。

小学校一、二年すなわち七、八歳のころ、母は夫隆一から離れて中根岸に住んでいた。周造は母のところにいた。岡倉は以前から上根岸に住んでいた。岡倉は母がいる家にやってきて、「中二階の奥の間で母と夕食を共にされることがよくあった」(「岡倉覚三の思出」)。別のエッセイ「根岸」では、夕食を共にされること「もあった」としている。「も」を入れ、「よく」をはずして、幼い周造がいだいていた異和感を隠している。異和感をいだいていたのがこれで分る。夕食のとき「酒の徳利がいつも目についた。氏の真赤な顔を見たこともある」(「思出」)。「いつも目についた」の「いつも」と、「見たこともある」の「も」にも、同じ異和感が含まれている。幼い心がいだいた異和感だった。

次は周造が中学一、二年すなわち一四、五歳のころであった。塾に下宿していて時々母の家と父の家に帰った。父の家は麹町三年町にあった。たまたま早朝に父の家を出て母の家を訪れると、朝帰りする岡倉に出会ってしまった。目と目が合ってしまった。そのときの光景は「語るに忍びない」と後年になって記した（「思出」）。そのときも語るに忍びなかった。七年前小学生のころにいだいた異和感は、周造が成長するにつれて咎める心に成長していた。

それからさらに五年以上が経った。東大にいるころだった。母は精神病院に入っていた。周囲のなんらかの意図によって入院させられたらしい。こういう曖昧な書き方しかできない複雑で重大な出来事だった。周造は父の家で執事役をしていた。岡倉は「時々他の客と大勢一緒に夕食に父のところに来られたが私は一度も逢ったことはなかった」。親しいはずだったのに、逢わないという意志があった。このあと次のような出来事が語られている——

「岡倉さんは酔われると玄関で小便をされると書生がいったり、お酔いになると私たちに云々と父の妾が陰口をきいたりしていた」（「思出」）。

岡倉が入っていた「根岸派」の人々は酒乱で有名だった。彼らの酒は中国の七賢人による風流の酒とたわいのない戯れの酒とが合体したような酒だった。岡倉のこのときの酒乱は「根岸派」の人々のこの酒乱とは違っていた。たちの悪い本物の酒乱だった。

引用文の直前に「間もなく母は父から離縁され……」とある。伏字「……」には少なくとも精神病院に入ったことが含まれている。それ以上のものが含まれていたであろう。入院したときのいきさつと、一度退院して再入院したときのいきさつには、不審なことが多い。二つのいきさつは松本清張が解明を試みた（『岡倉天心――その内なる敵』）。伏字に複雑で悪質ないきさつが含まれていたであろう。そう見ると伏字にしたのが一層説明がつく――母は無理矢理に精神病院に入れられたままだ。それなのに岡倉さんはこの有様だ。母が可哀想だ。この酒乱は赦せない。その酒乱を「書生の話によると」、「父の妾の話によると」と書いて、煮えたぎるような憤怒を抑制して表現したのだった。

それからさらに二〇年ほどが経った。根岸を住んでいたときから「四〇年ばかりのち」に訪れたときだった。周造は四八歳だっただろう。母の住いの近くに「花柳街」があるのに初めて気付いた（「根岸」）。周造はなにげない記述にも必ず意味を持たせた。なぜ花柳街をわざわざここに持ち出したのか。母を訪れていた岡倉が、周造の心のなかでは遊郭を訪れる男と重なっていたのであろう。作者は意味を込めて細部を書く。読者は細部から作者の意図、細部の意味を読み取る。細部を英米ではcircumstance（環境）と呼んでいる。このあとすぐに「ルミナス・ヘイロゥ」という「環境」をとり上げる。

岡倉は本気で波津子を愛しているらしいと、そうも受けとれる英詩を書いていて、原稿のままで残っている（高橋『九鬼隆一の研究』）。本気で愛していたにしてもそれは今の問題ではない。周造が岡倉をどう見ていたかを今は問題にしている。

岡倉の行動は周造の心の奥深くに蔭を落としていたのが分る。その濃い蔭を周造ははっきりと口に出しては語らなかった。こちらが文章を注意して読んではじめて、蔭が見え深い傷口が見える。凡庸な人間ならば憤怒を露わに口に出しただろう。岡倉を褒めるとき周造は逆に十分すぎるほど褒めた。それが周造だった。

憤怒があった。他方では、母を守るための尊敬があった。これらの二つから周造の岡倉観全体が出来ていた。今は、隠されていた激怒をありのままにしようとしている。これまでは、例えば、周造が天心に似ているといわれると喜んだというような尊敬だけが、周造を語る人たちによって一方的に語られてきた。周造は尊敬を意識して強く語った。その尊敬は強く語らなければならないような尊敬だった。心が真実かどうかは語り方によって決まる。周造の尊敬に対してはそのことに留意しなければならない。しかし周造は他方で、憤怒を決して強くは語らずにいつもそれを隠していた。このことにも留意しなければならない。強い憤怒があった。憤怒は運命に対する九鬼の考えに影響を及ぼしたであろう。

「小さいとき人から岡倉さんに似ているといわれて喜んだ」はことばである。引用符で囲んだ部分は分数の分子であって、このことばには分母が隠れている。「すべての言葉は分母をもっていて、ある言葉がたとえば十五という数であるとしても、分母は三かもしれないし、五かもしれない。三分の十五なら五、五分の十五なら三というように、割り切れるところまで追跡するのが本を読む人の任務でしょう。そういうようにして一回限りの意味を知るのが、専門家の仕事です」。「著者がそのときどういうつもりで言ったのか、これを追究するのが本を読むことです」（吉川幸次郎「中国文学と杜甫」）。これまで周造のことばの分子だけが読まれてきた。分母にある母を守る心は周造の年齢によって異なり、分母はときには分子よりも大きかったと私は読む。

## 「ルミナス・ヘイロウ」

四〇年ぶりに根岸を訪れたあと、ほどなくして「思出」を書いた。その結部に、岡倉についての、酒だけでなく人間全体に対する、周造の最終的な見方が開示されている。遠くは七、八歳のころから、近くは大学生のころから、長い歳月が経った。抑えて表現されてきた怒りがあった。今の周造に訪れている境地、それが、静かに、深々と、次のように開示されている——

「やがて私の父も死に、母も死んだ。今では私は岡倉氏に対しては殆どまじり気のない尊敬の念だけを持っている。思出のすべてが美しい。明りも美しい。蔭も美しい。誰も悪いのではない。すべてが詩のように美しい」。

これとよく似た耽美的な境地が別のところでも訪れている。「祇園の枝垂桜」というエッセイがある。夜に円山公園を訪れ、照明の中に輝いている枝垂れ桜を見た。この世のものとは思えなかった。その美の中では――

「酔漢が一升徳利を抱えて暴れているのもいい。群衆からこぼれ出て路端に傍若無人に立小便をしている男も見逃してやりたい。どんな狂態を演じてもどんな無軌道に振舞っても、この桜の前でならばあながち悪くはない」。

酔漢が暴れて「いる」のもいいといっていて、暴れて「いた」とはいっていない。この立小便も実際に周造の目の前でしていたとは限らない。整然として美しい円山公園には当時もそのような酔漢はいなかったはずだ。玄関で立小便をしていた岡倉が幻想のなかに現われたのかもしれない。そうだったのではなかろうか。審美の恍惚が、現実のというよりもおそらくは過去の、俗世の醜事を瞬時に吹き払ってしまった。

エッセイ「祇園の枝垂桜」のなかで、円山公園の情景は照明の「明り」のなかにあった。周造が岡倉を赦した心のなかでは、岡倉が朝帰りしていたときの昔の情景も明るい光のなかに浮かび上がっていたはずだ。「明かりも美しい。蔭も美しい」といっていたではないか。周造に訪れた二つの恍惚は、あるいは恍惚をもたらした景は、ヨーロッパにおいて「ルミナス・ヘイロゥ(luminous halo)」と呼ばれているものに等しい。「ルミナス」は夜の闇のなかの輝き、「ヘイロゥ」は光の環、ときに聖像の光背のことである。「ルミナス・ヘイロゥ」に決った訳語はまだないが、「光環」とでも訳されよう。光のなかに浮かんでいる景のなかにはしばしば死者たちが無言で登場する。この「光環」は、フランスの象徴派詩人とイギリスのウォルター・ペイターの作品から始まり、イギリスでは批評家アーサー・シモンズを経て、小説家ヴァージニァ・ウルフ、詩人・批評家T・S・エリオット、詩人ド・ラ・メアらの作品に出ている。

周造に訪れた恍惚も、「光環」がそうであるようにいわば天から授けられた。現われた「光環」は一瞬のものだが、残像になって、見た人の心のなかにいつまでもあり続ける。岡倉への赦しは周造の心のなかで、意志を伴う道徳的な行為としてではなく、耽美的な恍惚として繰り返されたであろう。西田幾多郎の、あるいは田邊元の赦し方とは違っていたであろう。

九鬼について、「ミスティックへの方向は先生の下地にはあったのかも知れません」と、西谷啓治が語ったことがあった。(「その頃の九鬼先生」)。この省察は九鬼に「ルミナス・ヘイロゥ」が訪れたことと照合する。もし生き続けていたらそれへの方向がはっきりしていったのではなかろうか。

## グローバリズム

これまでにまず九鬼自身の慎重な酒を見てきた。次に岡倉の奔放な酒への周造の見方を見てきた。

これで酒から離れて、最後に別のテーマに向って行きたい。九鬼は「日本的性格」を世界に広めたい、それには日本人はどうすればよいかを考えていた。

「いき」「風流」「わび」などは「日本的性格」である。しかしそれらは「世界的性格」になりうる。このことを九鬼は雑誌『思想』に発表された論文「日本的性格」(一九三七)で力説している。三七(昭一二)年といえば、西田幾多郎の『日本文化の問題』の母胎「月曜講義」は、三八年に行われた。以下は「日本的性格」の結末からの引用で、やや難解な部分を含むが、重要な主張なので気を付けて読んでいただきたい――

「我々は日本国民として日本的性格の自覚がないならば我々自身の十分な存在理由もないことになる。……世界的文化の創造に対して無能力者になってしまう。……我々は日本主義に立つと共に、日本主義を「天地の公道に基かせる」ことに努力しなければならぬ。また世界主義を採ると共に、国際的社会の一員として我々日本人の「祖先の遺風を顕彰する」ことを目標とすべきである。……我々は(世界に向ける)伝承と(自身の)生長とを実存の中核としなければならないのである。我々は一方にあって、日本的性格の将来または日本主義の進路に、世界史そのものを嚮導《きょうどう》する理念をはっきり目撃しなければならないとともに、他方にあって、日本国民の世界史的使命は日本的性格の国民的自覚なくしては果たすことができぬことを、腹の底から感覚しなければならぬのである」。

「嚮導する」は案内するで、向かいあっているというのが原義である。例えば「わび」という日本の理念に、世界史と向いあわせて世界史を「嚮導」させるという。「わび」が世界を引っ張ってゆけるという。そういう自負があった。引っ張ってゆくためにはまず我々日本人が「わび」を「目撃しなければならない」。肉眼で見えるほど理念は明瞭になっていなければならない。「いき」なら「いき」という理念を、頭でなく身体で、しかも「腹の底から」「感覚しなければならない」。

日本的性格を「感覚」するのは日本と世界両方のためであるといっている。先に見た原勝郎の態度とほぼ同じである。世界に貢献できる日本的性格を「腹の底から感覚しなければならない」。この部分を普段は冷静な九鬼は少しだけ強い口調でいっていたが、原ならば怒鳴りながらいったであろう。九鬼のこの主張は、当時に盛んだった国粋主義の八紘一宇の思想とたまたま重なっていたけれども、「いき」について書いた九鬼にとって本質的なもので、帝国主義の時代の背景がなくても主張されていた。そのうえ、論の主眼は、「日本的性格」に世界史を「嚮導」させるに含まれている攻撃性よりも、日本人はみずからのために「日本的性格」を肉体化せよという、自省と守衛の方にあった。そのことは文章をよく読めばわかる。主眼のこのあり場所に心すべきである。

文中の表現「世界史的使命」が注意される。太平洋戦争勃発直前に行われた座談会「世界史的立場と日本」(昭和一六年一一月二六日)の表題を思い出させる。この表題は翌年に付けられた。九鬼の「日本的性格」が雑誌『思想』に載ったのは昭和一二年二月だったから、座談会よりも五年近く早かった。初出だったかどうかは不明だが、そのときすでに九鬼が「世界史的使命」という表現を用いていた。五年近くの時差は二つの論に力点の違いをもたらせた。九鬼の力点は日本人の自省と守衛にあったが、この座談会の力点は好戦性に移った。この座談会のあと、より好戦的な二つの座談会すなわち「東亜共栄圏の倫理性と歴史性」(昭和一七年三月四日)と「総力戦の哲学」(昭和一七年一一月二四日)が続いた。

なお西田が、「世界史的使命」という決定的な表現を使った時期は遅かった。例えば「世界史的なもの」というような、普通の表現を使い続けていた。昭和一四年の「日本文化の問題」で三回、五年後昭和一九年の「哲学論文集第四補遺、附録一、二」でもまだ四回、そのような普通の弱い表現を使っていた。しかしやっと「同附録三」になって七回、「世界史的使命」という強い表現を使うようになった。九鬼がその強い表現を用いた、昭和一二年という時期がいかに早かったかが分る。

『「いき」の構造』を読み終えるたびに、日本のそのときの社会に絶望すると安田武がいった。安田と多田道太郎との対談『「いき」の構造を読む』は一九七九年の刊行だった。それから三八年が経って、今現在に九鬼の論文「日本的性格」を読み終えた読者は何を感じるだろうか。

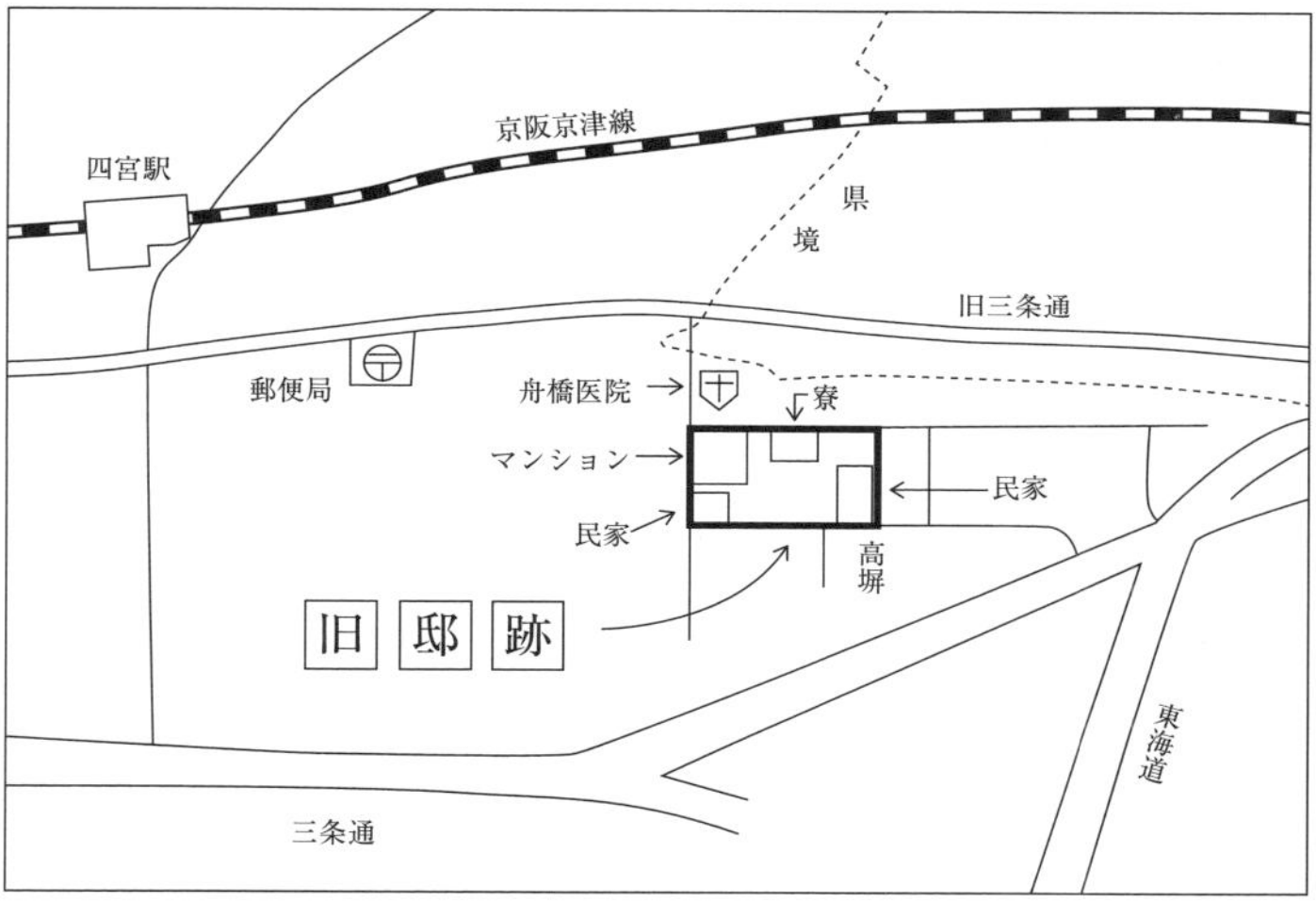


**図 44**●九鬼邸跡

## 九鬼邸の跡地

亡くなる一年前に、山科の四ノ宮に土地を買って新居を建てた。一〇〇〇坪の敷地だった。家屋の方は「洋風――というより近代化した数寄屋」(多田道太郎「九鬼氏旧邸訪問記」、『全集』1「月報」)だった。ここでは主に敷地について調べたことを書いておきたい。

跡地は旧三条通すなわち旧東海道沿いにある(図44)。京阪電車京津線「四宮」駅南直ぐの信号から、旧道を東に約三〇〇メートル、舟橋医院の手前で南に折れる。約七〇メートル行くと、東西に長い長方形をなしている一〇〇〇坪の跡地の、そこが北西の角、グレーのモダンなマンションが建つ。今の町名は四ノ宮鎌手町。そのまま南下すると左手の角に垣根の家。ここまでが長方形の跡地の西側の一辺だ。垣根の家が建っている約一〇〇坪を、九鬼旧邸の当時の所有者が相続税を払うためにまず売却した。そのときの所有者の一人は黒谷にお住まいがあった大塚夫人で、旧邸の掃除などをしに黒谷から山科に通われた。旧邸を買い取った父親の藪重雄氏から相続した。大塚夫人らは残りの九〇〇坪を長い間そのまま維持された。維持された苦労を橋本峰雄が見かねて、早く処分して解体なさいと一九八二年に勧めた（『全集』12「月報」）。それからまもなくしてとうとう解体された。同夫人もすでに亡くなられた。垣根がある家の角から東が長方形の南側の長辺になる。東にずっと歩いて、新しい民家が終るところまでが九鬼邸の敷地だった。敷地東面の境界だった、その民家の高い塀の脇から、歩いてきた方をふり返ると、一〇〇〇坪の長辺がいかにも長いのが実感できる。この跡地に今は中型のマンションと寮がそれぞれ一棟、他は大きい個人の住宅が建ち、南に開いている中央部は駐車場になっている。この駐車場の部分にかつて大きな池があった。跡地のこの現状は九鬼邸にとって決して無残な姿ではない。邸に多かった庭木は残っていない。

旧邸の一〇〇〇坪を現地に行って体感すると、後に書くような意味で九鬼の学問が分ってくる。

こんなに広い敷地を買い数寄屋風の家を建てた、その資金を九鬼はどこから調達したのか。資金はすでに離婚していた縫子の、その母親ゑつからでていた。ゑつは周造に「惚れていた」。ゑつの夫は大阪商船社長の中橋徳五郎だった。資金のこの出所について証言したのは、ゑつの息子で縫子の弟中橋謹二だったから、この証言は確かだった（高橋眞司『九鬼隆一の研究』）。

河村政次さん、二〇一六年において齢八三は、地元の長老で、旧邸跡地の東に隣接している土地の地主さんだ。跡地から近くの旧三条道脇に住んでおられる。河村さんから話を伺った。河村さんは九鬼が住んでいた頃小学六年生だった。その頃、田と畑の中に別荘風の家がチラホラ建て始められたが、一〇〇〇坪もの敷地はほかにはなかった。のちに河村さんの妻になる少女が、樫の木の垣根に沿わせた杭に鉄条網が張られていた九鬼邸に入れてもらうと、とてもきれいな奥さんと女中さんが二、三人いた。地元は九鬼を「男爵」と呼んでいた。九鬼邸を買った藪重雄さんもまた、男爵と同じぐらいに偉い人だと見られていた。前出の少女が藪邸で今まで食べたことがなかった上等のお菓子をよばれた。そのお菓子のことが地元で長く語り草になった。

九鬼はそれこそ貴族的な暮らしだったらしい。しかしそれだけでは済まないようだ。九鬼は四ノ宮という町を「数年前京都市に編入された山科の最東端」(「庭木」)だと書いた。四ノ宮自体は九鬼がいた屋敷から東にまだかなり先があるが、九鬼がいた頃にはすでに、当時の新京津国道、今の東海道が九鬼邸の東一五〇メートルを北東に横切っていた。多田が「今はバイパスまがいの道がごく近くを錯綜している」と書いたあたりである。だから九鬼は心理的には、四ノ宮鎌手町の自邸の敷地が「山科の最東端」の僻地だと感じていたであろう。ここまでは邸から東側の様子だったが、北へわずか三五メートルに、旧邸跡に平行して、その頃に新しくできた滋賀県との県境がある。県境は灌漑用の狭く深い用水路である。さらに北側の高地に、そこから大量の水を引く琵琶湖疏水が西に向かって流れている。つまりは、九鬼が書いていなかった北側も含めて、広い四ノ宮ではなく自邸の敷地が、京都市のなかでは辺境にあったと九鬼は書いたのだった。辺境が九鬼の実感だった。

京大からさほど遠くはない南禅寺草川町から移ってきたのだった。あと一〇年を切っていた退職後を見通していた。自分の理想の住まいを造るためだった。贅を尽くした数寄屋、一〇〇〇坪の敷地、好みをふんだんに入れて造った庭、そこに美女を住まわせた。美的生活を追求するために、辺境の地での隠遁を敢えてしたのだった。九鬼の隠遁は早かったが、次のような隠遁と並べられる。いずれも先輩たちの停年後の隠遁だった。西田幾多郎は鎌倉に、田邊元は北軽井沢に、内藤湖南は京都府南部、現在の木津市加茂町の瓶原《みかのはら》村に、小島祐馬は高知の吾川郡弘岡上ノ村に、それぞれ隠遁した。

九鬼はまだ在職中から隠遁に等しい環境を作った。稀代の数寄者の大仕事だった。後に九鬼を書いた人たちもただ感嘆しながらそのように書いた。しかし、と私はひとまず不思議に思った。自分の学問をそれからどうするつもりだったのか。どうして後の人はその点を問わなかったのか。普通の学者なら美的生活に浸れば学問は駄目になる。五二歳といえば学問はまだこれからである。数寄者の道楽をただ感嘆して褒めているだけで良いものか。こう考えてゆくと、九鬼の学問が特殊だったのに気付く。禁欲して学問をしている凡人は遠回りしてそれに気付く。凡人の学問は蛍の明かり雪の明かりで書を読んで苦学してこそなる。九鬼の学問は美的生活とともにあった。隠遁の別の言葉である風流とともにあった。『「いき」の構造』の下書きも、フランス語で書いた時間論も、パリの美女たちとの遊興のなかから生まれた。これは珍しいことであり、九鬼が今に一般の人々に人気がある理由の一つであろう。美女がいる山科の桃源郷に隠遁しても学問を終えようという気持ちはなかったであろう。九鬼にはお手本があったようだ。九鬼が「落合君」と呼んでいた落合太郎は、いずれも大学に近い浄土寺真如町と寺町広小路桜木町に住んでいたが、そこを離れて、九鬼よりも先にわざわざ山科の小山に移っていた。九鬼はそう書いてはいないが、きっとこの落合が九鬼を山科に引いたのであろう。落合以外に山科との縁はなかったはずだ。二人の住まいは一〇分以内の近さだった。落合は山科から引っ越して京大の文学部長を勤め三高の校長を勤めた。毎日多忙な勤務だったから、山科からでは通えなかった。九鬼の方は学問の人だったが、はじめから孤立を好む単独者だったから、山科の辺境にあった一〇〇〇坪の桃源郷で美的生活を堪能していても、学者としてそれがマイナスになるかもしれないという意識はなかったのであろう。九鬼の山科住まいを書いた人たちが、それに懸念を抱かなかったのは結局それで良かった。まだやれていたはずだった。

それなのに、山科住まいは一年で終わってしまった。最後まで薄倖だった。最期のことは落合が簡明だが的確に語った――「健康をほこっていたが、ある朝とつぜん腹痛をおぼえ、肝臓の障害と診断された。手術をうけ、けっきょくいけなかった」（「友だち」）。死因はガン性の腹膜炎だったとされている。

## 墓碑のゲーテ詩

墓は法然院の墓地にある。逝去は昭和一六年五月六日、仮埋葬は同年六月二二日、天野貞祐が世話して墓碑が出来たのは埋葬されてから四年後の昭和二〇年だった。墓碑の字は西田幾多郎が書いた。西田の日記によると、昭和二〇年五月二六日に「九鬼の墓碑を書く」、二八日に「天野、朝永へ書を送る」とある。天野に送ったのが九鬼の墓碑用の書だった。それから一〇日後の六月七日に西田は亡くなった。西田が書いた「九鬼周造」の書体（図45）は、西田のいつもの「枯れ切った古木のような」（久松真二）書体ではなく、九鬼自身が署名した若々しい爽やかな書体（図47）をそのまま生かしたように見える。この墓の石はある石屋さんによると岡山産桜みかげ系の万成石《まんなりいし》で高価だという。

この硬い石の側面にはこれも西田寸心が揮毫したゲーテの詩が彫られている（図46）――

ゲーテの歌寸心

見はるかす山々の頂

梢には風も動かず鳥も鳴かず

まてしばしやがて汝も休はん

この歌は西田のころ日本で親しまれていた。西田は自分で訳したとされている。阿部次郎の訳を、大山定一がこの歌を論じた『文学ノート』などのなかで引用している――「山なみの空／しずもり

図45●正面

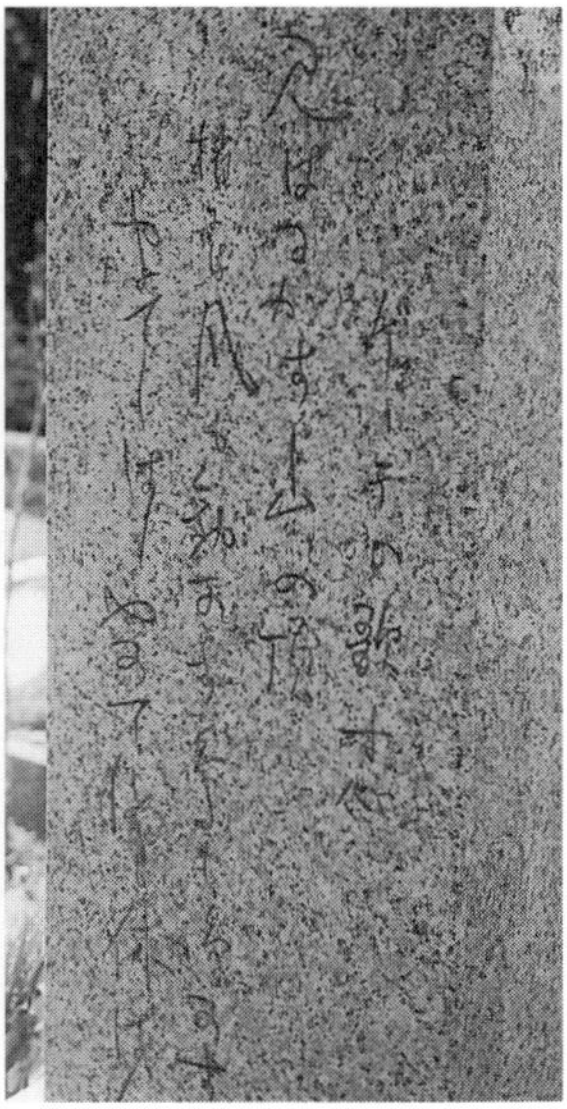

図46●右側面

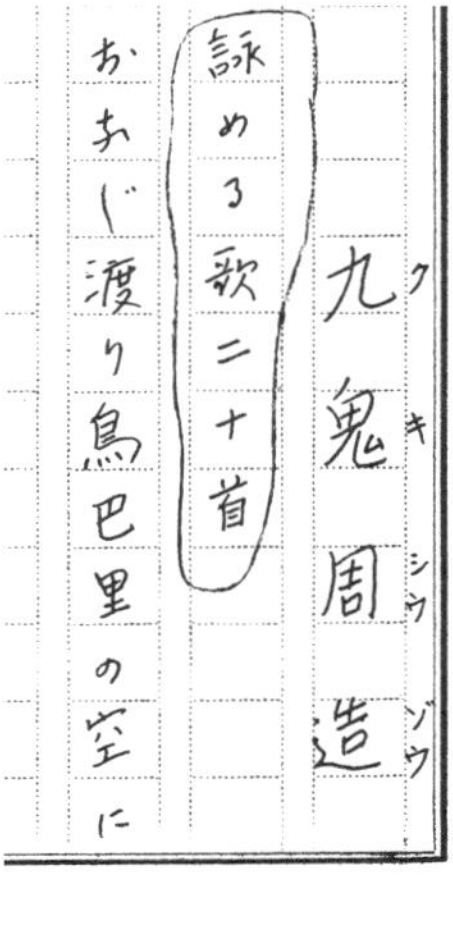


図47●自筆

ぬ／樹々のうれ／そよ風の／呼吸《いき》もなし／小鳥みな森に黙《もだ》しつ／待ちねただ——今ぞ／しずもらむ汝《な》も」。大山はこの歌に執心して、吉川幸次郎との往復書簡集『洛中書問』（図7参照）のなかでもとり上げたのだった。

ゲーテの原詩のタイトルは'Wandrers Nachtlied'、すなわち「漂泊者の夜の歌」である。'Wandrers'を多くの和訳は「旅人の」としてきたが、旅に終わりがない「漂泊者」、あるいは「放浪者」とするのが適切である。私は「さすらい人」と訳したことがある。漂泊者は今は遠い「山々の頂」にいるが、放浪がそこで終わるわけではない。

北方ドイツとスカンヂナヴィア半島を含む北ヨーロッパには、漂泊者についての伝説が古代からあった。イギリス人は北ドイツ低地にいたザクセン人、英語ではサクソン人が民族の起源だった。サクソン人がイングランドの北と東にやって来たのだった。だから私が知っているイギリスの文学にも、ゲーテの「漂泊者の夜の歌」と同じ系統の、漂泊者を描いた歌が古くからあった。つまり、ドイツとイギリスの文学は漂泊者についての北方伝説を共有した。そういうわけで、イギリスの同系統の歌によってゲーテのこの歌を説明してみたい。

イギリスには古代英語で書かれた'The Wanderer'と、'The Seafarer'（「航海者」または「海のさすらい人」）とがあった。八世紀か九世紀に成立し、イギリス最古の文学作品とされている。いずれの歌も一〇〇行余りのエレジー（哀歌）である。いずれも、部族の主君と死別し、仲間たちはおそらく戦死して、一人になってしまった従者が、主君からもらっていた食事、宿舎、暖炉の側での談笑、もろもろの庇護と安楽を失って、故国から遠く離れた寒冷の極地をさまよう。風雪と氷のなかを休まずに往き、安らかな休み処を持たない。白鳥などの鳥が必ず現われ、美しい姿を見せて、惨めな漂泊者の悲しみを一層深める。イギリスではこの二つの古詩に始まって、同じ題名のいくつかの詩が書かれた。二〇世紀ではエズラ・パウンド作の'The Seafarer'と、W・H・オーデン作の'The Wanderer'とがよく知られている。パウンドの作は、荒筋で古代英詩の翻訳だが、流布している古代英詩の結論の部分は、原作にはなかったはずだという説に従って、その部分を削除した。オーデン作の方は、パウンドの作よりもさらに原作から離れてすっかり自分の作品にしている。オーデンの歌の一部分を見てみると——

そのひとは
休まずに往く、いずこにまでも往く……
あるいは高原に、離れ鳥のごとき一人、
川床に甌穴のぞくあたり、
石づたいに跳ぶ小鳥、せわしき一羽の小鳥。

（櫻井訳、『オーデン名詩評釈』）

この漂泊者も人里から離れた僻地を往き、今は「高原」にいる。「石づたいに跳ぶ小鳥」はここでは漂泊者自身になっている。小鳥はこの系統の古詩ではそのようではない。小鳥の扱いが変化してゆくこれは一例である。漂泊者を愛惜しんでいるオーデンが、漂泊者をいつの間にか小鳥にしたのだった。少し詳しくなるが、オーデンのこの詩では、古い詩では過酷な極寒の地が、自分の故里ヨークシャーの懐かしくてたまらない北の山地に替っている。「甌穴」とは、石灰質の土地にある鍾乳洞への入り口である。甌穴が見える川床を首輪ツグミ（ring ousel）が石づたいに飛び移る。オーデンは漂泊者をこの可憐な小鳥と重ねたのだった。

ゲーテの詩をとり上げていた。そこには「見はるかす山々」があった。「山々」はある注釈（エルマーチィンガ）によると、チューリンゲンにあるギッケルハーンという山で、標高は八六一メートル、高い山に入る。山々のなかの森で休んでいる「鳥」もゲーテの詩には出ていた。遠い場所と鳥は同じ系統の歌には必ず出てくる。ゲーテのこの詩、今は夜だ。漂泊者は遠い場所の森の中にいる。森羅万象は神様の計らいによって休憩している。風がない。梢が動かない。鳥たちは安らかに眠っている。静かだ。このような安らかな憩をゲーテは「汝」漂泊者にも望んだ。いま眠っている鳥のように「汝」も休まれよと望んだ。漂泊者がもう少しでオーデンの詩のように鳥になっている。

くどいようだが確かめておくと、ゲーテのこの詩の「山々」「梢」「鳥」は、遠いところにあるのであって、ゲーテが目の前にそれらを見ているのではない。北方伝説の語り手が遠くを往く放浪者を思っていたように、ゲーテは遠くを往く放浪者を、彼が今入っている遠くの森を、遠くから想像して見ている。つまり、漂泊者の九鬼が法然院の森に入って行くのを、ゲーテが例えば西山よりも遠いところから「見はるか」して、想像して眺めているという図になる。ゲーテが、あるいは西田が、九鬼の墓に来ているのではない。墓所から遠くの山を見ているのでも近くの山を見ているのでもない。

九鬼周造も薄倖な漂泊者だった。棲家を転々とした。父と別居していた母の家で育ったが、やがて塾へ、母が精神病院に入れられてからは父の家へ、外国へと転々とした。留学していた外国では、ドイツ、スイス、フランス、またドイツと転じた。女性では、パリでまた祇園で、香わしい遊里の女性多数を転々とした。彼の哲学にも漂泊、流転は運命論と時間論の根底にあったと見られている。北方伝説の漂泊者は主君を失くしていたが、無理やり自分から引き離されて亡くなった母親が、九鬼にとっては心の深いところで北方伝説の主君に当っていたのかもしれない。

西田がゲーテのこの詩を九鬼の墓碑のために選んだとき、西田も九鬼を漂泊者と見ていた。西田は九鬼の経歴と時間論、運命論を知っていた。一方、この詩でゲーテが「汝」漂泊者に、いま眠っている風、鳥と同じように安らかに休んでくれと望んだとき、「汝」は深いところでは爽やかに吹く風、美しく啼く鳥になっていた。これはごく普通の詩の読み方である。ゲーテよりも後の時代のオーデンも、漂泊者をはっきり石づたいに跳ぶ小鳥にしたのだった。西田が「汝」である九鬼に安らかに休んでくれと望んだときも同じだった。九鬼は西田の心の深いところで鳥のようであり風のようであった。

西田と九鬼とでは人間と学問が違っていた。それでも西田は九鬼の学問を高く評価して、それを何人もの人に語っていた。西田が九鬼にしてやったことはそれだけではなかった。西田は墓碑にゲーテの詩を選んで、九鬼を爽やかな人だったとして、後世に伝えたのだった。

## もう一つの物語

墓にはもう一つの物語があった。それは一般には知られていない。周造の墓にはきくえの遺骨が入っている。きくえは周造と死別して、一緒に住んでいた山科の新居が売却されてそこを出てからは、生活していかなければならなかった。おでん屋をやり、旅館を営み、誰かは分っていない男性とのあいだに息子が一人生まれた。亡くなってから遺骨は、息子の父親の墓には入らなかった。よくある事情だったのだろう。遺骨は周造の墓に入った。入れるのを決めたのは九鬼家ではなかった。九鬼家は周造の葬儀のとき、会衆の面前で周造を絶縁すると宣言した。新居に帰ってきた遺体を、やってきた縫子は遺体の足元遠くから眺めただけだったという。縫子は周造と結婚する前には周造の兄一造の妻であり、一造との間に生まれた二児のうち一児が健在であった。その息子が周造への絶縁を主導したとされている。周造の墓を建てる人は九鬼家にはいなかった。没後四年経ってやっと、正式の墓碑を建てたのは友人の天野貞祐だった。きくえの遺骨を周造の墓に入れると決めたのは当時の法然院貫主橋本峰雄以外にいなかった。橋本はきくえのことを知っていた。天野は昔に亡くなっていた。

つまりは、周造は墓の中で四〇年近く孤独だった。周造と死別してからあといろいろあったきくえが遺骨になって周造に寄り添った。安らかな休息をという西田の願いはこのような形でかなえられた。浮世に常の物語によってかなえられた。

早逝した橋本によると、墓を守っている人は周造の縁者でもなく弟子でもなく、きくえの「質朴な」息子とその妻である（『全集』12「月報」）。今は代が替ったかどうかは敢えて調べていない。清楚な墓に供花が欠かされていない。天野、西田、橋本、きくえ、きくえの遺族——周造とは血縁がない人々の庇護によって、周造の今の墓がある。

およそ遊里とは関係がない人がいた。

# 3 青木正兒――「遊心」の逸楽

## 大酒三景

青木正兒《まさる》（一八八七―一九六四）（図48）は中国文学者。狩野直喜、内藤湖南、鈴木虎雄の最初の学生だった。吉川幸次郎が師の一人として仰いだ。だから京都学派の草創期と第二期の中間にいた。

酒仙だった。酒歴のなかから事例を三つ抽出してみよう。酒歴は「酒と私」が語っている（『中華飲酒詩選』）。

晩酌をやり始めたのは大学を卒業してからだった。岡崎道にあった武術教員養成のための武徳専門学校で教えて、若干の収入をえてからだった。毎夕二本を北白川の下宿で燗で飲むようになった。下宿の老婆に勧められて小さい樽を据えていたと語った。晩酌は晩年まで

図48●青木正兒

図49●鈴木虎雄（人見卣画）、1956

毎夕二本と決まっていて、家で呑む酒はいつも晩酌だけだった。二人の子息がそう証言している（中村喬「思い出」、東洋文庫版『中華飲酒詩選』など）。だからこそ著書にあれだけ緻密な記述が生まれた。この頃のどの学者にもあった記述の緻密は、青木の記述にもそれが著しかった。

しかし外で飲むときの酒は激しかったらしい。卒業を祝う宴会が山端の「平八茶屋」であった。川魚料理がよろしく、五人の参加者のうち四人までが遅くまで呑み続けた。店はもう閉めなければならない。四人はそれぞれ三合徳利を紐で首からかけてもらって、なおも呑みながら朦朧として夜道をそれぞれの家に帰った。ようやく帰ったと青木は語った。

酔って転んだことが三度あった。「三回目が大変だった」。中国文学専攻の卒業生の間で「麗澤《りたく》社」という文会が大正五年に興った。「それは各自作った漢文を持ち寄り、狩野君山・内藤湖南両先生に添削を乞い、後で晩餐を共にする会」（本田成之）だった。ある月の会が宇治の寺院であった。散会後駅前の「旗亭」に入って大酒になった。帰途、京阪電車の中書島駅で宇治線から本線へ乗換えようと、今と違って線路を渡っていたとき、下駄が線路に挟まって仰向けに転倒した。起きようとしたが酔っているので起き上がれない。プラットホームから青年士官が飛び降りて助け起こしてくれた。間もなく電車が入ってきた。終点の「三条京阪」で人力車に乗った。青木がいう「車夫」に、白川の坂を「上れ上れ」と叫んだらしい。「これから上には家がありませんよ」。引き返してやっと北白川の自宅にたどり着いた。

以上の三つの事例から、青木にとっての酒の意義が知られる。意義は二つあった。「平八茶屋」で呑んだときも宇治の「旗亭」で呑んだときも、二人の友人が一緒にいた。小島祐馬と本田成之《しげゆき》だった。のちに小島は京大教授になり本書の「深瀬基寛」に登場した。本田は龍谷大学教授になった。この二人と青木が一九二〇（大正九）年の九月に、学術同人雑誌『支那學』を創刊した。「麗澤社」は二年で消滅していた。『支那學』の会もまた、「麗澤社」の会と同じように酒を伴った。『支那學』を計画していた頃すでに激しい酒があった。雑誌が出るようになってからは、月に一度の編集会議の後三人で必ず「痛飲放談」した。会議の最中から「飲食に移るのを腹の虫を抑えて待つばかり」で、いざ、となってからの「宴飲の盛況、否、清狂は機密に属して漏らすべからず」（青木『支那學』発刊と私」）。青木はまた、「会が終れば則ち牛飲馬食、高談放論する」のを常としたとも書いた（『支那文藝藪』「自序」）。彼らの活動には飲食がそれほど重要で、それほどそれについて書きたがった。

京大の学問は酒とともにあった。本書はそれを辿ってきた。この結びつきは、私が知りえた限りでは、「麗澤社」と『支那學』のときの酒が端緒であった。この端緒を造ったのが、中国文学者であった。これは草創期には中国学の研究者の方が、ソクラテスの酒を知っていたはずの西洋学の研究者よりも多数で多様であった、つまりは学問が盛んであった、ただそれだけの理由だったのであろう。

青木らの『支那學』そのものは大いに注目された。胡適、魯迅などの現代の文学者を、日本に初めて紹介しただけでなく堂々と批判した。漢文の訓読を排して中国音による直読を唱えた。中国は国も文学も実は革新を特徴とすると説いて、それを知らなかった日本の漢学者を攻撃した。東京の当時の支那学をあからさまに攻撃した。あまりにも激しい攻撃だったので、吉川幸次郎によると、狩野と内藤は趣旨には賛成しながらも「はらはら」していたという。やはり直読を唱えていた倉石武四郎は若い三人について、「あの人たちはどういう人たちなのだろう」と、感心しまた不思議がった。吉川は『支那學』を「学界の画期であった」とした。吉川はさらに、同人雑誌でありながら「当時の京都大学の機関誌だったと誤認されやすい」(『音容日に遠し』)と注意した。この注意とは逆に、大学の公的出版物は『支那學』を、大学の刊行物に準ずる扱いにしていた(『京都帝国大学文学部三〇年史』)。内藤によると、この雑誌がヨーロッパのシナ学者の書斎に備えられていた。小島が外国帰りの理学部教授小松茂に勧められて、欧米の有力図書館に雑誌を送っていた。

学術同人雑誌『支那學』と酒との関係は明白である。

『支那學』は革新性が極めて高かった。革新を決行したのは若輩たちだった。本田は自分たちのことを「あるいは中学の講師、あるいは私学の教授」に過ぎなかったと述べた。少しだけだが事実に反していた。小島は確かに京都一中の嘱託講師だったが、京大法学部の嘱託講師に雑誌の準備中になった。青木は確かに同志社大英文科講師と平安中学講師だったが、準備中に同志社大文学部教授になった。本田は当時は佛教大学と呼ばれていた龍谷大学のすでに教授だった。本田は自分たちが若輩であるのを強調したのだった。この若輩たち「三人が寄り集まれば話はいつも天下罵倒論であって、天下の支那學は我らの他にどこにあるかという勢いであった」(本田)。「内藤湖南らの大学者の論文でも彼らが審査してから載せた」(倉石)。気概を発し気概を保持するために彼らは酒を呑んだ。それだけではなかった。我々は大酒を呑んでいるのだ、豪傑だと世間に語って、自分たちの雑誌と学問を世間に認めさせようとした。酒は一種の広報活動という面があった。酒を語るとき誇張が多かったのもそのためだった。「下駄が線路に挟まって仰向けに転倒した」のは疑わしい。一升ビン二本を空けてさらに「幾本か」を追加したのも疑わしい。「機密に属して漏らすべからず」の「機密」もたいしたものだったはずがない。自分たちは革命を起こしている、大酒になるのは当然だ——。大酒はまた一方で、彼らを稚気に満ちた愛すべき人にして、彼らに世間の冷たい目が向けられるのを防ぐ絶妙な働きをしたのであろう。

彼らの酒はのちの桑原武夫のグループの酒に直結していた。桑原のグループは共同研究のあと必ず酒席に移った。今西錦司と梅棹忠夫は、塾のようなものを開いていてそこがそのまま酒場になった。このような酒が第二期の京都学派を造り上げた。『支那學』のグループの酒は、第二期を特徴づけた酒の先駆であった。共に学問の創造に結びついた酒だった。

桑原のグループに似たグループが草創期にもありはした。考古学者濱田青陵の研究室が開放されて人が集まった。その研究室は「カフェ・アーケオロジー」(考古学教室のカフェ)と呼ばれ、いわゆるサロンの役割を果たした。すでに見たように、狩野直喜、原勝郎が文学部長だった頃、部長室がサロンになった。それにもかかわらずどのサロンでも酒が入らなかった。それこそが草創期の学問であった。学派の草創期は酒と関わらなかったが、草創期の第一の弟子の時代になって学問が酒と関わり始めた。青木らの酒の第一の意義はこの点にあった。この意義は大きかった。

## 仙境の酒

第二の意義とは何か。

先に青木は深酒をした三つの場面について自分で語った。語ったときに誇張があった。誇張したのは何かを志向していたからだった。何を志向していたのだろうか。

下宿に樽を据えたとあったが、晩酌は二合だったから、樽は実際には据えていなかっただろう。青木の理想の酒には樽が必要だった。

「平八茶屋」から帰るとき、徳利を紐で首からかけて帰ったと書いていた。これも作り話であろう。中国の人物画のなかには、樽か皮袋を抱いた酒仙が描かれている。あるいは、酒仙の脇で徳利を持って控えている少年の従者が描かれている。青木は自分たちを絵の中の人物に仕立てた。金冬心の山水画にめぐりあってから、清の山水画と風俗画にのめり込んだ。自分の酒を語るには絵のなかの酒仙の姿がどうしても必要だった。

中書島駅でホームから飛び降りてくれたのが、青年士官だったのは出来すぎている。青木にあった理想の社会の断面だったのだろう。青年士官もまた青木の仙境の住人だった。青木の当時の自宅は北白川別当町六七にあった。人力車に白川を上れ上れといったそうだが、白川に沿っては自宅には帰れない。絵のなかで酒仙が帰庵する図には川がある。青木には川が必要だった。

中国の絵と詩のなかにいた酒仙に、自分を似せたい志向が青木にはあった。

この志向は、アメリカの思想・批評家グリンブラットの説を思い出させる。ルネッサンス人は演技によって「自己を成型」したという説である。深瀬基寛の演劇的な生き方もグリンブラットの説を思い出させた。青木を含めた文人たちの自己劇化と、グリンブラットの「自己成型」とは、比較文明論の題材になるであろう。

仙境への志向は、これまでに見た三つの事例に認められるだけではなく、青木の書きもの全体に認められる。

まず、『酒中趣』の序文でその志向を味わってみよう。逝去よりもおよそ三年前の昭和三六年秋にこれは書かれた――

「酒は　もとより吾が性の愛するところ、酒を飲み、酒の書を著すことは、楽しみ中の楽しみである。酔叟（酔っぱらいの老人）近頃の日課は、晩酌して早く床に入り、ラヂオを聴きつつ眠る。二時か三時頃に目が覺める。靜かに書齋に坐して物を書く。ほっこりすると、煙草代わりに瓢箪の酒を二杯か三杯飲む。飲み過ぎて睡くなると復た床に入ることも有る。朝飯前に又冷酒を小さいコップに少量飲むと、食慾を増進する。食後横になってラヂオを聴く。とろとろとまどろむことも有る。起きて早朝執筆した草稿を清書することも有り、讀書することも有る。午後は舌耕（講義）に出かけることも有るが、人を訪問することは殆ど無く、散歩することも少い。こうして出來たのが此の本である」。

書かれていた悠々たる「日課」のなかで、実際に取り組んでいた仕事は大きい労苦を伴った。例えば、序文を今読んだ『酒中趣』は綿密な学問的著作であった。酒で陶然としながらこれだけ緻密な本を書けるはずがない。すでに指摘したように、前出の子息中村喬氏も後出の子息青木敦氏も、父の一日の酒は晩酌の二合だけだったと証言している。朝酒は白楽天という師匠にあやかろうとしただけだった。この序文は実際の「日課」を描いたものではなく、青木が理想とした仙境での「日課」を描いたものである。悠々たる「日課」は嘘ではなくて嘘以上のものだった。仙境に生きるのだという、青木が「遊心」と呼んだ志向の表明だった。

別のいい方をすれば、青木は仙境に入るために刻苦の努力をした。刻苦そのもののなかに青木の仙境があった。世人との交流を断ち、世人が求める快楽を断った、いわば修行僧の生活だった。しかもその修行の生活が仙境を造った。酒は仙境を造ったもう一つの道具だった。

私はこのようにして、青木の酒の第二の意義をすでに述べてしまった。

## 真の在

仙境への志向が充ちている著作をなおも辿ってゆきたい。

後半生に「名物学」を極めた。この「名物学」もまた仙境を築いた。「名物学」とは、主に食品の、名前（名）と実体（物）について調べる学問である。「名物学は端を名物の訓詁に発し、名物の考証を以て窮極の目的とする」（青木）。実体についてのなかには主に食品が食べられた歴史が含まれる。それまでの日本の中国学は儒教思想の研究が多かった。青木は「名物学」によって日本の中国学に事物と感覚とを吹き込んだ。事物と感覚は京都の中国学だけでなく文学研究全般が求めていった。青木はその変革の規模が大きい先駆だった。青木が「名物学」に凝りだしたのは昭和一三年に東北大から京大に移ってから以後で、食品が欠乏する時代に入っていった。主に食べられない食品を想って研究したのが「名物学」だった。口に入らなくなった食品は不在である。しかし頭の中でそれを想って調べると在になる。こちらの方が真の在であって、真の在は不在にある。真の在は学問という持続する精神の活動によって積極的に獲得してゆくものである。「名物学」は青木に仙境を築かせ、青木を真の在のなかに居住させた。ここに青木の人と学問の真骨頂があった。

『華国風味』（一九四九）は、「名物学」の最初の著作だった。その巻末に二つの名篇が付せられている。それらの二篇は青木が造った仙境そのものである。二篇とは「陶然亭」と「花甲寿菜単」、それぞれ終戦直後の昭和二一年と二二年、食品が極端に欠乏していた時代に書かれた。

「陶然亭」は、現実にあったのではなく架空、理想の料亭であった。だから一層なめるようにして仕様が描かれている。

高台寺××町の北側にそれはあった。想定される地域は、高台寺の北側、寺の西にあるねねの道におそらく沿っていたであろう。あたりには西行庵と芭蕉堂がある。門には小旗が揚り、「湯豆腐ちり鍋蓬莱鍋」と書かれていた。門から一間半から二間入ると二階家があり、入口に酒袋の古布で造った暖簾が垂れていた。破風の中間に「陶然亭」と彫った欅の板が掲げられていた。料亭の内部が細密に描かれてゆく。以下はやむをえず骨格だけを記すと、「給仕娘」がてきぱきと注文を聞く。燗瓶も盃もガラス製で酒の色を愛でるのによく、汚れで酒の味を損なわないのもよい。燗瓶は各自が湯沸しに入れて好みの温度にする。次はいよいよ品書きだ。「陶然亭酒肴目録」は岩波文庫版で一三頁に及んでいる。亭が揃えている日本酒の銘柄だけを挙げておくと、灘の酒では「白鷹」、「菊正宗」、「白鶴」、「沢の鶴」、「櫻正宗」。伏見の酒では「月桂冠」、「神聖」。鷹は武勇の、菊と鶴は長生の、櫻は武士道の、それぞれシンボルであり、いずれも国家を表わすめでたいイメージ。月桂冠は国家の勝利を表わす。「神聖」だけがイメージではなく観念で、神国日本を表わしている。

銘酒に続いておつまみ、嘗めもの、酢の物、和え物、鍋物、茶菓子と続く。これらの膨大な品目に対して、「名物学」の大家よろしく名と物を説明してゆく。その説明はやはり同版で一五頁に及んでいる。そうして当時手に入らなかった肴が目の前にあるようになる。不在が在になる。陶然亭の主人が奥から顔を出す。この主人は中国を旅したことがあった。帰国してぶらぶらしていたところ、ある不思議な酒仙に導かれて料理人になり、やがて陶然亭を持つまでになった。まるで杜子春が仙人に導かれて仙境に入ったようだった。ここ陶然亭は仙境だ。

すべてが青木だった。亭の主人が青木だった。この主人に亭をもたせたのも青木だった。客も青木だった。青木自身が自宅でガラス製の酒器を常用していた。亭の場所を今なお古趣が深い高台寺北に設定したのも青木だった。

**敗戦時**

しかしその陶然亭はもうないという。料亭どころではない時代になった。「世界挙げての大動乱に陶然亭も雲散霧消」した。こう記したあと、さりげなく、次のような端倪すべからざる表現が続いている――

「たけり狂える軍閥が、頑固頭の一触に天柱折け、天は東北に傾き、地は西南に欠けてしまった」。

終末の描写として瞠目させられる。個人名を特定できるような「頑固頭」で「たけり狂える軍閥」

を表徴させる。彼の「頭」は「天」と「地」に較べるといかにも小さい。愚かな小さいものによって天と地が変動した。天がなくなって東北にだけ残っている。本土の東北の方向には東北地方と北海道がある。東京などには大空襲があって青い天がなくなった。本土の西南には広島があり長崎がある。原爆が落ちて「地が欠けた」。本土の荒廃が短く凝縮して表現されている。研ぎだし磨きこんだ表現である。天変地異の短い表現は西欧では旧約聖書の「黙示録」にあるが、青木の場合は漢詩の短い表現に慣れていたのであろう。

ただ、大変動の描写がこれだけで終わっている。いかにも短か過ぎる。また、他所で繰り返されてもいない。意を決して繰り返して反戦を世間に広めようとはしなかった。青木のこの態度と姿勢に物足りなさを感じる人は多いであろう。そのうえ、この文章の意味を理解した人がどれだけあっただろうか。この天地変動の描写は、世間から隠れたままだった。

敗戦は青木を師と仰いだ吉川幸次郎にどう影響したか。

吉川は敗戦の頃、「われわれの身世は、いよいよ杜甫に似ることになった」と書いた(「全集」一二巻自跋)。その頃「堰を切ったように」杜甫の人生を追っていた。そのことについて吉川に近かった興膳宏さんはこう述べた——「著者の内部における杜甫の理解がようやく成熟しつつあったことも確かに事実だろうが、一面では著者の理解を加速し深化せしめた時代の要因も考えぬわけにはゆくまい」(興膳「解説」、吉川『杜詩論集』)。こう述べた興膳は、その要因が本当にあったとしても、終戦時に知識人に求められた対応を念頭に置いて吉川を庇ったのであろう。学者が終戦にどう対応したかを、当時の進歩的知識人が鋭意に問題にした。

　青木の方は終戦にそのあとどう対応したのか。

　青木はあの驚くべき表現のあとただちに、戦乱によって仙境がなくなった悲しみを綿々と語り続ける。語るときかつて楽しんだ銘菓の名前を語呂を合わせて唱えるではないか。朝日で表徴されている国家の、急速な没落が次のように語りの軸になっている（要約）――

　「旭《あさひ》が昇った（「粟興《あわおこし》」）、と見えた束の間に、旭は「落雁《らくがん》」のように落ちてしまった。たまにある二級酒の配給を待つばかり（「松葉《まつば》ぼうろ」）だ。／何もなくてはすま（須磨）ないから、せめて須磨に吹く「松風」が食べたい。なくなった菓子を想って甘党が流す涎が洪水になって、聖護院の「八つ橋」が落ちてしまった……」

諸銘菓が都から消えてしまった。あの菓子が食べたい。この菓子が食べたい。消えてしまった銘菓への舌の欲求を、恥じずに平然として貫いた。青木はここでいつもの得意とする名物学を試みたのだ。名物学は主に食品の名前と食された背景を研究する。その名物学のしかしレベルを下げたもどきを、食料の欠乏を描くときに適用したのだった。

　このような青木の敗戦への処し方に対して、当時の進歩的知識人は強い不満を抱いたに違いない。

この点は疑う余地がない。しかし青木は自分ではそれでいいと思っていた。馬鹿馬鹿しいとは思っていなかった。青木の戯文を読者がけっこう楽しんでいた時代だった。青木の本は売れた。大災害の描写にせよ、また銘菓が消えた歎きにせよ、青木は自分の仕事をいつも通りにしていた。それによって反戦の活動をしていたのではなかった。なにも活動しない小市民に留まった。

青木は小市民に留まったと、それだけをご説明してこの項を終えるわけにはゆかない。戦中戦後における知識人の態度が問われてきた。以下で態度が青木のそれと似ていた人々数名と、似ていなかった人一名を挙げておきたい。

今西錦司の態度が似ていた。戦中も戦後も戦争とは無関係に行動した。一九四二（昭和一七）年六月、ミッドウェイ海戦で日本海軍が大敗した。そのとき今西らは中国の大興安嶺で学術探検に熱中していた。終戦をモンゴルの張家口で迎えた。そこに留まって当地での調査を記録し続けるつもりだったが、帰国命令が出たので仕方がなく、北京にいた叔父の公邸に移り、そこに九か月留まって調査についての原稿を書き続けた。こういう今西の処し方は、理学部に招かれて来日した英人には不思議に思えた。ベヴァリー・ホールステッドは驚いた――「世界中が戦争をしていたときに、今西とその仲間たちは山に登り、探検し、旅行記の本を書いていたのである。今西にとっては実際上、戦争はなかったことになる」（『「今西進化論」批判の旅』）。しかしこの批判は、今西にも仲間たちにも届かなかった。仲間の梅棹らは、仕事に没頭していた今西を、「あのなかをよくやったよ」とただ褒め称えた（『科学』二〇〇三年一二月号)。

京都の人ではなかったが、内田百閒もまた終戦時に一市民に留まった。戦中と戦後の毎日を執念深く日記に書き留めた。日記が芸術作品になった。青木は食料品がなくなって泣いたが、内田はそれをうまく手に入れて喜んだ(『百鬼園戦後日記』)。喜びの裏には悲惨な生活があった。空襲で焼け出されて、河原にあった三疊の、炊事場も便所もない小屋に住んでいた。悲惨な生活にずぶとく耐えるだけで、海軍機関学校で教えたこともあった内田には反戦の意志が全くなかった。

青木も今西も内田も、戦中戦後、時局とは関係なく自分の仕事に没頭していた。大学闘争と安保闘争のときの青木も同じだった。六〇年安保のとき、六四年に亡くなった青木は京都にいた。住まいから少し南に下って今出川通りを過ぎると、そこから南は激しいデモが連日行われていた。それでも青木は坐って勉強しているだけだった。今西の方は、六二年、六三年、六四年と立て続けにアフリカに行った。大学闘争とも安保闘争とも関わらなかった。そのころ京大の西近くの立命に白川静がいた。白川は大学が封鎖されても毎日研究室に通い、夜間もそこだけが明かりが灯っていた。白川の振舞は美談として語られた。青木の時局からの遊離は世間に無視され、今西のそれは多少の批判を招いた。二人とも白川のように美談の主にはならなかった。しかし本質において、つまり仕事に没頭していたことにおいて、青木も今西も白川と同じだった。

青木にはそのような生活があった。その生活を青木の没後に、青木から教授の席を継いだ小川環樹が称賛した――「学問に専心し、外物に心を奪われることの無かった先生のいませし日を追懐すると、敬仰の情のいっそう高まるのを私はつくづくと感ずる」(「自由不覊の精神」、『全集』2、「解説」)。青木が生きていた日々に対して「いませし」という敬語を使っている。「敬仰」もまた高い敬語である。敬仰が「いっそう」高まるのを「つくづく」感じる――この表現も尋常ではない。温厚な小川が書いたこれは激しい文章である。小川はこの文章の末尾に「昭和四十五年四月」と記した。その一か月前に、小川と同じ中国文学教室の助教授高橋和巳が、学園闘争に深く関わったのちに辞職した。そもそも小川は、吉川の意を帯びて鎌倉まで出向いて、高橋に京大への就任を要請した。赴任後の学問に没頭できなかった高橋の生活に対して、また学問を棄てようとする未来の生活に対して、小川には無念の思いがあった。「外物に心を奪われない」学者の生活が激しく攻撃されていた時代だった。高橋が多くの人によって語られ、青木が語られなくなった時代だった。その時期に、小川は青木を敬仰した、実は激しいこの文章を書いた。

良く知られているように、太平洋戦争のころ戦争の意義を説いた京都の哲学者たちがいた。彼らは戦後GHQによって公職から追放され、進歩的知識人によって批難された。彼らとは違って、青木は時局に対して発言しなかった。しかし、その青木が哲学者たちと異人種だったとは限らない。青木も哲学者たちも、それぞれが信じていた学者としての任務に従ったのであり、何を説くべきかについての信念と体質とが違っていただけであった。哲学者たちはあの時期に社会に向って、彼らにとっての理想の世界を説くのを任務とした。青木は世俗の価値を離れた仙境を説くのを任務とした。

**戦後の変節を嫌う**

「陶然亭」をこれで終えて、もう一つの名篇「花甲寿菜単」に移る。これは「陶然亭」を書いた翌年昭和二三年二月一四日の、自身の還暦を記念して書かれた。

還暦のお祝いに贈られた酒の銘柄は、「玉鳳」、「忠勇」、「金鵄《きんし》正宗」だった。青木は涙を流す――

「旧い顔馴染の「忠勇」と「金鵄正宗」、終戦の今日、忠勇金鵄、思い出づるだに涙の種」。

「玉鳳」のなかの鳳は中国の伝説上の鳥で徳の高い天子の象徴である。玉は仁を表わす。天皇に忠勇を捧げて散った兵士に金鵄勲章が授けられる。だから三つの銘柄をこの順序で記している。当時すでに「キンシ正宗」という商標も併せて使われていたが、青木にとってはどうしても「金鵄正宗」でなくてはならなかった。名作「陶然亭」で天が傾き地が欠けたと嘆いた。敗戦を悲しんだのであって、良い悪いは別にして、戦争そのものを懺悔してはいなかった。「玉鳳」以下をお祝いにもらったというのは作り話である。架空の贈り物は戦中の日本への共感を表明するために必要だった。陶然亭にも「白鷹」で始まる一連の酒を備えさせた。この戦中への共感は、「一億総懺悔」を勧めていた当時は表明しにくかった。青木は自分を「狷介《けんかい》にして圭角のある人」、片意地で針がある変人だと自称した

（「洛北回顧」）。その通りだった。懺悔はせずに戦中を懐かしんだ――立派な時代だった、「思い出づるだに涙」だ……

時局への態度が青木に似ていた人として内田と今西を挙げたが、最も似ていたのはあの永井荷風だった。荷風『断腸亭日乗』のなかの所感が思い出される。荷風は戦後の国民の変節ぶりを、国民はかつての敵国にへつらうようになった、なんとも情けない、としきりに歎いた（昭和二〇年九月一六日）。また、天皇がマッカーサーのもとにこっそり出向いて許しを乞うたのを、やりきれないと悲しんだ（同年九月二七日）。自分は時局を「浩歎」（大いに歎く）したと荷風は記した。青木の歎きは荷風のこの歎きに通じていた。青木の方は淡泊だったが、荷風も青木も世間が豹変するのを歎いた。世間では反戦の運動がますます盛んになっていった。

青木に似ていた、今度はグループを挙げておきたい。青木の態度は、柴山哲也氏が指摘した上山春平、梅原猛の態度に通じでいた。柴山氏によると――「新京都学派の日本文化の伝統と歴史の真実解明へのこだわりは強かった。梅原猛や上山春平による縄文文化論、梅原独特の「怨霊史観」という名の古代史解釈は（こだわりの）最たるものであろう。それは戦前、戦時の国粋主義ナショナリズムが戦後怒涛のように米国化、民主化へと急変貌する中にあっても、変わることのない日本発見への情熱だった」（『新京都学派』）。といっても、上山も梅原も敗戦から強い衝撃を受けたのを柴山氏も指摘している。ただ、残した仕事として、二人の戦後の関心は戦前のそれと変わりはなかった。

最後に、似ていなかった人を一人だけ挙げておきたい。フランス文学者渡辺一夫はその頃東大の助教授だった。終戦の年一九四五年の三月から『敗戦日記』、『続敗戦日記』を書いた——「(この日記をあらゆる)日本人に読んでもらわねばならない。この国と人間を愛し、この国のあり方を恥じる一人の若い男が、この危機にあってどんな気持ちで生きたかが、これを読めばわかるからだ」。荷風、百間の日記とは違っていた。二つは日常の出来事を記録した。青木の態度とも違っていた。青木は菓子が食べられなくなったという愚痴を、また国土の壊滅を、凝った表現で描いて見せただけだった。それだけだった。渡辺は違っていた。「僕は初めからこの戦争を否認してきた」——はっきりこう書いた一九四五年六月はまだ戦中だった。渡辺は当時にあっては「非国民」だった。「初めから」の「初め」つまり緒戦の頃、戦争を是認したのがいわゆる「京都学派」だった。「京都学派」との違いは渡辺が次のように書いたとき一層明白になった——「満洲国、フィリッピン、支那国民政府の解消。むしろ痛快なり……慚愧すべきは軍部に抗し得ざりし日本智識階級」。「智識階級」の筆頭が「京都学派」だった。この「学派」は国策だった「大東亜共栄圏」を是認した。「痛快なり」と「慚愧すべきは」には、渡辺のその国策への強い否認が籠められていた。渡辺は西欧「近代」のロマン・ロランなどの反戦思想に明るかった。渡辺にとっては、その反戦思想まで「超克」せよと、いわゆる「京都学派」は求めたことになった。渡辺はその反戦思想に心服し、それに励まされた。

ただしこのような渡辺の態度は、青木正兒の態度と最後まで対立していたわけではなかった。渡辺は「新日本よ、正しくあれ、強くあれ、美しくあれ」と願った。その願いを実現すべく彼が戦後にずっと専念したのは、他でもない、「純学問」、「研究」だった。三〇年かけて、岩波文庫になったラブレーの個人訳全集、その他の訳、ヒューマニズムの解説などを完成させて、願いは満願した。講壇に立つ知識人が戦後日本の新生に何によって貢献するのか。苦しみ抜いた渡辺の答えは、京都の青木が戦前戦中戦後の区別なくずっととり組んでいたものと同じだった。しかしながら、結果に至るまでの渡辺の苦悶は、青木と京都の一般の学者たちに欠けていた。

じっさい、京都の一般の学者が時局に対したときの態度は、青木の態度と、おおむね同じだったのではなかろうか。あの桑原武夫が、結果として悲惨な敗戦を招いたいわゆる「京都学派」の戦中の言動について、批判をせず口を閉ざしたままだった。試みに大冊の『「世界」主要論文選1946―1995――戦後50年の現実と日本の選択』を調べてみよう。合計六三名の論文の筆者として、東京からはたくさんの学者たちが登場した――丸山真男、大塚久雄、辻清明、竹内好、清水幾太郎、日高六郎などなど。京都からはどうだったか。五名だけだった。すなわち桑原武夫が「第二芸術　現代俳句について」、湯川秀樹が「枠からはみだした科学者――第九回、第十回パグウォッシュ会議に出席して」、平田清明「社会主義と市民社会」、宮崎義一「パニックの社会経済構造」、佐和隆光「神話の時代は終わった――経済学は有効性を取り戻しうるか」。桑原の論は平時における日本文化論である。湯川の論にこそ若々しい情熱を伴った非核への意志があった。平田と宮崎はそれぞれマルクス主義経済学者と近代経済学者として、いつもの学問を冷静に戦後の時代に適用した。佐和は経済学が有効でなくなったその頃について述べたが、特に戦争と結びつけてはいなかった。平田、宮崎、佐和は東京で大学生活を送り、時代の変化に良く対応していたけれども、戦争が紙面にも紙背にも大きくは表われていなかった。湯川は別にして四人の論は、戦後にも純粋の研究を優先していた京都の、一般の学者たちの傾向とおそらく結びついていたのであろう。

他方で、京都でも反戦運動が行われていた。飯沼二郎、鶴見俊輔、樋口謹一らがそれを行った。なかでも鶴見の運動は長く続いた。べ平連の運動の他に、戦後の知識人のあり方を提言した書評活動があった。また、国策と関係なく民衆が興す大衆文化についての研究があった。書評活動のような単独の活動は学派にはならない。大衆文化についての研究は小さい学派になった。この研究に桑原武夫が賛同し、橋本峰雄、多田道太郎、井上章一らが参加して「現代風俗研究会」になった。桑原にいわれて富士正晴が大衆芸人たちの伝記を書いた。ただし反戦運動の一環という、鶴見にあった所期の目的が、時代が移るにつれて変化を余儀なくされているようである。

### 学問、酒、仙境

実をいうと、「花甲寿菜単」が書かれた青木の還暦の、そのお祝いには友人、門下生が集まらなかった。子供も上の三人は和歌山と山口に住んでいて、交通事情が悪かった時節柄京都に出てこられなかった。それでも青木の想像力で、この祝いは仙境のなかの出来事になった。貧しい食事なのに、ここでも名と物を綿密に記してご馳走にしてしまった。青木の身心は、普段よりもごくわずかに多い酒で、「酔いも廻って羽化登仙」に達した。羽をえて仙境に登ったのだ。

青木の仙境は学問と酒とが築いた。ここに青木の根幹があり、青木の酒の第二の意義があった。今度の酒は若いときのようにあるべき「支那學」を目指す激しい酒ではなく、自分のなかに仙境を構築する静かな酒になっていた。「羽化登仙」に達するための酒になっていた。

このような青木の酒は、青木の学問が鑑賞を本領としたことと結びついている。青木の鑑賞力によって学問の対象が豊穣になった。青木の酒によって貧しい現実が豊かな仙境になった。青木の学問も酒も、学問としてまた酒として純粋なものであった。

鑑賞を重んずるのは青木だけの態度ではなく、文学研究における過去の京都学派文学系の態度であった。彼らが尊重した鑑賞とはどういうものか。それは受動的な態度ではなく、作品を豊穣にする能動的な態度である。この態度を身上としたのが青木の師、豹軒鈴木虎雄（一八七八—一九六三）（図49）だった。鈴木は学匠詩人で、『豹軒詩鈔一四巻附録一巻』、『豹軒退休集』などがあった。これは鈴木の学問が鑑賞を重んじていたのに通じていた。京都学派の文系にとって鈴木、青木の系譜は重要である。この系譜については本書の「第Ⅰ部『實事求是』——文学研究の京都学派」で記述した。

青木の日常に戻りたい。晩酌を楽しむために本人と家族があらゆることを尽くした。騒がしい子供たちは先に食事をすませた。酒の燗は夫人だけがした。酒食は一人用の膳に運ばれた。夫人がお膳に付いてお酌をして青木がする話を聞いた。晩年は豆腐を好み、病身で家にいた娘が作る玉子焼きを好んだ。晩酌は毎日の大事な行事だった。後に書くように死は突然訪れたが、訪れた死は家族にとってはただこのようなものだった——「父の死が伝えられたのは、母が晩酌の準備にかかろうとしていた時であった。父は、その夜に到頭、晩酌の席に着くことなく他界した。毎日父の玉子焼きを焼いていた姉も、父の後を追うようにして、この世を去った」（青木敦「父の晩酌」、『全集』9「月報」）。これほどに晩酌は青木と青木家にとって一大事だった。

酒を楽しむために他事をすてて注意深く全条件を整えた。学問をするときもこれと寸分たがわなかった。細部にも隙を作らず、全精神を集中して、学問を楽しんだのだった。

これほどに楽しんだ青木の酒は、青木の直後に続いた第二期の学者たちの酒ではなかった。新しい世代の酒は研究を進めるための、いわば機能としての酒になっていた。桑原、梅棹の酒がそうだった。有益な酒だったが青木の酒のように純粋ではなかった。

青木の学問についてもほぼ同じことがいえるであろう。純粋であって、ためにするものではなかった。師であった鈴木虎雄の学問もそうであったとされている。

## 最期

最後の勤め先は立命館大学、そのころはまだ府立医科大学の向いの広小路にあった。自宅から近かった。自宅は下鴨下川原町四六にあった。出雲路橋の東北、橋から徒歩で五分ほどにあった。週二回の午后の講義だけが勤めだった。楽な勤めのなかで、終生愛した李白詩の訳と注にここ二、三年とり組んできた。

最期は突然訪れた。

以下は橋本循の報告による（『立命館文学』「青木正児追悼號」）。橋本は白川静が「橋本先生」といっていた立命中国学の代表格だった。昭和三九年一二月二日、いよいよ完成した李白本の原稿を集英社に書留で郵送した。安堵した翌日に講義があった。師鈴木の注解がある五世紀の体系的な文学理論の書「文心雕龍《ちょうりょう》」について、いつものように淡々と講じた。博士課程の学生一人が聴いた。四時半近くに終り、教室を出て、階段を下り、そこを廻れば一階になるおどり場に至った。突然、鼻をかむようにして手を顔のあたりに揚げた。通りかかった女子事務員の方にもたれかかるようにして、昏倒した。二分半後に学内診療所の医師が駆けつけた。脈搏はなかった。

最期の模様は橋本によって書かれたのちに、亡くなったその日に青木の授業を受けていた、そのとき修士課程の池田靖によっても書かれた（『全集』9「月報」）。遺体が学内診療所に運ばれ、電話で知らされた「京都在住の研究者の方々が次々に弔問された」。ご家族はなぜか来られなかったらしい。午後六時ごろに遺体搬送車が到着した。「何分にもそのような時なので手のすいた者もなく、小生が下鴨の御宅まで車に同乗することになったかと思う」。一人だけの学生に付き添われて遺体は帰宅した。吉川幸次郎が青木を追悼する文を書いた（「朝日新聞」、のちに『音容日に遠し』）。吉川の筆致は淡々としていて、青木のこの最期がいかにもこの人に相応しかったと語っていたかのようだった。他方、今西錦司の柩は、子息と仲間に担がれ、三高寮歌が歌われながら、賀茂川の堤で野辺の送りが行われた。

版を重ねた青木著『中華飲酒詩選』は、李白の「夜　洞爺に浮び裴侍御を訪ねて清酌す」を収める。李白はある晩洞庭湖を小舟を漕いで湖岸に住む友人を訪ねた。友人は琴を弾いて迎えてくれた。中国では客人の座は部屋の北側にある。

「曲終わって酒も出され
北の窓べに酔うて泥の如し。
人生は　とかく行楽のみ
何ぞ必ずしも榮達を求めん。」

李白と違って青木自身は行楽せず、詩文のなかの行楽を、酒を楽しみながら頭の中で辿って自身の行楽とし、栄達を求めなかった。この連はこのまま青木の墓碑銘になる。

迷陽青木正兒は、師の豹軒鈴木虎雄とともに、作品を味わって楽しんだ。その態度は儒家のものだった中国文学研究を変え、また京都学派の学統に欠かせない葉脈を成した。世間の関心が、『世界史的立場と日本』と『近代の超克』が提起した、世界の大問題に向ったのは当然であった。にもかかわらず、鈴木と青木の学問という、語られなくなりつつある葉脈には、本当は不朽であるべき値打ちがあった。その値打ちを語ることが、文学における京都学派を語るとき欠かせない。

### 住まいと墓

自宅があった下川原町四六、昔その近辺に、家屋が何軒も並んで建てられた。青木が卒業後最初に勤めた同志社大学の、青木と同じようにまだ駆け出しの若い先生方がここに集まって、「同志社村」ができた。青木邸はそのなかの一軒だった。今は四六―一〇、四六―二〇などと枝番地がたくさんできているが、枝がない正真正銘の四六番地が一軒ある。家屋はむろん建て替っている。ここがたくさんの四六番地の発祥の地だと、近くに昔から住んでいる人から教わった。ただ四六番地に今建っている家屋は東向きで、青木邸は南向きだったという中田勇次郎の記述とは合致しない。青木の高弟だった中田は青木邸の仔細を記録してくれていた（『全集』6、「解説」）。「小門」から入ると竹の茂みがあり、玄関の両側には好きだった清の南画家金冬心の聯があった。玄関から上がると「小間」の応接間があり、二つの扁額が向いあってかかっていた。内藤湖南筆の「守拙蓬廬」と狩野直喜筆の「移山書屋」だった。右奥に「半間の」床の間があって、いつも何かの掛物がかかっていた。「小さい」棚には煎茶の道具などが置かれていた。「それほど広くない」庭は、大明竹、馬酔木、れんぎょう、梅、山吹など、青木の「好みに合うもの」が植えられていた。中田は住まいがこじんまりしていたのを以上のような書き方ではっきり書いていた。弟子の記述にしては客観的だったが、さすがに家屋が建売だったとは書かなかった。このこじんまりした家は東北大に赴任したときは京大でドイツ語を教えていた知人に貸し、京大に呼ばれたのでこの家に戻って、そのままずっと住み続け、遺体がここに帰った。家が建てこんでいた地域の、ごく普通の家に住み続けた。

墓は自分で準備していた。旧邸から近くの寺にある。賀茂川を隔てた西南、徒歩で行ける距離の佛陀寺は、寺町通り今出川上るにある。私は寺を訪れた。墓地は広かったので、青木の墓はなかなか見つからなかった。寺の玄関に戻って、出てこられた年配の上品な婦人に、この大学者を説明しながら墓がある場所を尋ねた――「そういう人のお墓かどうか知りませんが、青木さんは檀家さんに一軒かおられません。だからあのお墓だと思います。間違いないでしょう。入り口をまっすぐ行かれてから……」。青木正兒の名前は菩提寺にさえもう知られていなかった。

住まいも、墓も、青木が真正な隠者だった証しだった。

### 青木というフィナーレ

本書がとり上げてきた合計一一二名の人物のなかで、青木と最も対照的なのは今西錦司だった。今西には仲間が集まり、一般の読者も集まった。千五百余の山々に登って、頂上で万歳を叫んで祝い酒を飲み干した。ロンドンで酔って「紅萌ゆる」を高唱した。京都学派の本流のなかに勢いよく流れ込んできた。

しかし京都は他方で、今西と違って細い源流のような青木を、遠くに置きながらマイノリティのまで尊重した。本書の人物論は、吉川、桑原、今西から始めて、第二期の人物九名をとり上げたあと、草創期の原、九鬼、青木をとり上げた。青木で人物論を閉じたのは偶然であって意図によるものではない。

読者諸賢におかれては、京都学派の片隅にいた青木によって長かった人物論を閉じることを諒とされたい。健全な学派と社会は隠者を蔑視しないで彼らから学ぶ。正統のアカデミズムには、一方で今西のような勇猛な教養主義者が必要だった。また他方で、青木のような狷介《けんかい》な隠者も必要だった。京都に今西と青木がいた時代のことを記憶していたい。

## 学派を造った「空気」

本書は文学研究の分野にも京都学派はあったと見てきた。根拠になったのは共通した学風であった。学風だけでなく、西谷啓治が大山定一にあったといった「文雅」の「空気」もまた、学派があったと見る根拠になりうるであろう。「空気」は哲学史学文学の区別を越えてあった。だから文学研究にも学派はあったのだ。
西谷が「文雅」の「空気」について語ったことばに耳を傾けて本書を閉じたい。西谷は一高を出たあと一九二一(大正一〇)年に京大文学部に入学した。その頃にあった「空気」について語ったあと、その「空気」が戦前、戦中、戦後を通じて京都になくならずにあり続けたと語った――

「今その当時のことを振り返って感ずることは、当時の文学部に動いていた「文」の空気ということである……一方には、中国で非常に長い伝統をもち、日本にも古い時代から浸透して伝えられてきたような、東洋的な意味合いでの「文」の精神、他方また、西洋の世界で同じように長い歴史に伝統され、同じように高い水準をもっている「文化」(culture)の精神、そういう二つのものが互いに何の抵抗もなく自然に渾然一体となっていたような、そういう空気のことである。これは、東洋のものと西洋のものとの全き異質性を無視したような単なる混淆とか合糅《ごうじゅう》とかの意味ではない。むしろかえってその逆である。東洋のものについても西洋のものについても、その諸々の分野にその専門の分野の卓越した学者がおられ、それぞれの領域がその独自な固有性において深く研究されていた。文学部の教授という範囲に限っても、中国関係だけで狩野君山、内藤湖南、鈴木豹軒、さらには小島祐馬、青木正兒などの諸先生が居られたし、西洋哲学の学生なら、西田、波多野、朝永、深田、田辺というような先生方の講義を聞くことが出来た。だから、上に

「空気」といったのは、さまざまなものが研究される時の基盤をなす心の問題、心の広さの問題である……それは、和辻先生の倫理学の言葉を藉《か》りれば、「間柄」に属するものとして、勝れたものとしての人間の雰囲気である。そういう場は、また「文」や「文化」の精神の生きている処でもある……

その後、昭和の年も進むにつれて……左からの潮、さらに右からの潮という交替のなかで、京大の周囲にも重苦しい空気がずっと取り巻いていたが、しかしその間でも、さっき言った「文」の空気というようなものは、やはり消え失せることなく存続していたと思う。険悪な雲行きの層の上に、静かに晴れた青空があるようにである。戦争が終わって国情が一変した段階でも、そのことは同じであった。もちろん、長い期間の乱気流が誰の身の上にも何らかの影響を与えたのは当然であり、私などもウルトラ・ナショナリズムということで教職追放になった。しかしそのわりに平気でありえたのは、心の底に以前からの青空があり、またそこに「文」の静かな気流が流れていたからである。例えば、私らの追放が新聞に出た直後、突然に狩野直喜先生から慰めのお手紙を頂いた。そしてそれには別に一様の唐紙が添えてあり、「細草微風岸」で始まり「天地一沙鷗」で終わる杜甫の旅夜書懐の詩が書かれていた……それを頂いたときには深い感動を覚えた。そのお手紙一つでも、追放などという事を償って余りあるものだった。上に「文」の気風といったものは、例えばそういうことである」(「大山君の憶い出」)。

住み慣れた成都を去って、船で各地を漂っていった、あの杜甫のように、ひとはときに広い天地の間を、一羽だけで飛ばずに砂州を漂う、小さなかもめになるかもしれない。だがそのときも、杜甫が詩を書いて身を支えたように、「文」が身を支えてくれるではないか。「文」はまた、狩野を介して杜甫の詩が西谷を支えたように、他者を、社会を支えてゆけるではないか。

「文」を尊重するこのような空気、気風が、草創期から第二期へと風となって流れて、京都学派を造ったのだった。

西谷にとって「文」に生きることが学風だった。西谷の主眼も本書の主眼も、盛時の学風を知ってそれに習うことにあった。けれども、第二期になって今西学が現われたように、学風は自から変わるものでる。

一つには、盛時の学風を知ってそれに習うこと、二つには、変化を受け容れること。学風を身に付けるにはこれらの二つが肝要である。

元の三高の敷地によく姿を見せておられた西谷さん。風のように出てこられた西谷さん。幻になって、これからも出てきていただきたいと願う。

# 精神の灯を伝える——観望の記

立本成文

本書は、学派（学問上の流派）とか学風（学問上の好尚・傾向・態度）というものがどう出来上がるのか、その現場の姿を生き様（生態）に立ちいって、生々しく描いた貴重な読み物である。学問上の流派に伝わる学風を伝えることは、論理・客観主義が中心の今日の科学や学問に人間らしさを求める方向を指し示すために欠かせない。本文の端々からその意義はいかんなく窺がえる。

しかし、この「跋」では、学派・学風のあり方を越えて、むしろ本文で検討していない、より綜合的な観点にたった人間文化の問題を取り上げ、今後人文学・社会科学が進むべき方向を示唆しようとしている。

本文と「跋」とがあいまって、科学技術万能の社会に人間のこころを本当にとり戻すよすがとなれば幸いである。

## 人文知

社会科学、環境問題なども含めた、広い意味での人文系学問が最近話題になることが多い。マスコミでは、時に批判の対象として大きく取りあげられたりもする。一方、日本の学術のおかれている状況を憂慮する人からは、人文系学問への期待感も大きい。科学技術を含めた人間事象を綜合的に捉えて現代文明を批判してくれるという期待感である。社会が期待する、そのような学問にそなわっているべき知識を人文知（人間文化の知）といってみよう。いうまでもなく、物事を綜合的に捉えるということは、俯瞰的に全体をみて、綜合的に判断することを意味している。俯瞰的というのは鳥のように上から見渡せる限りの全体を捉えるということで、総観である。綜合的に判断するとは、全体を構想し、それが完全か、十全かを確かめるシステム的見方といえる。人文知は特殊分野に固執する文学部などを念頭においた、いわゆる人文学とは同じでない。ただし、古典文献学の解釈学を踏まえて人文学を「人間とその文化を総合的に探究する学問」（安酸敏真『人文学概論——新しい人文学の地平を求めて』）と主張する場合の人文学は人間文化研究であるといってもよい。

人文知とは、よく教養であるといわれるが、つきつめていえば、真に人間らしく生きていくための求道精神である。学風のなかには生きていて、論理ですべてを証明できたとする最近の研究者には往々にして欠けている精神である。

## こころと精神

生きるということを、日本語では生、生活、活動、生涯、境涯などと表現し、生きているエッセンスを生命、いのちと表現する。こころとからだと外にあって内化されるしるし（ことば）が三位一体的に働いて、はじめて、生きているということができる。これがいのちである。からだとことばとこころとがいのち（生命）という現象なのである。

こころは人間の精神である。精神は「人間が自然と共に生き、社会の中に生きていく、その生きる力と生きる姿」（長谷川宏『日本精神史』）と定義できる。生きる力と生きる姿を見せる精神は知情意のように三つの働きとして具現化される。精神とは、いいかえれば、思考、意志、判断がアクティブになっている状態である。精神は知識・感情・意志などあらゆる働きを含み、それらの根底にあるものである。

キェルケゴールは「人間とは精神である。精神とはなにか。自己である。自己とはなにか。自己自身に関係する関係である」という。いいかえれば、精神は社会のなかで活性化されてはじめて輝くものである。社会というのは二人関係、集団、地域社会、国家、世界である。そのなかで何らかの精神が共有されて初めて道しるべの灯となる。学派が伝える学風である。学風は精神の灯の光源である。

学派、学風が情報社会で軽んじられるのは、世の中がグローバル化、国際化、学融合に気をとられて、個別性、生活を忘れ去ってしまっているからである。しかしそもそも、学風というのは、ある研究者コミュニティの知識の体系・方法論に当てはまるが、次に述べるように、単なる知識、情報、データではない。生活のあり方 living、智慧 wisdom に基づいているということが重要なのであって、生きている文化なのである。したがって、学融合や国際化をより効果的にするためには、学問史・科学史として学風を見直したうえで、学派を超越することが必須なのである。

## 知の発展で失われたもの

米国生まれの英国の詩人T・S・エリオットは、「劇〈岩〉につけられたコーラス」（一九三四年発表）という作品のなかで、「私たちが生きることで失った**いのち**はどこにあるのですか。／私たちがものしりのうちに失った知識はどこにあるのですか。／私たちが知識のうちに失った知恵はどこにあるのですか。」と社会批評にも通じる警句を残している。（『エリオット全集』第一巻）このコーラスの歌詞は、教会建設資金を募るための野外劇〈岩〉用に作られた詩である。引用した詩行でエリオットは、知のあり方が変化することによって人々が神から遠ざかっているのを嘆いてそれを警告している。だから、神から与えられた**いのち** Life が強調されている。

上田保によって「ものしり」と訳されているのは information（情報）である。情報学者の間ではこの部分の詩行はインターネットの勃興期に盛んに引用されたという。たしかに安達淳の指摘するとおり、知の営みの階層性についてじつに簡潔に問題点を摘出している。さらに、情報学者の猪瀬博とR・ピアスはその『情報技術と文明』（1984年）という著書のなかで、上記に引用したエリオットの詩行を続けて「データのうちに失った情報はどこにあるのか」と追い打ちをかけるように付け加えたという。今や客観的な数値に裏打ちされたビッグデータやデータ・サイエンスが風靡している科学のあり方への批判ともとれる。（安達淳「学術のオープン化のめざすもの、もたらすもの」）

本来の意図は別として、この詩を字句だけを追って読めば、たしかに現在の情報社会を予言したものとして捉える見方もできる。しかしながらwe have lostを（どこかに）「失った」だけではなく「無くしてしまった」（どこにもない）と読むことによって、情報やデータで代表される無味乾燥な客観的な科学技術文明が、生きた知、智慧、知識（科学）／言葉や価値を失わせてしまったことを嘆いていると解釈できる。科学技術の席捲する文明を作り上げたことに対する近代人への痛烈な批判でもあり、客観的な情報やデータだけが闊歩して、感性、生、智慧や価値が失われたことへの警鐘でもある。

### 人文知の役割

この失くしてしまったようにみえるこころ、すなわち感性、生、智慧、価値を復権させて、科学技術文明を人間にとって正しく位置付ける役割を人文知こそ担わねばならない。

人文知の必要性を巧みに表現した中曽根元首相の一九八六年年頭の施政方針演説をみてみよう（末木文美士『草木成仏の思想——安然と日本人の自然観』からの引用）。

この数世紀の間、科学技術の発展に支えられたヨーロッパ文明は、きわめて強い活力を保持して、世界の地域に圧倒的にその影響を及ぼしてきました。しかし、今世紀も深まるにつれて、世界の人々は、人類がその何千年の歴史において世界の各地で作りあげてきた思索と倫理と社会体制は、それぞれが人間の英知と尊厳性の刻まれたものであり、独自の価値をもつことを知るようになったのであります。

近代の文明論として正鵠を射ているように思う。人類文明という普遍志向的な英知ではなく、独自の価値をもったローカル・ノレッジが強調されていることに注目したい。精神、文化は個別の中に花咲いてこそ普遍化もできる。

中曽根の演説は、次に現代の直面する問題に移っている。

さらに重要なことは、核戦争の脅威や、遺伝子操作が提起する人間の尊厳にもかかわる問題のように、科学技術の発達のみでは、必ずしも人間の幸福を保障しえないことがはっきりしてきたことであります。

科学技術一辺倒では幸福は達成できないことを確認したうえで、中曽根は、その対策として二つの提案をしている。ただし、科学技術一般が悪いのではもちろんない。異常に発達した近代科学技術が問題なのである。それがエリオットの診断でもあった。

第一は、科学技術が人類文化を覆いつくすのではなくて、科学技術を人類文化の一部分として適正に位置づける必要性であります。第二は、科学技術以外の人間の精神文明について、科学技術がその同価値性を認め合ったように、相互間における理解を深め、共通の価値評価の基盤を広げることであります。

科学技術を人類文化の中に適正に位置づける役目を人文知がはたすためには、データ・サイエンスの中に人文知を埋没させるのではなく、感性、生、智慧を復権させて、知の営みの再構築をはかることが何より大切である。価値を考え直すことは人文知の中核に位置付けられる。

## 価値

価値というのは、選択するときの基準である。ただ、その基準は、客観的に正しい基準があるのではなく、綜合的な判断力によるもので、主観的なものである。ダーウィン進化論は選択の原理を適応、不適応、収斂など客観的基準に求めるが、それは大進化を議論するときの理論である。人間の場合の価値は時間的空間的に限定された選択であって、常に主体的に決められる。主体のもつ主観が価値づけるのである。一般に議論されるのは、そのような主観的価値ではなく、共有された価値である。共有されたからといって客観的真理であるとは限らない。

共有された価値観を考えるうえで、文化を一般化・抽象化してシンボル形式ととらえる見方は有効である。しかしその場合、シンボルそのものに価値はない。いわば多くの人が認めた、付与された価値である。辞書などで「文化」の説明に「価値あるもの」「高度の精神活動」などと書かれているが、シンボル形式としての文化自体には価値がない。価値づけている人間にしかその基準は存在しない。その価値は人間性というような普遍的なものから生まれるのではなく、同じような環境にある固有文化をもつ局処世界で作られる。価値の判断基準は固有文化の中で恣意的に定められているといえる。(セオドアー・M・ポーター『数値と客観性――科学と社会における信頼の獲得』)

真善美、徳、仁、和をはじめとして、古今東西にわたって、価値内容はいろいろに論ぜられてきた。ギリシャ哲学者藤澤令夫は「生きることではなく、よく生きることをこそ、何よりも大切にしなければならない」というソクラテスのことばを引用しながら、これこそ哲学という営為の最基底にある不動の大原則であり、生存という概念に光を与えるものであるとする。古代ギリシャ語でエウ・ゼーン(よく生きる)はエウ・プラティン(幸せである)と直通していて、「幸せであること」は、とりもなおさず「よく生きること」であると主張する。(藤澤令夫『「よく生きること」の哲学』)

しかし幸せの内容については、この議論が古代ギリシャ社会という条件に規定されているということに注意すべきであろう。幸せがよいことは常識では否定できない。しかしそれは常識であって普遍的な判断基準ではない。人間としての「価値ある」生のあり方が「よく生きること」の判断基準であるとすると、よく生きる内容が問題である。上記の幸せの内容も時代によって、場所によって異なる可能性もある。近代に顕著な風潮のように「便利さ」「豊かさ」と同義の場合もある。しかし、現代の高度近代技術に支えられた便利で豊かな生活体系が「文明の到達点」、人類の偉大な成果であるのではなく、人類の環境を破壊し、文明の危機を将来していると指摘されてもいる。

便利さ、量的豊かさなどと価値の内容を具体的に問わないで、「よりよく」生きることが基準になれば、いろいろな文化発展はそれなりの存在理由があり、ただひとつの道がもっとも優れているとはいえないことになる。人類の種としての進化と、人間文化の発展を混同してはいけない。人間文化の発展とは、特定の風土（和辻哲郎）や歴史（西田幾多郎）に影響された集団すなわち局処世界の、個別的な発展であるにすぎない。普遍論理というものがあってそれが局処世界における固有の論理を作りあげているのではない。

## 価値多元性

ある局処世界の固有文化が、ほかの局処世界でそのまま普遍原理として受け入れられるわけでもない。また、ひとつの固有文化の中の洗練、粗野、上流、下流などの優劣が他の社会で受け入れられることもあるが、それは部分的な模倣、伝搬によるものである。洗練、粗野、上流、下流など社会的に通念となっている概念それ自体が、普遍的な論理を宿すわけではない。

文化というのはつねに変化して、しかも、到達点がない。永遠に過程（ノルベルト・エリアス）である。文化に普遍的な進化・進歩のパターンというのはない。近頃、近代化に替えてよくいわれるグローバリゼーションというのは、局処世界に固有な（しかし少しはより広がりのある）文化の拡散にすぎない。拡散するのも文化全体ではなく部分である。しかも、そのときに文化の内容が局処世界の中でさえみんなに承認され共有されているとは限らないことに注意する必要がある。文化というのは画一的なものではなく、多様なものである。価値も例外ではない。多様であるからこそ文化の発展がある。それは必ずしも画一化に向かうものではない。普遍的な価値が世界全体に受け入れられるようなグローバリゼーションはあり得ない。万一そのようなグローバリゼーションが現れたとするなら、それは人間らしさを失ったことになる。

局処世界の価値にのみ従って生きているということは、ヘイトスピーチにみられるように、相反する固有文化の一方を全面的に否定してしまうことにもなる。文化的葛藤はつねに起こりうる。個人レベルの価値の多様性ではなく、社会のレベルで問題になる価値の多元性に直面して葛藤の解決を求める策は古来いろいろ提言されているが、万能薬的な策はない。

特定価値の色眼鏡のついた認識を押し付けることは、自分たちの信じる絶対的価値とか正当性とか伝統とかに帰依して他の文化を否定してしまうことになる。違いを認めあうのが価値多元性である。対話によって違いを認めあったとしても、合意というのに至らないことは現実にしばしば生じる。しかし、調和を求めることは可能であろうし、それしか方法がないといえる。そのときに、排中律ではなく、含中律が助けになる。さらには違いを認めたうえで、主体として、新たな価値を再創造していくことも可能である。本書で詳述された実事求是の精神というのは、調和にいたる古人の智慧であり、一つの学風を超えて、綜合的な判断をする道しるべとして大きな灯になるであろう。

## 新しい価値の創造

先ほど引用した施政演説のように、科学技術以外の人間の精神文明について、科学技術がその同価値性を認めあったように、相互間における理解を深め、共通の価値評価の基盤を広げる必要性は、喫緊の課題である。しかし決して一方の価値評価を押し付けるのであってはならない。むしろ、相互に容認できるような、新しい価値の創造でなければならない。科学技術のイノベイションだけが脚光を浴びるが、実は価値の創造こそが人文知のイノベイションなのである。

イノベイションというのは、あたらしい結合をもたらす構想力、ヴィーコのインゲニウム（バラバラのものを一つに結合する知性の能力）、綜合である。綜合には、（一）ものごとを分かるために分ける作業が必要である。（二）分けたものを因果関係や時間的継起によってつなぐ（連携、結合）作業が次に必要である。シュンペーターのいう新しい結合である。それらを（三）くくる、総括するときには、全体を構想する作業が必要である。全体と部分というのは、無限のなかでの人間の意識作用による相対的な分別である。

そもそも全体というものが自然のなかにあるはずはなく、人間の意識が構築したものに過ぎない。

全体は概念であり、理念であって、具体的には理念に適合するように無限を恣意的に切り取った現象にすぎない。その恣意性を十分意識して相対的に事象を観察することが肝要だ。人文知の歴史が含まれている学問史・科学史というのも、このような文明化の過程を踏まえた綜合的歴史研究でなければならない。

学問史・科学史のなかにある学風を語ることは、その学問の精神の灯を伝えることにほかならない。しかし、その灯は、永遠不滅の篝火ではなく、たえず新しく再生されていく篝火であることを期待している。

（たちもと　なりふみ　人間文化研究機構長）

# 謝辞

本書をぜひ書くようにと、背中を押してくださった岡崎満義さん。酒豪の『文藝春秋』元編集長、田中美知太郎に学ばれ、師をずっと敬仰しておられる。たびたびいただいたお手紙に励まされた。「神奈川新聞」に連載された慈雨のような名文のエッセイを喜んだ。謙虚な感性と、書くことに生きている生活があった。励まされ喜びながら、原稿をなんとか書き続けてきた。本書にとって岡崎さんは大きかった。「新入生に読ませたい」といっておられる。

「跋」を寄せてもらった立本成文さん。「日文研」など六つの研究機関を統括する職にある。各機関には全国の大学から研究者が集まっているから、この職にある者は京都学派だけを褒めるわけにはいかない。同氏は京大出だが、その立場がおありだから、この「跋」は見事に本書を褒めていない。思い当ることがある。京大人は出版記念会をしない。高橋和巳がたまたまそれをやって、出てきた梅棹忠夫が、「これをきっかけに記念会などやり出さないでもらいたい」とくぎを刺した。褒めて褒められて何になるか、一刻を惜しんで勉強せよ。褒めていないこの「跋」の書き方は、期せずしていかにも京大人らしい書き方ではないか。この「跋」は本書が欠いている分野について、立本さんの長かった研究からえた持論を凝縮して披露している。「跋」と本書とが合体して一つの全体を成している。

同氏はご進講したほどの人だ。その人が、教養部学生時代からの友人のために、寄稿してくださった。原勝郎の『日本中世史』について、その時代がご専門の上横手雅敬さんに数回にわたって質問した。ご回答の厳密さといい、親身になって対応された心がけといい、本当の学者とはかくあるものと改めて教えられた。優れた同僚に囲まれて幸せだったと、私は退官のとき挨拶のスピーチで申しあげたが、その幸せが新たまった。

京都大学学術出版会の鈴木哲也さん、國方栄二さんの特別のご尽力に深く感謝する。他にもたくさんの方々に助けていただいた。折々をはっきり覚えています。妻徳子の協力もあった。私事だからこれまでは書かなかったが、ともに相当の年齢に達したから、ここに記させていただく。

櫻井正一郎

追記　再刷にあたって誤記を訂正しました。どのように助けてくださったかを書くと、山田稔さんはほにかまれるに決っています。お礼だけを今頃になって書かせていただきます。

# 人名索引

イタリック体は当該人物について集中して述べられていることを示す.


［あ行］
相原信作　183
青木正兒　11, *23*, 94, 97, *125–126*, 249, 285, 296, *346–376*
青山光二　203
足利惇氏　94, 185
阿部次郎　158, 338
天野貞祐　338, 345
飯沼二郎　79, 366
生島遼一　17, 30, 46, 111, 149, 150, 208
井口宏　238
池田浩士　279, 284
石井米雄　105
石川敬三　203, 284
石倉明　254
石毛直道　65
石田憲次　29, 30, 58, 191
石田幸太郎　36
伊谷純一郎　89, 90, 163, 164, 171, *174–178*
伊藤邦武　93, 94, 224
井上章一　111, 151, 285, 366
今西錦司　1,7–8, 11, 19, 30, 57, *60–68*, 73, 75–76, 78, 79, *85–92*, 94, 97, 102, 103, *107–108*, 111, 112, 115, 119, 123–125,143, *146*, *154–179*, *196*, 242, 350, *359–360*, 370, 372–373
岩田久二雄　159, 160, 165
伊吹武彦　208
岩波茂雄　97
上田閑照　81, 97, 111, 204
上田敏　27, 32–38, 40, *44–45*, 50, 58, 59, 64, 110, 193, 314
植田壽蔵　94
上田泰治　182
上野洋三　20
上山春平　68, 73, 103, 111, 134, 135, 146, *363–364*
臼井吉見　217, 222- 223
内田百閒　138–139, 247–248, 360
梅棹忠夫　60, 61, 73, 76, 89, 97, 103–104, 107–108, 111, 116, 120–121, 123, 124, 143, 144,146, 156, *159–164*, 172, *173*, 350, 368, 389
梅原猛　46, 73, 103, 104, 111, 115, 121, 129, *260–261*, *363–364*
瓜生忠夫　238
上横手雅敬　309, 390
ヴェンドラー，ヘレン　37, 39, 43
エリオット，T. S.　193, 243, 329
エンプソン，ウィリアム　39, 64
大浦幸男　42, 196
大江健三郎　51
大岡昇平　17
大岡信　317
大串龍一　67–68, 166
大塚久雄　365
大橋良介　5
大山定一　9, 11, *54*, 56, 79, 81, 85, 87, 92, 94, 125, 149, 172, 180, 188, *199–212*, 213, 214, 225, 338–340, 373, 375
岡潔　152, 158
岡道男　41
岡倉天心　317, 323–329
岡崎満義　58, 389
小川琢治　185
小川武　174, 175
小川環樹　20, 24, 96, 132, *360–361*
御輿員三　34, 36, *47–55*, *64*, 101, *110*, 125, 193
尾崎安四　238
小島祐馬　6, 51, *67*, 94, 148, 182, 185,

187, 241, 285, *286*, 336, *348–350*, 374
小田実　261–262
織田作之助　189
落合太郎　96, 337

［か行］
甲斐扶佐義　285
貝塚茂樹　79, 121, 133, 153, 164, 229, 235–237
筧文生　128
柏原成光　216
加藤秀俊　80, 153
加藤泰安　159, 162
可児藤吉　159
亀井勝一郎　3
狩野直喜　*6*, 10, 20, 25, *26*, 28, 34, *37*, *46*, *47*, *55*, 67, 77, 97, 100, 124, *147*, 148, 311, 313, 346, 347, 349, 350, 371, *374–376*
狩野享吉　26
河上肇　93
川喜田二郎　76, 159, 163, 171
川北稔　111
樺山紘一　80, 99
唐木順三　51, 96, 182, 197, 222, 225, 256
河合栄次郎　158
河合雅雄　89, 159,
河合隼雄　152, 159
河上徹太郎　3, 67
川端康成　243
カーペンター，C.R.　161, 176, 177
紀篤太郎　149
喜志哲雄　30
木原均　77, 87, 88
木村幹　97
木村素衛　94, 184
吉良竜夫　76, 108, 159, 163, 171
金田章裕　105
九鬼周造　11, 12, 54, *88*, 97, *101–102*, *111*, 124, 162, *217*, 296, 305, 314, *315–345*, 373
草野心平　51, 182, 215, 219, 221–222, 224
工藤好美　36
久野収　136
久保井理津男　95
倉石武四郎　349, 350
厨川白村　58, 193, 194, 314
桑原隲蔵　6, 26, 40, 97, 147
桑原武夫　1, 6, 9, 10, 11, 13,17, 18, 28, 30, 40, 44, 46, 55, 66, 73, 75, 78, *79–82*, *83–84*, *86*, *88*, 91, 97, *103–104*, 107, 109, 110, 111, 112, 115, *116–118*, 119, 121, 129, 130, *133–153*, 154, 171–172, 201, 208, *210*, 230, *235–238*, 252, 260, 275, 313, 320, 350, 366, 368
クラーク，スティーヴ　43
グリンブラット，スティーヴン　39, 190, 352
高坂正顕　3, 67, 94, 184, 193
興膳宏　95, 357
高津春久　293–294
河野健二　115, 134, 149
河野與一　312
高山岩男　3, 95
小岸昭　11, 79, 92, 180, 199, 206, 211, 228, 277, *278–295*
小西重直　312
小林秀雄　3, 28, *29–30*, *45–46*, 67, *137*, 255
小松左京　254, 259
小松茂　349

［さ行］
斎藤清明　167
榊亮三郎　18, 118
坂口昴　311, 314
坂本一亀　255
佐野哲郎　42
佐和隆光　365–366
志賀直哉　258
獅子文六　139–140
司馬遼太郎　73, 80, 111, 116, 230, 231–232, *244–248*, 295

柴山哲也　73, 103, 363–364
渋沢敬三　104
渋谷寿夫　159
島恭彦　149
島崎藤村　20, 184
清水幾太郎　365
下村寅太郎　3, 4, 67, 88, 93, 94, 100, 147, 312
白川静　*360*, 369
新村出　96, 311, 314, 319, 320
新村猛　121
シモンズ，アーサー　329
末原達郎　171
菅泰男　31, 34, 109, 196
杉之原寿一　149
杉本秀太郎　28, 30, 103, 111, 115, 116, 117, 130–131, 141, 151, 230, 233, 236, 252, 254, 260, 262, 285, *298*
鈴木成高　3, 67, 95, 100, 182, 185, 304
鈴木虎雄　94, 346, *367*, 368, 370, 374
薗田担　95

［た行］
高木惣吉　58
高木久雄　284
高田三郎　95, 101
高田時雄　6
高橋和巳　11, 20, 78, 79, 84, 85, 88, 92, 141, 145, 180, 128, *252–277*, 361, 389
高橋眞司　317, 334
高橋たか子　254–255, 260, 276
高橋義人　281, 283
高村光太郎　233
高山樗牛　44
竹内勝太郎　172, *231–235*
竹内洋　79, *87–88*, 117
竹内好　4, 365
武内義雄　97
武内義範　97
竹田篤司　5
竹之内（桑原）静雄　122, 123, 128, 172, 200, 215, 238, 239, 241
竹山道雄　204
太宰施門　27
多田道太郎　96, 141, 145, 149, 153, 225, 236, 252, 260, 322, 332, 366
立本成文　7, 21, 105, *377–388*, *389–390*
田中美知太郎　30, 46, *55*, 96, *101*, 117, 389
田邊元　2, 6, 7, 51, 57, 62, 96, 100, 102, 124, 158, 183, 184, 187, 314, 329, 336, 374
谷友幸　202, 204–205
田端茂二郎　149
田村隆一　220–221
ダーウィン，チャールズ　124, 178
辻清明　365
辻邦生　261–262
辻村公一　95
恒藤武二　149
鶴見俊輔　73, 80, 96, 111, 149, 153, 236, *366*
デイヴィー，ドナルド 110
土井正一　238
土井虎賀寿　203–204, 241
戸坂潤　2, 5, 7
徳田喜三郎　159
徳田御稔　76, 165
徳永恂　285, 286
礪波護　6, 13, 20, 26, 147
土肥美夫　284
朝永振一郎　80, 87, 88, 97, 158,
朝永三十郎　338, 374
トインビー，アーノルド　194
トマス，ディラン　193, 197

［な行］
内藤湖南　2, *5–6*, 10, *20*, *26*, 87, 94, 96, 124, 147, 148, 184, 313, 336, 346, 347, 349, 350, 371, 374
中江兆民　75, 84, 148
永井荷風　363
中尾佐助　76, 159, 163, 171
長広敏雄　149

中曽根康弘　103
中田勇次郎　371
中野重治　133–134
中西信太郎　29, 30, *33–34*, 109
中野好夫　123, 224
中村善也　41
夏目漱石　34, 84, 177
奈良本辰也　200, 306–307
成瀬無極　27, 321
西田幾多郎　2, *4–5*, 6, 7, 12, 17, 19, *26*, 51, *56–57*, 62, 66, 77, 94, 97, 100, 101, 124, 146, 147, 158, 184, 206, 210, 241, *312–313*, 329, 330, 336, *338*, *343–344*, 345, 374
西谷啓治　3, *56*, 67, 81, 95, 193, 203, 204, *206–208*, *373–376*
西堀栄三郎　60–61, *65–66*, 89, 121, *123–124*
布川角左衛門　217–218, 225
野田又夫　94, 101–102, 117, 149, 319
野原一夫　226
野間光辰　20–21, 109
野間宏　172, 238–239, 241
野村修　202–203, 284

［は行］
橋本循　369
橋本千代吉　122, 219
橋本峰雄　334, 344, 345, 366
長谷川年光　42
波多野精一　97, 374
埴谷雄高　261
濱田青陵　299, 319, 320, 350–351
原田憲雄　230
伴豊　159, 163
パウンド，エズラ　54–55, 341
パリ，グレアム　43
樋口謹一　149, 366
樋口隆康　21
久松真一　81
日高敏隆　91, 92, *104–105*
日高六郎　365
平川裕弘　204
平田清明　365, 366
平田禿木　35, 192
深瀬基寛　11, 48–59, 62–63, 78, 79, 81, 85, 92, 94, 101, 172, 180, *181–198*, 205, 213–215, 220, 225, 348
深田康算　94, 374
福永光司　120–121
富士正晴　10, 11, 79, 81, 85, 87, 92, 97, 137, 140, 141, 145, 147, 151, 153, 172, 180, 182, 191–192, 228, *229–250*, 366
藤井健次郎　312
藤井譲治　147
藤岡喜愛　159
富士川義之　37–38
藤澤令夫　97, 98
藤代禎輔　27
藤田和夫　65, 159
藤田正勝　5
古田晁　11, 79, 96, 97, 122, 125, 180, 182, 198, 209, *213–228*
ペイター，ウォルター　*35–38*, 47, *64*, 329
堀田満　169
本城格　41–42
本多勝一　65, 66
本田成之　285, 347–350
本田靖春　175
ホールステッド，L・ベグァリー　60, 91, 359
ホロウェイ，ジョン　43

［ま行］
前川貞次郎　149
前田敬作　281, 284
松尾尊兊　10, 142–144, *147*, 152, 153
真継伸彦　200
松沢哲郎　171
松田道雄　96, 225, 230
松林公蔵　171
松原真一　263
松本清張　317, 325

丸谷才一　29, *52–53*, 101, 193
丸山眞男　136, 238, 365
三浦周行　27, 118
三上和夫　254
三木清　2, 7, 97
道籏泰三　202–203
三原弟平　279
御牧克巳　39–40
宮崎市定　6, 25, 41, 97, 111, 118
宮崎義一　365, 366
宮地伝三郎　77, 165
村上仁　149
毛沢東　22–23
本居宣長　34–35, 45–46, 130
森外三郎　158
森口美都男　149, 153
森下正明　76, 159, 163, 165, 166, 167, 173

［や行］
安田章一郎　28–29, 59, 185, 190
安田武　332
柳田國男　155
矢野峰人　33, 36, *38*, 58, 192, 201
山川鴻三　36
山極壽一　77, 89, 171
山田晶　95
山田勇　86–87
山田稔　*41–42*, 106, 107, 111, 135, 141, 144, 145, 188, 189, 236, 253, *259*, 262–263, 275
山本健吉　51
山本修二　31
山本淳一　293
湯川秀樹　80, 87–88, 97, 152, 158, 170, 365–366
吉岡秀明　116, 117, *252*
吉川幸次郎　1, 9, 10, 11, *20*, 23, 24, 25, 34, 35, 41, *47*, 54, 60–61, 64, *68*, 75, 78, 79, 82, 87, 91, 92, 96, 108–109, 110, 111, 112, 115, 118, *119–132*, 133–134, 142, 154, 185, 201–202, 210, 225, 227, 230, 236, 241, 254, 265, 275, 313, *326–327*, 340, 346, 349, *357–358*, 370, 373
吉川忠夫　121–122
吉村公三郎　139
吉田行範　238
依田義賢　54

［ら行］
ランケ，レオポルト・フォン　27
リックス，クリストファー　39
ルソー，ジャン・ジャック　148, 149

［わ行］
和崎洋一　159, 160
和辻哲郎　97, 375
渡辺一夫　364–365
ワトソン，バートン　131

# 出典一覧 （引用順）


**まえがき——「京都学派」について**

戸坂潤『現代哲学講話』，白揚社，1934；『戸坂潤全集』3，勁草書房，1966.

高坂正顕，西谷啓治，高山岩男，鈴木成高『世界史的立場と日本』，中央公論社，1943.

河上徹太郎ほか『近代の超克』，創元社，1943；冨山房百科文庫，1979.

酒井直樹，磯前順一編『「近代の超克」と京都学派——近代性・帝国・普遍性』，以文社，2010.

下村寅太郎『遭逢の人』，南窓社，1970.

竹田篤司『物語「京都学派」』，中公叢書，2001.

藤田正勝「はじめに」，藤田編『京都学派の哲学』，昭和堂，2001.

大橋良介「序　なぜ，いま『京都学派の思想』なのか」，大橋編『京都学派の思想』，人文書院，2004.

以下の計10冊が学派全般について近年に書かれた本

潮木守一『京都帝国大学の挑戦』，名古屋大学出版会，1984：講談社学術文庫，1997.

吉岡秀明『京都綾小路通——ある京都学派の肖像』，淡交社，2000.（全体に及ぶ）

礪波護『京洛の学風』，中央公論新社，2001.

藤田正勝編『京都学派の哲学』，昭和堂，2001.

竹田篤司『物語「京都学派」』，中公叢書，2001.

礪波護，藤井譲治編『京大東洋学の百年』，京都大学学術出版会，2002.

大橋良介編『京都学派の思想――種々の像と思想のポテンシャル』，人文書院，2004.
柴山哲也『新京都学派――知のフロンティアに挑んだ学者たち』，平凡新書，2014.
岡村敬二『京大東洋学者小島祐馬の生涯』，臨川選書，2014.（全体に及ぶ）
斎藤清明『今西錦司伝――「すみわけ」から自然学へ』，ミネルヴァ書房，2014.（全体に及ぶ）

角田文衛編『考古学京都学派』，雄山閣出版，1994.
吉川幸次郎・大山定一『洛中書問』，秋田屋，1946；筑摩叢書，1974.

## 第Ⅰ部　實事求是―文学研究の京都学派

大岡昇平「京都学派」，梅棹忠夫，司馬遼太郎編『桑原武夫傳習録』，潮出版社，1981.
桑原武夫『人間素描』，中央公論社，1950；筑摩叢書，1976.
狩野直喜『讀書籑餘』，弘文堂，1927；みすず書房，1980.
小川環樹「経学から文学への道程」，桑原武夫，富士正晴，興膳宏編『吉川幸次郎』，筑摩書房，1982.
上野洋三「あとがき」，野間光辰『談林叢談』，岩波書店，1987.
高橋和巳「実事求是の精神・島崎藤村」，河出書房『日本文学全集』Ⅱの6「解説」；『孤立の憂愁の中で』，筑摩書房，1969；『高橋和巳作品集』4，河出書房新社.
岩尾清治『樋口隆康聞書――実事求是この道』，西日本新聞社，2001.
青木正兒「詩文書画論に於ける虚實の理」，『支那文學思想史』，岩波書店，1943.
金冲及主編，村田忠禧・黄幸監訳『毛沢東伝』下，みすず書房，2000.
吉川幸次郎『儒者の言葉』，筑摩書房，1957.
宮崎市定「解説」，狩野直喜『御進講録』，みすず書房，1984.

吉川幸次郎「清朝の学問」，『吉川幸次郎遺稿集』1，筑摩書房，1995.
西田幾多郎『日本文化の問題』，岩波新書，1940．初出：「月曜講義」，1938.
杉本秀太郎編『桑原武夫――その文学と未來構想』，淡交社，1996.
安田章一郎『老いの繰り言』，京都修学社，2003.
同上『T. S. エリオット研究』，南雲堂，1957.
丸谷才一「深瀬基寛の思索を排す」，『木星とシャーベット』，マガジンハウス，1995.
吉岡秀明『京都綾小路通――ある京都学派の肖像』，淡交社，2000.
上田敏『文藝論集』，「自序」，春陽堂，1901；『定本上田敏全集』，教育文化センター，1978.
同上「細心精緻の學風」，1896，『上田敏集』，『明治文学全集』，筑摩書房，1966.
中西信太郎「上田敏と英文学」，『シェイクスピアの世界』，英宝社，1967.
同上「学統を語る――京都大学英文科」，『シェイクスピア記念日』，京都あぽろん社，1967.
櫻井正一郎「細心精緻――上田敏の学風」，『Albion』48，京大英文学会，2002.
本居宣長『うひ山ふみ，鈴屋答問録』，岩波文庫，1991.
吉川幸次郎『本居宣長』，筑摩書房，1977.
同上『仁斎・徂徠・宣長』，岩波書店，1975.
同上「文弱の価値」，『文弱の価値』，筑摩書房，1982.
Walter Pater, 'Style', *Appreciations,* The Works of Walter Pater, vol.5, Macmillan Ltd, 1910.
Helen Vendler, *The Ocean, the Bird and the Scholar : Essays on Poets and Poetry,* Harvard University Press, 2015.
『ウォルター・ペイター全集』1–3，富士川義之ほか訳，筑摩書房，2002.
『矢野峰人選集』1–3，富士川義之，井村君江，高遠弘美編，国書刊行会，

2007.
Helen Thaventhiran, *Radical Empiricists : Five Modernist close readers,* Oxford University Press, 2017.
御牧克巳「小読杜会」，桑原ほか編『吉川幸次郎』，筑摩書房，1982.
宮崎市定『アジア史研究　第一』「はしがき」，東洋史研究会，1957.
御輿員三「吉川先生と英詩」，桑原ほか編『吉川幸次郎』，筑摩書房，1982.
岡道男『ぶどう酒色の海――西洋古典小論集』，岩波書店，2005.
山田稔『特別な一日――読書漫録』，編集工房ノア，2008.
小林秀雄『白鳥・宣長・言葉』，文藝春秋，1983.
吉川幸次郎「折り折りの人，狩野直喜」，『音容日に遠し』，筑摩書房，1980.
桑原武夫『文学入門』，岩波新書，1950.
梅原猛『学問のすすめ』，佼成出版社，1979.
深瀬基寛『エリオットの詩学』，創元文庫，1952；角川文庫，1957．初出：『エリオットの芸術論』，比叡書房，1949.
御輿員三『日本の英学100年』「昭和篇」，研究社，1969.
深瀬基寛『エリオットの詩学』「あとがき」，角川文庫；『深瀬基寛集』1.
深瀬基寛『現代の詩心』「あとがき」，筑摩書房，1958.
小島祐馬『中国思想史』，創文社，1968.
池田秀三「小島祐馬」，礪波ほか編『京大東洋学の百年』，京都大学学術出版会，2002.
Basarab Nicolescu, *tr.* Karen-Clare Voss, *Manifesto of Transdisciplinarity,* Suny Series in Western Esoteric Tradition, State University of New York Press, 2002.
深瀬基寛「伝統の成立」，『批評の建設のために』，南雲堂，1959；『深瀬基寛集』2，筑摩書房，1968.
依田義賢「喰ってかかったあの宵」，吉川幸次郎，富士正晴『大山定一』，創樹社，1977.
吉川幸次郎，大山定一『洛中書問』，秋田屋，1946；筑摩叢書，1974.

深瀬基寛『童心集』，中外書房，1958.
Chris Jones, *Strange Likeness : The Use of Old English in Twentieth-Century Poetry,* Oxford University Press, 2006.
竹田篤司『物語「京都学派」』，中公叢書，2001.
岡崎満義『人と出会う』，岩波書店，2010.
L. B. ホールステッド，中山照子訳，『「今西進化論」批判の旅』，築地書館，1988.
西谷啓治，吉川幸次郎『この永遠なるもの』，雄渾社，1967.（対語集）
今西錦司，石田英實編『今西錦司フィールドノート　採集日記加茂川 1935』，京都大学学術出版会，2002.
『座談　今西錦司の世界』，平凡社，1975.
『本多勝一集』4「探検部の誕生」，朝日新聞社，1988.
高坂ほか『世界史的立場と日本』，中央公論社，1943.
河上ほか『近代の超克』，冨山房百科文庫，1979.
大串龍一『日本の生態学――今西錦司とその周辺』，東海大学出版会，1992.
吉川，大山『洛中書問』，秋田屋，1946；筑摩叢書，1974.
福原麟太郎，吉川幸次郎『往復書簡　二都詩問』，新潮社，1971.
吉川，梅原猛『詩と永遠』，雄渾社，1967.（対話集）

## 第Ⅱ部　「第二期」の特徴

柴山哲也『新京都学派』，平凡社新書，2014.
桑原編『ルソー研究』，岩波書店，1951.
同上『フランス百科全書の研究』，岩波書店，1954.
同上『フランス革命の研究』，岩波書店，1959.
同上『ブルジョワ革命の比較研究』，筑摩書房，1964.
同上『中江兆民の研究』，岩波書店，1966.
同上『文学理論の研究』，岩波書店，1967.

竹内洋『教養主義の没落』，中公新書，2008.
同『学問の下流化』，中央公論新社，2008.
山田勇「チベットと今西錦司」，『科学』2003. 11.
久保井理津男『一出版社が歩いた道』，私家版，創文社，2002.
梅棹忠夫『文明の生態史観』，中央公論社，1967；中公文庫，1998.
同上『行為と妄想——私の履歴書』，中公文庫，2002.
吉良竜夫「あとがき」，今西編『ポナペ島・生態学的研究』，復刻版，講談社，1970.
上野洋三「あとがき」，野間光辰『談林叢談』，岩波書店，1987.
中西信太郎『シェイクスピア批評史研究』，創元社，1959；京都あぽろん社，1962.
御輿員三「吉川先生と英詩」，桑原ほか編『吉川幸次郎』，筑摩書房，1982.
Donald Davie, *These the Companions,* Carcanet Press, 1990.
桑原武夫『人間素描』，中央公論社，1950；筑摩叢書，1976.

## 第Ⅲ部　京都学派人物列伝

### 第1章　第二期を率いた三巨頭

1　吉川幸次郎

興膳宏「吉川幸次郎」，礪波ほか編『京大東洋学の百年』，京都大学学術出版会，2002.
桑原武夫ほか編『吉川幸次郎』，筑摩書房，1982.
竹之内静雄『先師先人』，新潮社，1982；講談社文芸文庫，1992.
同上『先知先哲』，新潮社，1992.
杉本秀太郎編『桑原武夫——その文学と未来構想』，淡交社，1996.
吉岡秀明『京都綾小路通——ある京都学派の肖像』，淡交社，2000.
橋本千代吉『火の車板前帖』，文化出版局，1976；ちくま文庫，1998.
小川環樹「経学から文学への道程——私の見た吉川博士の学問」，『談往閑話』，筑摩書房，1987.

2　桑原武夫

桑原編『ルソー研究』，岩波書店，1951.
同上『フランス百科全書の研究』，岩波書店，1954.
同上『フランス革命の研究』，岩波書店，1959.
同上『ブルジョワ革命の比較研究』，筑摩書房，1964.
同上『中江兆民の研究』，岩波書店，1966.
同上『文学理論の研究』，岩波書店，1967.
桑原「文学者の酒」，『桑原武夫全集』3，岩波書店，1980.
同上『人間素描』，中央公論社，1950；筑摩叢書，1976.
杉本秀太郎編『桑原武夫――その文学と未来構想』，淡交社，1996.
杉本「素描――桑原武夫」，『西窓のあかり』，筑摩書房，1983.
梅棹忠夫，司馬遼太郎編『桑原武夫傳習録』，潮出版社，1981.
吉岡秀明『京都綾小路通――ある京都学派の肖像』，淡交社，2000.
山田稔『日本の小説を読む』，編集グループ Sure，2011.
同上『富士さんとわたし――手紙を読む』，編集工房ノア，2008.
高橋和巳「認識と実践の人・桑原武夫」，『桑原武夫全集』1「解説」；『孤立と憂愁の中で』，筑摩書房，1969.
松尾尊兊『昨日の風景――師と友と』，岩波書店，2004.
司馬遼太郎対談集『日本人を考える』，「今西錦司」，文春文庫；新版 2014.
上山春平『日本の思想――土着と欧化の系譜』，岩波書店，1998.
今西錦司『ダーウィン論』，中公新書，1977.
同上『学問の世界』，講談社，1978.
梅棹忠夫「ひとつの時代のおわり――今西錦司追悼」，『中央公論』1992, 8；『梅棹忠夫著作集』16，中央公論社，1992.
同上『行為と妄想』，中公文庫，2002.
白洲正子，河合隼雄『縁は異なもの』，河出書房新社，2001；光文社知恵の森文庫，2007.
狩野直喜『支那學文藪』，弘文堂，1927；みすず書房，1973.

同上『讀書籑餘』，弘文堂，1947；みすず書房，1980.
内藤湖南『先哲の学問』，弘文堂，1946；筑摩叢書，1987.
下村寅太郎『遭逢の人』，南窓社，1970.
西谷啓治『随想集青天白雲』，燈影舎，2001.
松尾尊兊『昨日の風景——師と友と』，岩波書店，2004.
同上『わが近代日本人物誌』，岩波書店，2010.
礪波ほか編『京大東洋学の百年』，京都大学学術出版会，2002.
富士正晴『紙魚の退屈』，人文書院，1972.
同『極楽人ノート』，六興出版，1979.
『面白半分』，「対談，富士正晴 × 五木寛之」，「いま，五木寛之。」，臨時増刊号，1979, 7.
内田百閒『日没閉門』，新潮社，1971.
吉村公三郎「桑原先生と女性」，梅棹，司馬編『桑原武夫傳習録』.
獅子文六「泥酔懺悔」，田中小実昌編『酔』，『日本の名随筆』66，作品社，1988.
山本容朗『新宿交遊学』，潮出版社，1980.

3　今西錦司

『今西錦司全集　増補版』全 13 巻，講談社，1993-94.
今西『生物の世界』，弘文堂教養文庫，1941；講談社文庫，1972；中公クラシックス，2002.
同上『生物社会の論理』，毎日新聞社，1949；平凡社ライブラリー，1994.
同上『人間以前の社会』，岩波新書，1951.
同上『そこに山がある；私の履歴書』，日本経済新聞社，1973.
同上『進化とは何か』，講談社学術文庫，1976.
同上『主体性の進化論』，中公新書，1980.
同上『自然学の提唱』，講談社，1984.
京都大学総合博物館編『フォト・ドキュメント今西錦司——そのパイオニ

ア・ワークにせまる』，紀伊國屋書店，2002.
川喜田二郎，梅棹忠夫，上山春平編『人間――人類学的研究』，今西錦司博士還暦記念論集，中央公論社，1966.
桑原武夫「今西錦司論序説」，『人間素描』，筑摩叢書，1976.（初出は上記『人間』）
梅棹忠夫「ひとつの時代のおわり――今西錦司追悼」，『中央公論』1992.8;『梅棹忠夫著作集』16，中央公論社，1992.
大串龍一『日本の生態学――今西錦司とその周辺』，東海大学出版会，2002.
石原元『今西錦司――そのアルピニズムと生態学』，五曜書房，2014.
斎藤清明『今西錦司伝――「すみわけ」から自然学へ』，ミネルヴァ書房，2015.
川喜田二郎監修『今西錦司――その人と思想』，ぺりかん社，1990.
『座談　今西錦司の世界』，平凡社，1975.
『今西錦司座談録』，河出書房新社，1973.
本田靖春『評伝　今西錦司』，山と渓谷社，1992；岩波現代文庫，2012.
本多勝一「今西錦司論」，『本多勝一集』4「探検部の誕生」，朝日新聞社，1988.
市川良一『今西錦司語録――自然の復権』，柊風舎，2008.
『知の考古学』4，社会思想社，1977.
L. B. ホールステッド，中山照子訳『「今西進化論」批判の旅』，築地書館，1988.
F. A. ハイエク，今西錦司『自然・人類・文明』，NHK ブックス，1979.
竹内洋『教養主義の没落』，中公新書，2008.
同『学問の下流化』，中央公論新社，2008.
『科学』「特集　今西錦司――その思想と学問への志向」，Vol.73, No.12（2003.11），岩波書店.
『生物科学』「特集　今西錦司の遺産――清算の試み」，Vol.57, No.3（2006. 4），

農文協.

## 第2章　第二期人物列伝

1　深瀬基寛

『深瀬基寛集』1，2，筑摩書房，1968.
深瀬『童心集』，中外書房，1958.
同上『乳のみ人形』，筑摩書房，1960.
『英語青年』「追悼：深瀬基寛氏を偲ぶ」，1966, 11.
橋本千代吉『火の車板前帖』，文化出版局，1976；ちくま文庫，1998.
草野心平『私の中の流星群』，新潮社，1975.
竹之内静雄『先師先人』，新潮社，1982；講談社文芸文庫，1992.
山田稔『生命の酒樽』，筑摩書房，1982.
安田章一郎『エリオットの昼』，山口書店，1984.
御輿員三『日本の英学100年』「昭和篇」，研究社，1969.
丸谷才一「深瀬基寛の思索を排す」，『木星とシャーベット』，マガジンハウス，1995. 初出：「週刊朝日」1977, 5, 6.
岡村敬二『京大東洋学者小島祐馬の生涯』，臨川書店，2014.
青山光一『われらが風狂の師』下，新潮社，1981.
張さつき『父・木村素衞からの贈りもの』，未来社，2002.
斎藤清明『今西錦司伝――「すみわけ」から自然学へ』，ミネルヴァ書房，2014.
深瀬・唐木順三『往復書簡』，筑摩書房，1983.

2　大山定一

大山『文学ノート』，秋田屋，1947；筑摩叢書，1970.
大山「『ファウスト』解説」，『ゲーテ全集』2，人文書院，1960.
吉川幸次郎・大山定一『洛中書問』，秋田屋，1947；筑摩叢書，1974.
吉川幸次郎，富士正晴編『大山定一』，創樹社，1977.

『DURST，あるドイツ語教室の歴史』，「あるドイツ語教室の歴史」の会，朝日出版社，1993.
山田稔『生命の酒樽』，筑摩書房，1982.
竹之内静雄『先師先人』，新潮社，1982；講談社文芸文庫，1992.
青山光二『われらが風狂の師』下，新潮社，1981.
臼井吉見編『回想の古田晁』，筑摩書房，私家版，1974.
青木智夫「誤訳・悪訳・珍訳」，『展望』1950, 11.
道端泰三「京大での思い出」，『京都大学総合人間学部広報』No.54, 2015, 3.

3　古田晁

臼井吉見編『回想の古田晁』，筑摩書房，私家版，1974.
同上『そのひと――出版者の回想』，径書房，1980.（上記の市販版）
臼井吉見『蛙のうた――ある編集者の回想』，筑摩書房，1965；筑摩叢書，1985.
草野心平『続私の中の流星群』，新潮社，1977.
橋本千代吉『火の車板前帖』，文化出版局，1976；ちくま文庫，1998.
田村隆一『自伝からはじまる70章――大切なことはすべて酒場から学んだ』，詩の森文庫，思潮社，2005.
『筑摩書房の30年』（図書総目録付き，私家版），筑摩書房，1970.
和田芳恵『筑摩書房の30年　1940-1970』，筑摩叢書，2011.
永江朗『筑摩書房　それからの40年　1970-2010』，筑摩叢書，2011.
野原一郎『含羞の人』，文藝春秋，1982.
加藤勝代『わが心の出版人――角川源義，古田晁，臼井吉見』，河出書房新社，1988.
塩澤実信『古田晁伝説』，河出書房新社，2003.
柏原成光『本とわたしと筑摩書房』，パロル舎，2009.
布川角左衛門「九鬼先生を憶う」，『九鬼周造全集』7，「月報」.

4　富士正晴

杉本秀太郎編『富士正晴作品集』1–5，岩波書店，1988.
富士正晴『竹内勝太郎の形成——手紙を読む』，未来社，1977.
同上「自伝抄同人雑誌 40 年」，『作品集』1.
同上「同人雑誌『三人』の成立」，『作品集』2.
同上『富士正晴詩集 1930—1978』，泰流社，1979.
同上『紙魚の退屈』，人文書院，1972.
同上『藪の中の旅』，PHP 研究所，1976.
同上『どうなとなれ』，中央公論社，1977；中公文庫，1980.
同上『極楽人ノート』，六興出版，1979.
同上『狸ばやし』，編集工房ノア，1984.
富士編『酒の詩集』，光文社カッパブックス，1973.
『富士正晴画遊録』，フィルムアート社，1984.
『富士正晴文学アルバム』，富士正晴記念館，2002.
山田稔「解説」，富士『どうなとなれ』，中公文庫，1980.
同上『富士さんとわたし——手紙を読む』，編集工房ノア，2008.
同上『特別な一日——読書漫録』，編集工房ノア，2008.
竹之内静雄『先師先人』，新潮社，1982；講談社文芸文庫，1992.
同上『先知先哲』，新潮社，1992.
河野仁昭『京都の大正文学』，白川書院，2009.
司馬遼太郎「跋」，富士『往生記』，創樹社，1972；『作品集』3.
『面白半分』「対談，富士正晴 x 五木寛之」，「いま，五木寛之。」，臨時増刊号，1979, 7.
司馬遼太郎対談集『日本人を考える』，「富士正晴」，文春文庫；新版 2014.
司馬遼太郎『以下，無用なことながら』，「遊戯自在，富士正晴」，文春文庫，2004.
大川公一『竹林の隠者』，影書房，1999.
島京子『竹林童子失せにけり』，編集工房ノア，1992.

青山光二『わが文学放談』，実業之日本社，1988.
同上『われらが風狂の師』下，新潮社，1981.

5　高橋和巳

『高橋和巳作品集』1–9，河出書房新社，1969-71.
秋山駿，高橋「私の文学を語る」，『作品集』4，河出書房新社，1970.
高橋「酒と雪と病」，1963，田村隆一編『酒』，『日本の名随筆』11，作品社 1983.
高橋他『対話集　生涯にわたる阿修羅として』，徳間書店，1970.
高橋たか子『高橋和巳の思い出』，構想社，1977.
同上『高橋和巳という人――二十五年の後に』，河出書房新社，1997.
『文芸』「高橋和巳追悼特集号」，河出書房新社，1971.
『國文学　解釈と教材の研究』「特集　井上光晴と高橋和巳」，学燈社，1974.
埴谷雄高編『高橋和巳論』，河出書房新社，1972.
小松左京編『高橋和巳の青春とその時代』，構想社，1978.
梅原猛，小松左京編『高橋和巳の文学とその世界』，阿部出版，1991.
梅原猛「高橋和巳の文学と思想」，『高橋和巳作品集』6，「月報」，1969.
柴田翔「真摯なる深酒」，『高橋和巳作品集』5，「月報」，1970.
富士正晴『極楽人ノート』，六興出版，1979.
山田稔『富士さんとわたし――手紙を読む』，編集工房ノア，2008.
同上『日本の小説を読む』，編集グループ Sure，2011.
杉本秀太郎『西窓のあかり』，筑摩書房，1983.
吉岡秀明『京都綾小路通――ある京都学派の肖像』，淡交社，2000.
辻邦生「その死の前後」，『北の森から』，新潮社，1974.
竹之内静雄『先師先人』，新潮社，1982；講談社文芸文庫，1992.
尾崎士郎「酒についての思い出のかずかず」，奥野信太郎編『酒』，六月社，1958.

6　小岸昭

『DURST，あるドイツ語教室の歴史』，「あるドイツ語教室の歴史」の会，朝日出版社，1993.

小岸『スペインを追われたユダヤ人――マラーノの足跡を訪ねて』，人文書院，1992；ちくま学芸文庫，1996.

同上『マラーノの系譜』，みすず書房，1994.

同上『離散するユダヤ人――イスラエルへの旅から』，岩波新書，1997.

同上『十字架とダビデの星――隠れユダヤ教徒の 500 年』，NHK ブックス，1999.

同上『世俗宗教としてのナチズム』，ちくま新書，2000.

同上『中国・開封のユダヤ人』，人文書院，2007.

岡村敬二『京大東洋学者小島祐馬の生涯』，臨川書店，2014.

**第 3 章　草創期の三傑**

1　原勝郎

杉本秀太郎『私の歳時記』，弥生書房，1979.

『藝文』16 年 5 号，原「貢院の春」.

原『日本中世史』，創元社，1939；東洋文庫，平凡社，1969.

山根徳太郎「解題」，『日本中世史』，創元社，1939.

鈴木成高「解説」，原『東山時代に於ける一縉紳の生活』，筑摩叢書，1967；講談社学術文庫，1978.

原，中山理訳『原勝郎博士の「日本通史」』（*An Introduction to the History of Japan*, 1920），祥伝社，2014.

奈良本辰也『武士道の系譜』，中央公論社，1971；中公文庫，1975.

『藝文』15 年 3 号，坂口昂，濱田青陵，新村出による追悼文.

河野與一「西田先生の片影」，下村寅太郎編『西田幾多郎――同時代の記録』，岩波書店，1971.

下村寅太郎『遭逢の人』，南窓社，1970.

『京都大学 70 年史』.
吉川幸次郎「折り折りの人，原勝郎」，『音容日に遠し』，筑摩書房，1980.
松島栄一「解題」，『明治史論集 2』，『明治文学全集』，筑摩書房，1976.
樺山紘一「原勝郎」，今谷他編『20 世紀の歴史家たち』1，刀水書房，2006.
永原慶二「原勝郎」，永原，鹿野編著『日本の歴史家』，日本評論社，1976.

2　九鬼周造

九鬼『「いき」の本質』，田中久文編『九鬼周造エッセンス』，こぶし書房，2001.
同上『「いき」の構造他二篇』，多田道太郎編，岩波文庫，1979.
同上『「いき」の構造』，藤田正勝編，講談社学術文庫，2003.
同上『をりにふれて』他，『九鬼周造全集』5，岩波書店，1981.
同上『巴里心景』，甲鳥書林，1942.
同上『九鬼周造随筆集』，菅野昭正編，岩波文庫，1991.
同上『エッセイ・文学概論』，大橋良介編，燈影舎，2003.
高田衛，吉原健一郎編『深川文化史の研究，上下』，江東区，1987.
高橋眞司『九鬼隆一の研究――隆一・波津子・周造』，未来社，2008.
松本清張『岡倉天心――その内なる敵』，新潮社，1984.
大岡信『岡倉天心』，朝日新聞社，1975.
木下長広『岡倉天心』，ミネルヴァ書房，2005.
桑原武夫「九鬼先生の遊び」，『九鬼周造全集』9，「月報」，1981.
稲垣達郎編『根岸派文学集』，『明治文学全集』，筑摩書房，1981.
出口智之『幸田露伴と根岸党の文人たち――もう一つの明治』，教育評論社，2011.
吉川幸次郎「中国文学と杜南」，『杜詩論集』，筑摩叢書，1980.
高坂，西谷，高山，鈴木『世界史的立場と日本』，中央公論社，1943.
安田武，多田道太郎『「いき」の構造を読む』，朝日選書，1979.
橋本峰雄「如是我観九鬼周造」，『九鬼周造全集』別巻，「月報」，1982.

落合太郎「友だち」,『落合太郎著作集』,筑摩書房,1971.
『西田幾多郎遺墨集』,燈影舎,限定版,1977;普及版,1983.
大山定一「ゲーテの自然感情について——『旅人の夜の歌』覚え書」,『カスタニアン』第4冊,京大獨逸文学研究会,1933.
Michael Alexander, *The Wanderer : Elegies, Epics, Riddles,* Penguin Books, 1966.
Chris Jones, *Strange Likeness : The Use of Old English in Twentieth-Century Poetry,* Oxford University Press, 2006.
T.S. Eliot *ed.*, *The Selected Poems of Ezra Pound,* Faber & Gwyer, 1928.
Peter Brooker, *A Student's Guide to the Selected Poems of Ezra Pound,* Faber & Faber, 1979.
John Fuller, *W. H. Auden : A Commentary,* Princeton University Press, 1998.
安田章一郎,風呂本武敏,櫻井正一郎『オーデン名詩評釈』,大阪教育図書,1983.
坂部恵『不在の歌——九鬼周造の世界』,TBSブリタニカ,1990.
小浜善信『九鬼周造の哲学——漂泊の魂』,昭和堂,2002.
坂部恵,藤田正勝,鷲田清一編『九鬼周造の世界』,ミネルヴァ書房,2002.
野田又夫「九鬼先生の哲学」,『哲学の三つの伝統:他十二篇』,岩波文庫,2013.
竹田篤司『物語「京都学派」』,中公叢書,2001.
中埜肇「九鬼周造」,『言論は日本を動かす』2,講談社,1961.
下村寅太郎『遭逢の人』,南窓社,1970.

3 青木正兒

青木『華国風味』,弘文堂,1949;岩波文庫,1984.
同上『随園食単』,六月社,1958;岩波文庫,1980.
同上『酒中趣』,筑摩叢書,1984.
同上『中国飲酒詩選』,筑摩書房,1961;筑摩叢書,1964.

同上「白楽天の朝酒の詩」,『青木正兒全集』7, 春秋社, 1970.
同上『支那文學思想史』, 岩波書店, 1943.
中村喬「思い出」, 東洋文庫版『中国飲酒詩選』, 平凡社, 2008.
青木敦「父の晩酌」,『青木正兒全集』10「月報」.
「『遊心』の祝福 —— 中国文学者青木正兒の世界」, 名古屋大学図書館, 2007.
青木「『支那學』発刊と私」,『支那學』第十巻特別號, 1942. 4.
同『支那文藝藪』,「自序」,『全集』2.
吉川幸次郎「音容日に遠し, 青木正兒」,『音容日に遠し』, 筑摩書房, 1980.
興膳宏「解説」, 吉川『杜詩論集』, 筑摩叢書, 1980.
L. B. ホールステッド, 中山照子訳『「今西進化論」批判の旅』, 築地書館, 1988.
『科学』「特集今西錦司 —— その思想と学問への志向」, Vol. 73, No. 12, 2003. 11, 岩波書店.
内田百閒『百鬼園戦後日記』, 上・下, 小澤書店. 1983.
小川環樹「自由不覊の精神」,『全集』2,「解説」.
青木「洛北回顧」,『琴棊書画』, 春秋社, 1958.
永井荷風『摘録断腸亭日乗』下, 岩波文庫, 1991.
渡辺一夫『敗戦日記』, 博文館新社, 1995.
『「世界」主要論文選 1946–1995 —— 戦後 50 年の現実と日本の選択』, 岩波書店, 1995.
鈴木虎雄『豹軒詩鈔』, 弘文堂, 1938.
同上『豹軒退休集』, 弘文堂, 1959.
同上『文心雕竜』上・下, 人民文学出版社, 1958.
入矢義高『中国詩文選』, 中央公論社, 1983；中公文庫, 1992.

# 図版引用出典リスト

図 1　下村寅太郎『西田幾多郎――同時代の記録』，岩波書店，1971, 口絵から

図 2　西谷他『田辺哲学とは』，燈影舎，1991，口絵から

図 3　『三木清全集』1，岩波書店，1966，口絵から

図 5　礪波，藤井編『京大東洋学の百年』，京都大学学術出版会，2003, p.61 から

図 6　同上 p.3 から

図 8　安田信雄『上田敏研究――その生涯と業績』，有精堂，1969，口絵から

図 9　『京大東洋学の百年』，p.37 から

図 10　『厨川白村全集』第 5 巻，改造社，1929，口絵から

図 11　京都大学総合博物館提供，斉藤清明撮影

図 12　鈴木成高『ヨーロッパの成立，産業革命』，燈影社，2000，口絵から

図 13　『唐木順三全集』1，金井塚一男撮影，筑摩書房，1967，口絵から

図 14　内山勝利氏提供

図 15　吉川忠夫氏提供

図 16　桑原文吉氏提供，筆本浩正撮影　1966

図 17　今西武奈太郎氏提供

図 20　京都大学霊長類研究所伊谷純一郎アーカイヴ提供

図 21　深瀬基寛・唐木順三『往復書簡』，筑摩書房，1983，口絵から

図 22　『京大東洋学の百年』，p.175 から

図 26　吉川幸次郎・富士正晴編『大山定一――人と学問』，創樹社，1977,

口絵から

図 28　『西谷啓治著作集』8,「月報」, 創文社, 1995 から

図 29　野原一夫『含羞の人——回想の古田晁』, 文藝春秋, 1982, 口絵から

図 31　佐川二亮撮影,『写真集　作家の肖像』, 影書房, 1987, p.193 から

図 35　雑誌「文芸」臨時増刊「高橋和巳追悼特集号」, 河出書房新社, 1971. 7, グラビア, 榊原和夫撮影, から

図 37　小岸昭氏提供

図 41　「藝文」第 15 年 3 月号, 京都大学文学部, から

図 43　『九鬼周造全集』第 5 巻, 岩波書店, 1981, 口絵から

図 47　九鬼周造『巴里心景』, 甲鳥書林, 1942, 口絵から

図 48　『青木正兒全集』第 3 巻, 春秋社, 1970, 口絵から

図 49　鈴木先生喜寿記念会編『豹軒退休集』, 人見卣画 1956, 弘文堂, 1956, 口絵から

図 18, 19, 23, 24, 25, 27, 30, 33, 34, 36, 38, 39, 40, 42, 45, 46　櫻井撮影

## 櫻井正一郎（さくらい・しょういちろう）

1936年生まれ。京都大学英文科卒、ケンブリッジ大学客員研究員、京都大学総合人間学部教授、同大学名誉教授。京都学派に入学前から関心をいだいてきた。留学後外国人学者の招聘に尽力した。

**主な著書**

『女王陛下は海賊だった——私掠で戦ったイギリス』（ミネルヴァ書房、2012）。

『最後のウォルター・ローリー——イギリスそのとき』（みすず書房、2008）。

『サー・ウォルター・ローリー——植民と黄金』（人文書院、2006）。

『結句有情——英国ルネサンス期ソネット論』（山口書店、1979）。

*The View from Kyoto: Essays on Twentieth-Century Poetry*（編著、Rinsen Books、1998）。

**主な論文**

「實事求是——京大英文科の学統」（『Albion』60, 2014）。

「細心精緻——上田敏の学風」（『Albion』48, 2002）。

「エピグラムとソネット——イギリス型ソネットの起源をめぐって」（『英文学評論』55, 1988）。

京都学派　酔故伝　　学術選書 083

2017 年 9 月 15 日　初版第 1 刷発行
2020 年 4 月 10 日　初版第 2 刷発行

著　　者…………櫻井　正一郎
発 行 人…………末原　達郎
発 行 所…………京都大学学術出版会
京都市左京区吉田近衛町 69
京都大学吉田南構内（〒 606-8315）
電話（075）761-6182
FAX（075）761-6190
振替 01000-8-64677
URL http://www.kyoto-up.or.jp
印刷・製本…………㈱太洋社
装　　幀…………鷺草デザイン事務所

ISBN 978-4-8140-0115-6

定価はカバーに表示してあります

# 学術選書 [既刊一覧]

＊サブシリーズ「心の宇宙」→心 「宇宙と物質の神秘に迫る」→宇 「諸文明の起源」→諸

001 土とは何だろうか？ 久馬一剛
002 子どもの脳を育てる栄養学 中川八郎・葛西奈津子
003 前頭葉の謎を解く 船橋新太郎 心1
005 コミュニティのグループ・ダイナミックス 杉万俊夫 編著 心2
006 古代アンデス 権力の考古学 関 雄二 諸12
007 見えないもので宇宙を観る 小山勝二ほか 編著 宇1
008 地域研究から自分学へ 高谷好一
009 ヴァイキング時代 角谷英則 諸9
010 ＧＡＤＶ仮説 生命起源を問い直す 池原健二
011 ヒト 家をつくるサル 榎本知郎
012 古代エジプト 文明社会の形成 高宮いづみ 諸2
013 心理臨床学のコア 山中康裕 心3
014 古代中国 天命と青銅器 小南一郎 諸5
015 恋愛の誕生 12世紀フランス文学散歩 水野 尚
016 古代ギリシア 地中海への展開 周藤芳幸 諸7
018 紙とパルプの科学 山内龍男
019 量子の世界 川合・佐々木・前野ほか編著 宇2
020 乗っ取られた聖書 秦 剛平
021 熱帯林の恵み 渡辺弘之
022 動物たちのゆたかな心 藤田和生 心4
023 シーア派イスラーム 神話と歴史 嶋本隆光
024 旅の地中海 古典文学周航 丹下和彦
025 古代日本 国家形成の考古学 菱田哲郎 諸14
026 人間性はどこから来たか サル学からのアプローチ 西田利貞
027 生物の多様性ってなんだろう？ 生命のジグソーパズル 京都大学総合博物館 京都大学生態学研究センター編
028 心を発見する心の発達 板倉昭二 心5
029 光と色の宇宙 福江 純
030 脳の情報表現を見る 櫻井芳雄 心6
031 アメリカ南部小説を旅する ユードラ・ウェルティを訪ねて 中村紘一
032 究極の森林 梶原幹弘
033 大気と微粒子の話 エアロゾルと地球環境 笠原三紀夫 東野 達 監修
034 脳科学のテーブル 日本神経回路学会監修／外山敬介・甘利俊一・篠本滋編

035 ヒトゲノムマップ　加納 圭
036 中国文明　農業と礼制の考古学　岡村秀典　諸 6
037 新・動物の「食」に学ぶ　西田利貞
038 イネの歴史　佐藤洋一郎
039 新編 素粒子の世界を拓く　湯川・朝永から南部・小林・益川へ　佐藤文隆 監修
040 文化の誕生　ヒトが人になる前　杉山幸丸
041 アインシュタインの反乱と量子コンピュータ　佐藤文隆
042 災害社会　川崎一朗
043 ビザンツ　文明の継承と変容　井上浩一　諸 8
044 江戸の庭園　将軍から庶民まで　飛田範夫
045 カメムシはなぜ群れる？　離合集散の生態学　藤崎憲治
046 異教徒ローマ人に語る聖書　創世記を読む　秦 剛平
047 古代朝鮮　墳墓にみる国家形成　吉井秀夫　諸 13
048 王国の鉄路　タイ鉄道の歴史　柿崎一郎
049 世界単位論　高谷好一
050 書き替えられた聖書　新しいモーセ像を求めて　秦 剛平
051 オアシス農業起源論　古川久雄
052 イスラーム革命の精神　嶋本隆光
053 心理療法論　伊藤良子　心 7
054 イスラーム　文明と国家の形成　小杉 泰　諸 4
055 聖書と殺戮の歴史　ヨシュアと士師の時代　秦 剛平
056 大坂の庭園　太閤の城と町人文化　飛田範夫
057 歴史と事実　ポストモダンの歴史学批判をこえて　大戸千之
058 神の支配から王の支配へ　ダビデとソロモンの時代　秦 剛平
059 古代マヤ　石器の都市文明［増補版］　青山和夫　諸 11
060 天然ゴムの歴史　へベア樹の世界一周オデッセイから「交通化社会」へ　こうじや信三
061 わかっているようでわからない数と図形と論理の話　西田吾郎
062 近代社会とは何か　ケンブリッジ学派とスコットランド啓蒙　田中秀夫
063 宇宙と素粒子のなりたち　糸山浩司・横山順一・川合 光・南部陽一郎
064 インダス文明の謎　古代文明神話を見直す　長田俊樹
065 南北分裂王国の誕生　イスラエルとユダ　秦 剛平
066 イスラームの神秘主義　ハーフェズの智慧　嶋本隆光
067 愛国とは何か　ヴェトナム戦争回顧録を読む　ヴォー・グエン・ザップ著・古川久雄訳・解題
068 景観の作法　殺風景の日本　布野修司
069 空白のユダヤ史　エルサレムの再建と民族の危機　秦 剛平
070 ヨーロッパ近代文明の曙　描かれたオランダ黄金世紀　樺山紘一　諸 10
071 カナディアンロッキー　山岳生態学のすすめ　大園享司
072 マカベア戦記㊤　ユダヤの栄光と凋落　秦 剛平

073 異端思想の500年 グローバル思考への挑戦 大津真作
074 マカベア戦記㊦ ユダヤの栄光と凋落 秦 剛平
075 懐疑主義 松枝啓至
076 埋もれた都の防災学 都市と地盤災害の2000年 釜井俊孝
077 集成材 〈木を超えた木〉開発の建築史 小松幸平
078 文化資本論入門 池上 惇
079 マングローブ林 変わりゆく海辺の森の生態系 小見山 章
080 京都の庭園 御所から町屋まで㊤ 飛田範夫
081 京都の庭園 御所から町屋まで㊦ 飛田範夫
082 世界単位 日本 列島の文明生態史 高谷好一
083 京都学派 酔故伝 櫻井正一郎
084 サルはなぜ山を下りる？ 野生動物との共生 室山泰之
085 生老死の進化 生物の「寿命」はなぜ生まれたか 高木由臣
086 ？◉！ 哲学の話 朴 一功
087 今からはじめる哲学入門 戸田剛文
088 どんぐりの生物学 ブナ科植物の多様性と適応戦略 原 正利
089 何のための脳？ AI時代の行動選択と神経科学 平野丈夫